教师教育类专业"求是"系列

岗课赛证·融合媒体·课程思政·新形态创新教材

中外学前教育简史

A Brief History of Preschool Education in China and the World

陈 华 张 宏 刘永贵 /主 编

黄思宝 王喜娟 袁 晓 张昌旺 /副主编

ZHEJIANG UNIVERSITY PRESS

浙江大学出版社

·杭州·

图书在版编目（CIP）数据

中外学前教育简史 / 陈华，张宏，刘永贵主编. --
杭州 ： 浙江大学出版社，2023.6
ISBN 978-7-308-23757-4

Ⅰ．①中… Ⅱ．①陈… ②张… ③刘… Ⅲ．①学前教
育－教育史－世界 Ⅳ．①G619.1

中国国家版本馆CIP数据核字（2023）第078120号

中外学前教育简史

ZHONGWAI XUEQIAN JIAOYU JIANSHI

陈 华 张 宏 刘永贵 主编

策划编辑	李 晨
责任编辑	陈丽勋
责任校对	朱 辉
封面设计	春天书装
出版发行	浙江大学出版社
	（杭州市天目山路148号　邮政编码　310007）
	（网址：http：//www.zjupress.com）
排　　版	杭州林智广告有限公司
印　　刷	杭州宏雅印刷有限公司
开　　本	787mm×1092mm　1/16
印　　张	14.25
字　　数	306千
版 印 次	2023年6月第1版　2023年6月第1次印刷
书　　号	ISBN 978-7-308-23757-4
定　　价	49.80元

学前教育是基础教育的起始阶段，随着教育改革的不断推进，学前教育得到了前所未有的重视。党的二十大报告第一次把教育、科技、人才三大战略摆在一起统筹表述，这是一个创新，有其深意。推动教育高质量发展是党的二十大报告的一个关键词，而学前教育是人生的起点教育、根基教育，高质量的学前教育对于促进幼儿健康幸福成长，提升全民族素质具有重要意义。"中外学前教育史"是学前教育专业的基础课程，学习其内容有利于引导学生初步了解学前教育发展的基本历程和思想演进，有利于打开学生学习学前教育专业的宏观视野，有利于提升学生思考学前教育专业问题时的历史意识，从而打下扎实的理论基础。

本书根据《教师教育课程标准（试行）》和《幼儿园教师专业标准（试行）》等要求编写，编写时遵循史论结合的原则，以辩证唯物主义和历史唯物主义为指导，力图简要而全面地勾画出中外学前教育的历史，并在此基础上进行实事求是的分析和评论，探讨学前教育发展的一般规律。

全书分为上下两篇，按照时间顺序分别对中国学前教育的发展历史、教育家思想和外国学前教育的发展历史、教育家思想进行论述，使学生全面了解中外学前教育的发展情况。

本书的特色如下：

1.加强课程思政建设，贯彻立德树人思想

为贯彻职业教育改革精神，根据国家对思政进课堂的要求，本书融入了大量的思政元素。例如，通过"聚焦二十大"，帮助学生深入学习和贯彻党的二十大精神；通过"思政小课堂"，激发学生的爱国热情，培养学生的奋斗精神；通过讲述陶行知、陈鹤琴等教育家的故事，培养学生热爱幼儿、献身幼教的职业精神。这些思政教育能够强化学生的使命担当，培养学生对党的领导和习近平新时代中国特色社会主义思想的政治认同、思想认同、情感认同，有助于引导学生树立正确的世界观、人生观、价值观。

2. 结合教学实际，突出教材实用性

随书附赠"中外学前教育发展时间轴"，在时间上罗列了学前教育史上的大事件和著名教育家的教育思想，方便学生轻松掌握本书的知识脉络和重难点，更高效地学习本课程。

中外学前教育
发展时间轴

3. 强调以学生为中心，注重提升技能素养

本书在编写上穿插了"学无止境"与"课堂互动"版块，通俗易懂，贴近生活，与传统的中外学前教育史教材相比更加灵活，既保证了知识的全面性，又增加了阅读的趣味性，有利于学生自学。

4. 以在线平台为支撑，建立立体化教学资源

书中设置有丰富的微课资源，扫码即可学。每章后附有练习题，并设"习题答案"二维码，另有延伸的"在线测试"二维码，便于学习与测试。此外，本书还配有教案、电子课件、期末测试卷、电子书等。

本书适合学前教育专业的学生使用，也可作为学前教育工作者的学习参考书。由于编者水平有限，书中难免存在不足之处，请专家与广大读者批评指正。

编 者
2023 年 1 月

CONTENTS 目录

CONTENTS

CONTENTS

中国学前教育简史

第一章
中国古代的学前教育

📽 故事导入

曾子杀彘

　　曾参是孔子的高足，他以品德高尚、诚实坦白而著称。有一天，曾参的妻子欲去赶集，儿子又哭又闹非要跟着去，曾参妻子对孩子说："你回去吧，妈妈从集市上回来给你杀猪吃。"等妻子从集市上回来，曾参马上就要给孩子杀猪。妻子制止说："我不过哄哄他罢了。"曾参反驳道："婴儿非与戏也。婴儿非有知也，待父母而学者也，听父母之教。今子欺之，是教子欺也。母欺子，子而不信其母，非所以成教也。"说完，果真把猪杀了煮肉给孩子吃。

　　看完这个故事后，你认为曾参这样做有必要吗？

　　事实上，这个古老的故事充分体现了儿童教育的严肃性。为人父母者，无论何时何地都应言传身教，言行一致，表里如一，做儿童的榜样。这只是我国古代学前教育典范之沧海一粟。在中国灿烂的历史文化发展过程中，教育作为社会生活不可缺少的重要组成部分，也逐步发展起来，以教立国、以教化民，成为中华民族教育传统文化的鲜明特色。本章主要讲述我国原始社会的幼儿教育、奴隶社会的学前教育和封建社会的学前教育。

✒ 教学建议

1.课时建议：5～6课时。

2.学习重难点：

（1）古代宫廷教育。

（2）古代学前家庭教育、古代学前教材。

◎ 本章目标

▶ **知识目标**

1. 了解我国原始社会幼儿公育的内容及其特征。
2. 掌握奴隶社会宫廷学前教育的实施形式。
3. 了解封建社会家庭教育的主要内容和形式，理解家庭教育的原则。

▶ **能力目标**

1. 通晓我国原始社会、奴隶社会、封建社会学前教育实施的历史发展过程，培养归纳概括、理解问题的能力。
2. 培养借鉴、归纳、对比、论证的思维能力。

▶ **素质目标**

1. 增长见识，开阔视野，以史为鉴。
2. 树立科学的学前儿童教育观，积累学前儿童教育经验。

▶ **思政目标**

1. 吸取古代幼儿教育思想，博古厚德。
2. 培养历史唯物主义和辩证唯物主义观念。

● 思维导图

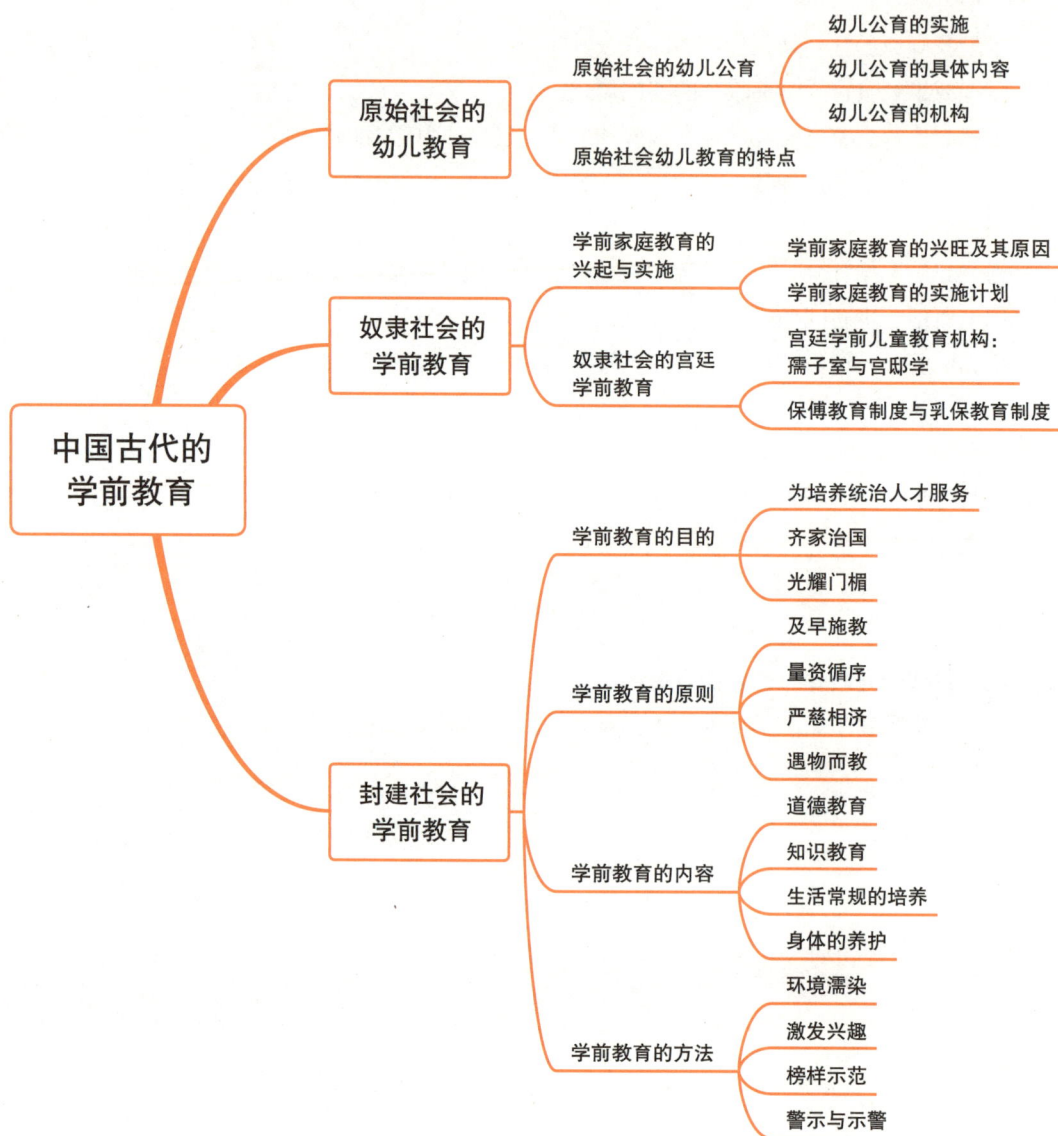

中国古代的
学前教育

- 原始社会的
  幼儿教育
  - 原始社会的幼儿公育
    - 幼儿公育的实施
    - 幼儿公育的具体内容
    - 幼儿公育的机构
  - 原始社会幼儿教育的特点

- 奴隶社会的
  学前教育
  - 学前家庭教育的兴起与实施
    - 学前家庭教育的兴旺及其原因
    - 学前家庭教育的实施计划
  - 奴隶社会的宫廷学前教育
    - 宫廷学前儿童教育机构：孺子室与宫邸学
    - 保傅教育制度与乳保教育制度

- 封建社会的
  学前教育
  - 学前教育的目的
    - 为培养统治人才服务
    - 齐家治国
    - 光耀门楣
  - 学前教育的原则
    - 及早施教
    - 量资循序
    - 严慈相济
    - 遇物而教
  - 学前教育的内容
    - 道德教育
    - 知识教育
    - 生活常规的培养
    - 身体的养护
  - 学前教育的方法
    - 环境濡染
    - 激发兴趣
    - 榜样示范
    - 警示与示警

第一节 原始社会的幼儿教育

学习目标

1.掌握原始社会幼儿公育的主要内容。
2.了解原始社会幼儿公育的机构。
3.掌握原始社会幼儿教育的特点。

一、原始社会的幼儿公育

（一）幼儿公育的实施

考古研究表明，在我国原始人群时期，以北京猿人为例，人类的祖先已经能把石头打制成多种石器，并懂得用火。为抵御洪水及毒蛇猛兽的袭击，他们十几个人甚至几十个人结成群体，集体进行生产劳动，也集体教育子女。他们教孩子们制造石器，还教他们使用火的方法。

原始人群在长期的生产劳动和生活实践中，积累了经验，语言、思维也有了发展，这就有必要和可能把使用、制造简单劳动工具的方法教给孩子。为了生存，他们要教孩子们团结互助，带领他们进行集体采集，告诉他们要勇敢地同毒蛇猛兽及各种自然灾害作斗争。这便是原始状态的幼儿社会公育。

（二）幼儿公育的具体内容

约5万年前到5000年前，中国的原始社会进入了母系氏族公社时期，人们以母系血缘为纽带，组成社会生产和生活的单位，生产资料公有，人们共同劳动、共同消费，过着平等的生活。生产有了很大进步，人们开始了种植业。年长者把种植稻、粟、蔬菜的经验教给儿童，还教他们学习磨制石器，制造骨器、木器、弓箭和陶器，并传授风俗习惯、宗教仪式、生活经验等。这个时期的幼儿公育主要有以下四项内容。

1.生存教育

人要生活，首先要获得吃、穿、住等生活资料。原始社会的生产力水平很低，就必须人人参加劳动，所以生产劳动就成了当时社会最重要、最普遍的活动。儿童教育也因此要紧密结合生产劳动，并为生产劳动服务。在这个过程中，年长者便将简单劳动工具的制造、采集和农作物栽培的经验，取火和渔猎的技能，以及捻麻（线）以制衣、调土以制陶器等原始手工技术，传授给后代，使他们从小就爱劳动、会劳动。

2. 做人教育

在氏族公社内，没有统治者，也没有法律，一切都依照传统习俗行事。要教育儿童从小就懂得不能损人利己，不能侵犯氏族公共利益，否则就要受到公众的谴责；应尊敬长辈，要听从指导、照顾老人、爱护幼小、团结互助。

3. 宗教和艺术教育

原始宗教活动在氏族公社时期普遍存在，主要有自然崇拜、图腾崇拜、鬼魂崇拜、祖先崇拜、巫术占卜等形（仪）式。儿童通过这些活动，接受原始宗教的熏陶。这对儿童认识氏族的亲缘关系，学习先辈团结互助的精神，起到了潜移默化的作用。

原始的歌舞是当时宗教祭祀活动的重要组成部分，也是当时人们生活各个方面的反映。在与成人同舞的过程中，儿童不但能学到简单的歌词、曲调、舞蹈动作，调节精神，而且还能学到生产、生活知识。

原始的歌舞还是形象化的、儿童喜欢的军事与体育训练。在原始社会，人类的审美意识已经开始形成，除了歌舞，儿童的艺术教育还有绘画、雕刻等。

4. 体格和军事教育

因为当时环境恶劣，所有的成员都要参与对自然的斗争，儿童自幼就要接受艰苦环境的磨炼，所以长辈要对孩子进行体格训练。还因为部落之间有争斗，孩子从小就要接受军事训练，男孩五六岁时要学用弓箭、木枪，七八岁时要练习骑马、遛马等。

原始社会劳动技术及生活经验的传承

（三）幼儿公育的机构

1. 明堂

我国古代有记载的幼儿教育场所"大教之宫"设置在"明堂"里。"明堂"是有着宽敞大厅的房子，祭祀、议事、训练、待客都在这里举行。幼儿被聚集在一起，由专人照料并传授生活规范。有时"明堂"里举办政治议事和大型祭祀活动时，幼儿也会在场，耳濡目染地学习礼节规范。明堂既是幼儿公育的场所，也表征了中国社会幼教的萌芽。

2. 成均

在部落联盟时期，凡宗教仪式和公众集会都必有音乐，音乐渗透于社会生活的各个方面。部落显贵重视音乐修养，他们的子弟均受乐教，由乐师主管音乐事务。日常演奏歌唱之地，亦为实施乐教之地，这个场所称为成均。在学校教育发展中，通常认定成均为中国最早的萌芽形态的学校。

3. 庠

传说中我国最早的学校叫"庠"，它出现在原始社会后期的虞舜时期。《礼记·王制》说："有虞氏养国老于上庠，养庶老于下庠。""庠"是老人们聚集的地方，是氏族敬老养老的场所。氏族将有经验的老人在"庠"这个地方集中起来，集体敬养，这些老人便也承担了将自己丰富的生产经验和生活经验传给下一代的责任，因此，"庠"便有了对幼儿实行保育和教养的功能。随着社会的发展，这种功能越来越占据主导地位，使"庠"成为对幼儿实施社会公育的专门机构。

课堂互动

原始社会后期出现的幼儿公育机构与学校的关系是什么？

二、原始社会幼儿教育的特点

在中国幼儿教育发展初期的原始社会，幼儿教育的特点可从教育性质、教育水平及目的、主要承担者、教育内容、教育方法等五个方面进行说明，具体如下：

①原始社会对幼儿实施社会公养、公育。

②原始社会的教育水平是原始的，教育还未从生产中分化出来，目的不明确，主要是维持个体，保持种族。

③原始社会后期，原始部落的老人是幼儿教育的主要承担者。

④原始社会的幼儿教育以生活经验为教育的主要内容，与幼儿日后将要进行的生产、生活活动密切相关，虽然内容简单但多样化。

⑤原始社会教育的方法主要是观察模仿、言传身教，在实际活动中进行教育。

思考提升

1.古代幼儿公育的内容有哪些？

2.思考古代幼儿公育的特点。

第二节　奴隶社会的学前教育

学习目标

1.了解奴隶社会的学前教育的特点。

2.掌握奴隶社会家庭教育的内容及借鉴意义。

3.了解奴隶社会的宫廷学前教育形式。

一、学前家庭教育的兴起与实施

父系氏族公社后期，个体家庭逐步积累了一定的私有财产，开始从公社中分离出来，独立进行生产。随着家庭结构的日渐稳定和成熟，教养子女的责任也就自然地落在父母身上，教育由公育成为家事，儿童的家庭教育逐步替代了社会公育。

在夏、商、周出现的庠、序、校都是当时实施教育的机构和场所，但学校教育很不发达，而且主要面向奴隶主阶层的贵族子弟。

（一）学前家庭教育的兴旺及其原因

奴隶社会学前教育的主阵地在家庭，人们为了组织、巩固和发展家庭关系，长辈就要向晚辈传授有关家庭和家庭关系方面的知识，传授有关精神生活和物质生活及生产的知识经验，培养他们处理人际关系和参与社会活动的能力等。这样，家庭教育就随之诞生了。

奴隶社会家庭教育之所以发达，是由奴隶社会家庭所处的特殊的经济、政治和社会地位决定的。在以农业和手工业为主要生产方式的条件下，最基本的生产单位就是家庭，家庭实际上是一个缩小的社会，生产的组织进行、财产的管理分配、生活的安排筹划均有一定的规定，每一个成员在家庭中的地位、权利和义务也有明确的规定，家庭不仅是经济生活的共同体，在政治上也是"祸福相依，荣辱与共""一人得道，鸡犬升天"，个人的命运与家庭的命运息息相关。奴隶社会的家庭的这种高度的凝聚力与多功能性，决定了家庭教育的必要性及其广泛的施教内容，因此，奴隶社会学前家庭教育十分发达。

（二）学前家庭教育的实施计划

奴隶社会幼儿的学前教育是在家庭中进行的，是融入在家庭生活之中的，但也并非没有目的性和计划性。我国教育史上最早的关于学前教育的记录，就是来自《礼记·内则》中记载的西周时期的学前家庭教育计划。当时人们根据幼儿年龄大小制定了不同的教育内容，具体安排如下：①"子能食食，教以右手"，即在幼儿能吃饭时，就教他们用右手，以形成正确的动作。②"能言，男唯女俞。男鞶（pán）革，女鞶丝"，即在婴儿开始学说话时，就要求男孩说话要恭敬，女孩说话要柔顺；男孩佩戴皮囊，女孩佩戴丝囊。强调男女的个性差异，希望男孩尊敬大人，活泼好动；希望女孩柔顺安静。③"六年，教之数与方名"，即在幼儿六岁时，教他们数数和辨认东、西、南、北的方位。这是对儿童文化知识的启蒙教育。④"七年，男女不同席，不共食"，即在儿童七岁时，男孩与女孩不同席而坐，不在一起吃饭。这是为孩子树立严格的性别观念。⑤"八年，出入门户及即席饮食，必后长者，始教之让"，即儿童在八岁时，进门、出门及就席吃饭，必须让长者在先自己在后，此时开始教他们学会谦让。这是注重对儿童进行道德、礼节教育，让孩子尊老敬长，礼貌谦让。⑥"九年，教之数日"，即在儿童九岁时，教他们计算日期。⑦"十年，出就外傅，居宿于外，学书计"，即儿童在十岁时，就要出外向老师求学，在外住宿，学习写字和处事。

《礼记·内则》中记载的学前家庭教育计划，作为中国教育史上最早的关于学前教育的记录，不仅是当时学前教育发展的一个标志，还对封建社会的学前教育实施产生了一定影响。

🐦 学无止境

"六艺"教育

"六艺"含礼、乐、射、御、书、数六科。"六艺"教育源于夏，发展于商，充实、完善于西周。"六艺"是西周教育的代表，体现了中国古代幼儿教育所达到的水平。

"六艺"大致可以分成三组，即礼乐、射御、书数，体现了不同的教育意图和功能。

1. 礼乐

礼乐教育是"六艺"教育的核心，体现于国家政治、宗法制度、社会生活、日常行止的方方面面，贯彻了思想政治、道德品行、情感节操的教育。礼与乐密切配合，相辅相成，凡行礼之时之地都需要有乐，而乐也不能离了礼的要求恣行无节。礼的教育的内涵很广，凡政治、伦理、道德、礼仪、历史、宗教、社会、风俗等，都包含其中，社会生活各方面都不能无礼。

2. 射御

射御实施的是军事训练。射指射箭的技术训练，御指驾驭马拉战车的技术训练，以造就身体强健、技艺娴熟、"执干戈以卫社稷"的战士。射的教育从男孩出生时就已开始，如在门左挂弓、举行射的仪式，以表示男儿志在御四方、保国家，不能射就不称男子之职。习射的要求有五项，归纳起来就是射时的准确度、速度和力度，并且十分讲究射时的仪节规范。习御的要求也有五项，归纳起来就是御时的节奏、灵活性、控制力、准确性、速度和仪态。西周早期的射御教育要求十分严格，更多地追求实战效果，后来则渐渐流于形式。

3. 书数

书指文字读写，数指算法，书数落实文化知识教育。书的教育既包括文字的认读和书写，也包括掌握汉字造字的"六书"之法，即象形、指事、会意、形声、转注、假借，使知汉字的字音、字形、字义之道。数的教育则从最初浅的数字、计数、运算，到较深的"九数"之法，即方田、粟米、差分、少广、商功、均输、方程、赢不足、旁要。

二、奴隶社会的宫廷学前教育

（一）宫廷学前儿童教育机构：孺子室与宫邸学

1. 孺子室

西周统治者不仅重视孕妇胎教，而且也十分注重宫廷婴幼儿教育。为了把太子和世子培养成为皇室的继承人，公元前11世纪宫廷创设了"孺子室"，即为太子和世子设立的早期教养机构。许慎的《说文解字》云："孺，乳子也。一曰输也，输尚小也。"《礼记·内则》

宫廷学前教育

曰："异为孺子室于宫中，择于诸母与可者，必求其宽裕、慈惠、温良、恭敬、慎而寡言者，使为子师，其次为慈母，其次为保母。皆居子室。他人无事不往。"

从上述记载中可以看出，当时的"孺子室"专收太子、世子，他们出生后不久就被送至"孺子室"。"孺子室"的教养、保育人员分为四种，即子师、慈母、保母（保姆）和乳母，各自的保育教养职责分明，由此可以认为西周王宫所设的"孺子室"为"学前教育机构的雏形"。

2. 宫邸（邸第）学

邓太后名邓绥（81—121），为汉和帝皇后，她于安帝元初六年（119）创办了宫廷学前教育机构——"邸第"。"六年，太后诏征和帝弟济北、河间王子男女年五岁以上四十余人，又邓氏近亲子孙三十余人，并为开邸第，教学经书，躬自监试。尚幼者，使置师保，朝夕入宫，抚循诏导，恩爱甚渥。"可见，进入"邸第"这个宫廷教育机构的为五岁以上儿童，且有70余人，"邸第"可以称得上是名副其实的学前教育机构。

以上可见，一方面，孺子室与宫邸学具有明显的特权性，只有皇室贵族子女才能享受，一般贵族子女和广大贫寒的农民子女，则被拒之门外，因此它们远不具备近代教育机构的"公共性"；另一方面，它们区别于家庭教育，具有教育机构的一般特点。

（二）保傅教育制度与乳保教育制度

1. 保傅教育制度

保傅教育制度是指朝廷内设有专门的师、保、傅官以对君主、太子进行教谕的制度。这些人员分太师、太保、太傅和少师、少保、少傅，统称"三公"和"三少"。"三少"是协助"三公"对君主和太子进行教育的人员。

殷商时即有师、保、傅。至周朝，在商灭亡的历史教训中，周人看到了统治者应具备一定的德行，认为"皇天无亲，唯德是辅"，因此重视教化的作用。设置三公的目的就是辅佐君主，教谕、训护太子。到春秋时期，保傅教育制度已普遍实施。汉代是中国古代宫廷教育中设置师、保、傅的制度化时代。唐宋以后沿袭，明清太师、太傅、太保"三公"，只是作为一种荣典存在，并没有多少实权。但是保傅制度的影响是深远的，历朝历代都重视对太子的教育，这一传统被继承下来并起到了很好的作用。

2. 乳保教育制度

乳保教育制度是在宫内进行的。根据《礼记·内则》记载，太子、世子出生之后，就要被送至孺子室。室中子师、慈母、保姆合称"三母"，她们共同承担教养太子的任务。子师负责行为规范的教育，慈母负责衣食及其他生活供给的教育，保姆负责居室的安置料理。此外，还有为幼小太子设的乳母，乳母在大夫之妾或士之妻中选择。乳母与"三母"合称"四贤"，她们分工合作，共同承担着保育、教养太子、世子的责任。乳母较其他"三母"更有特殊的意义，乳母的品行影响着太子的成长，故而乳母不仅要身体健康、乳汁充足，更要温良谨慎。宫廷内的乳保之教，影响着当时一般士大夫的家庭教育。

课堂互动

宫廷学前教育的"三公"和"三少"指的是什么？

☞ 思考提升

1. 思考奴隶社会学前家庭教育的兴起与实施历程。

2. 宫廷学前教育的机构是哪些？

第三节　封建社会的学前教育

学习目标

1. 掌握封建社会学前教育的方法。

2. 了解封建社会学前教育的内容及教学原则。

一、学前教育的目的

（一）为培养统治人才服务

《学记》中说："君子如欲化民成俗，其必由学乎！……是故古之王者，建国君民，教学为先。"在封建社会，历代统治者多重视教育，他们的目的主要在于通过学校教育为封建社会培养"建国君民"的统治人才。汉代太学的设立、隋唐科举制度的确立，其最终目标都是培养统治人才。

古代学前家庭教育的目的

学前教育是学校教育的基础，它的目的自然与学校教育的目的一致，都是为封建社会培养所需要的统治人才。封建社会的许多家庭推崇"学而优则仕"的思想，以日后求官晋爵的知识启蒙儿童。同时，统治者也非常重视学前家庭教育，视其为封建教育的重要组成部分和造就官僚后备军的开始。

（二）齐家治国

在中国古代社会的政治制度中，家与国密不可分，统治者把家教与治国联系在一起，皇位实行嫡长子继承制，百姓以血缘关系论亲疏，父权与君权名异实同。由此，许多政治家、思想家提出"国之本在家"和"欲治其国，须先齐家"的观点，并赋予家庭人口生产、物质生产、教育三重功能，使中国传统的家庭具有特殊的意义。可见，古人十分重视家庭教育，并把它作为今后出仕、治国安邦的基础。

（三）光耀门楣

齐家治国是古代政治家为学前家庭教育制定的终极目标，光耀门楣则是普通家庭实施学前教育的实质动机与最贴近实际的目的。古代中国是非常注重血缘关系的，正所谓"一人得道，鸡犬升天""一人当灾，全家遭殃"。正是个体与家庭间这种休戚相关、荣辱与共的关系，使得学前家庭教育在封建社会显得格外重要。家中长辈希望通过家教使子孙"成龙成凤"，以达到振兴家业、光宗耀祖的目的。同时，子孙们亦以身许家，把光耀门楣作为自己的奋斗目标，以此来报答父母的养育之恩。

二、学前教育的原则

（一）及早施教

古人之所以信奉对儿童及早施教，是因为：①早期教育所形成的习惯和品性比较容易巩固并长久；②年幼儿童尚未受到外部不良影响，纯洁如白纸，极易塑造；③儿童求知欲强烈，思维活跃，无其他繁复之事相扰，是培养习惯、学习知识的大好时机；④凡事要及早预防，不应等到儿童已经养成不良习惯和品性时再去教育他们，那就事倍功半了。针对借口幼儿无知而将教育延迟到长大后再进行的错误观念，司马光认为这就像懒于摘除树苗上的劣芽一样，等到长成大树以后再去砍那些枝杈，要费更大的力气，因此，古人认为应"教儿婴孩"。

（二）量资循序

古人很早就认识到对儿童的教育应该是一个循序渐进的过程，各个年龄阶段有着不同的教育内容和目的，必须依据儿童身心发展的规律安排相应的教育内容，教学过程"虽不可缓，又不欲急迫，在人固须求之有渐"。

如在古代家庭教育中，由于人们普遍认为幼儿因手骨没有发育完全，执笔有一定困难，故识字教学与习字教学常常是分开进行的。一般的家庭在幼儿六七岁时才开始教其用毛笔在纸上练习写字，教幼儿习字的程序大致是先教幼儿把笔，"盖蒙童无知，与讲笔法，懵然未解。口教不如手教，轻重转折，粗粗具体，方脱手自书"。

（三）严慈相济

宽与严是家庭教育中的一对矛盾。由于父母与子女的血缘关系，父母在子女教育方面比学校和社会教育更为有效和直接，同时也正是这种关系，往往使父母爱子过度，造成放任和溺爱，结果反而害了孩子。这就是家庭教育中爱与教的矛盾，也是家庭教育中的难点。在处理爱与教的矛盾方面，我国古代在家庭教育中形成了严慈相济的教育方法。它主要源于儒家。孔子曾提出"为人父，止于慈"的观点，有"严父莫大于配天"之语，可见儒家既讲慈，亦讲严。司马光则更进一步地发展了这方面的思想，在爱与教的矛盾上，提倡慈训并重，爱教结合。清代学者在处理家庭教育中宽与严的关系上，更强调"教子宜严"，但"严"不是动辄打骂，而是严格要求，"严"不仅包括对子女的严，也包括对家长的严，为父母者要严于律己，以身作则。这就更全面地阐述了严慈相济的教育思想。

（四）遇物而教

所谓遇物而教，即遇见什么事就教给孩子什么事情、事理，看见什么物就教给孩子什么物名、物理，以不断增进孩子对事物的认识，提高他们的知识水平。

明代医生万全在《万氏家藏育婴家秘》中，对遇物而教做了高度的概括："衣食器用、五谷六畜之类，遇物则教之，使其知之也。"衣食器用、五谷六畜都是幼儿身边的事物，形象具体，又与生活密切联系。这些事物的名称、用途等由父母及时教给幼童，更容易被他们接受，是对幼童进行自然知识和社会知识教育的好素材。

三、学前教育的内容

（一）道德教育

古人认为，对幼儿的教育最根本的是"养正"教育或"品德"教育，主要包括以下几方面内容。

1. 孝悌

《吕氏春秋·孝行》说："夫孝，三皇五帝之本务。"孝悌之道是古代道德的根本。"孝"的教育，主要是要求幼儿从小养成不违父母意志，服从父母的习惯。《弟子规》中"父母呼，应勿缓；父母命，行勿懒；父母教，须敬听；父母责，须顺承"，突出了家长的绝对权威，同时还要求幼儿自小养成敬奉双亲的习惯。《孝经·纪孝行》说："孝子之事亲也，居则致其敬，养则致其乐。"

对幼儿进行"悌"的教育，主要是要求幼儿自幼兄弟友爱，为兄者爱护弟弟，为弟者敬爱兄长。"孔融让梨"的故事在封建社会曾广为流传，并在"悌"的教育中作为典型事例屡被引用。

2. 立志

中国古代教育家都把立志视为品德教育的首要内容。立志为学是古代家庭对幼儿进行立志教育的重要方面，流传下来的很多幼儿立志向学的故事，如"头悬梁、锥刺股""囊萤照读""凿壁偷光"等，都成为父母教育幼儿勤奋用功的好素材。

3. 行善

善，在封建社会主要是指合乎道义、合乎礼仪的事。由于幼儿年幼，不可能做出惊天动地的大善事，故许多家长都非常重视教育幼儿行小善戒小恶、积小善以成大德。

贾谊的《新书》记载，春秋时楚国宰相孙叔敖幼年时在外面玩耍，见到一条两头蛇，回家后向母亲哭诉："我听说见到两头蛇的人必死，今天我见到一条两头蛇，恐怕我活不了多久了。"母亲问他蛇在哪里，孙叔敖说："我怕别人再看见它，已将它打死埋掉了。"母亲说："你不必担心，凡积德行善的人，老天爷会予以保佑的。"后来孙叔敖成为清正廉明、忠义善良的一代名臣。这是我国古代常用来鼓励幼儿行善积德的典型故事。

4. 诚信

诚信就是诚实无欺。幼儿天性纯洁美好，然而不正确的影响或幼儿自身因自夸或惧过，有时会说谎，导致日后形成说谎的习惯。因此，古人十分重视幼儿的诚信教育，要求对幼儿"言语问答，教以诚实，勿使欺妄也"。一旦幼儿出于某种原因说谎了，父母应该及时训诫，予以纠正，以杜绝此类事情的再度出现。

5. 崇俭

勤俭节约是中华民族的传统美德，封建社会的幼儿自幼就受到节俭教育。为了培养幼儿简朴的生活习惯，对于幼儿的饮食与衣着方面，古人主张不能太讲究。如《礼记·曲礼》中规定："童子不衣裘裳。"不仅仅因为古人认为穿着过暖不利于幼儿健康，更重要的是"恐启其奢侈之心，长大不能改也"。

聚焦二十大

坚持立德树人

党的二十大报告指出，教育是国之大计、党之大计。培养什么人、怎样培养人、为谁培养人是教育的根本问题。育人的根本在于立德。全面贯彻党的教育方针，落实立德树人根本任务，培养德智体美劳全面发展的社会主义建设者和接班人。

（二）知识教育

封建社会家庭对幼儿实施的文化知识教育，主要是教他们识字、读书，学习一些名诗、名赋、格言等。

1. 识字

识字是文化知识教育的重点与起步阶段。在有条件的家庭，幼儿的识字教育一般在三四岁时便已开始，并且有的家庭还很注意研究识字教学的方法。

幼儿识字启蒙教育的字书教材比较有名的是《三字经》《百家姓》《千字文》，简称"三、百、千"，它们流传极广，甚至为朝鲜、日本所学习。

2. 诗赋

由于诗赋是科举考试中的一项重要内容，故家庭教育极其重视对幼儿进行诗赋知识的启蒙。当时在家庭中主要是选择汉赋中的某些名篇、唐宋诗词中的某些名家作品让幼儿背诵，最为常见的教材有《唐诗三百首》《千家诗》，以及北宋汪洙的《神童诗》等。

3. 学风

古代家庭教育注重使幼儿养成乐学、勤学的学风。家长常常鼓励幼儿从小立下大志，以此作为勤学苦读的目标和动力。三国时诸葛亮在《诫子书》中说："非学无以广才，非志无以成学。"可见其视"志向"为成才的前提与保障。同时，古人还根据不同孩童的资质进行鼓励向学。"极慧者，必摘其短以抑之，则不骄；极钝者，必举其长以扬之，则不退；倦者，必加以礼貌（如习仪、呼字之类），则不鄙；稍长，必砺以蒙工（如理书、默书之类），则不佻。"这是主张教学应有针对性，并尊重幼儿的个体差异。

（三）生活常规的培养

常规，一般是指生活规则和行为规则，用以约束人的行为，培养良好的习惯。我国封建社会对幼儿生活常规的培养，主要体现在使其一言一行、一举一动都符合"礼"的要求，即"非礼勿视，非礼勿听，非礼勿言，非礼勿动"。

1. 行为举止方面

古代对幼儿的坐、立、行、跪拜、起居、饮食等各方面都有严格的规定。坐应齐脚、敛手、定身端坐，不得靠椅背、伸腿、跷腿、支颐（手托腮）或广占坐席。

2. 饮食方面

在饮食方面约束更多，如不得抢先、拖后，不得挑食、拨食、撒饭、剩饭，吃饭时不得说话、左顾右盼、手足乱动等。总之，目的是使幼儿动静有度、举止端雅。

3. 与长辈的关系方面

长辈召见时，如朱熹在《童蒙须知》中所说："若父母长上有所唤召，却当疾走而前，不可舒缓。"《礼记·曲礼》中，要求幼儿到了长辈面前，"立必正方，不倾听"；去见长辈时，"将上堂，声必扬"，也就是事先要发出声音使长辈有所准备，不可突然推门而入。

4. 卫生习惯方面

养成讲究卫生的习惯是古代培养幼儿家庭生活常规的重要内容。朱熹在《童蒙须知》中说："大抵为人，先要身体端整。自冠巾、衣服、鞋袜，皆须收拾爱护，常令洁净整齐。""凡为人子弟，当洒扫居处之地，拂拭几案，当令洁净。"明末清初教育家朱柏庐也要求子弟"黎明即起，洒扫庭除，要内外整洁"。

这些生活常规充斥着封建礼教的内容，形式化色彩浓厚，有许多要求不符合幼儿的年龄特点，如禁止跑、跳、高声喧哗、嬉笑等，都是对幼儿天性的抑制。当然，古代对幼儿生活常规的严格要求并非一无是处，如要求幼儿懂得尊敬长辈、体贴他人、不恣情任性，都有着积极的教育意义。

（四）身体的养护

我国古代许多家庭都注意对幼儿教养结合的问题，关注其身体保健教育。

1. 食勿过饱，穿勿过暖

许多中医学者反对幼儿过饱过暖。唐代著名医学家孙思邈在《千金方》中说：

"凡乳儿不可过饱，饱则溢而成呕吐。"宋代著名的儿科医学家钱乙主张："若要小儿安，常带三分饥与寒。"明代许相卿说："婴孩怀抱，毋太饱暖，宁稍饥寒，则肋骨坚凝，气岸精爽。"

2. 安全避险，避免惊吓

古代家庭要求细心照看子女，注意安全，避免跌落和惊吓。比如，明代的《育婴家秘》中有这样的记载："凡小儿嬉戏，不可妄指他物作虫作蛇；小儿啼哭，不可令装扮欺诈，以止其啼，使神志混乱。""能坐能行则扶持之，勿使倾跌也。"

四、学前教育的方法

（一）环境濡染

我国古代家庭教育中非常重视环境在儿童成长过程中的重要作用，主张儿童应自幼接触良好的环境。所谓环境分两种：一是事物的环境；二是人的环境。父母应把儿童置于好人好事的环境之中，避开邪恶之人和庸劣之事的影响，使其受到好的潜移默化的影响。

（二）激发兴趣

古代学者已经认识到，教育儿童，必须注意其兴趣。宋人程颐说，"教人未见意趣，必不乐学"。什么是儿童兴趣呢？那就是唱歌和跳舞。所以程颐说"且教之歌舞"，主张开展"咏歌舞蹈"等文娱活动，以引起儿童的兴趣，提高他们学习的自觉性，达到"习与智长，化与心成"的目的。

除了歌舞，古人还非常注重采用游戏的方法愉悦儿童情绪，锻炼其身体。常见的户外游戏活动有荡秋千、放风筝、登高、翻筋斗、踢毽子、掩雀、捕蝉等。这些游戏或文体活动丰富多彩，童趣盎然，寓教育于娱乐之中。

（三）榜样示范

古人注重以正面人物的高尚品德、模范行为、先进事迹和卓越成就来影响儿童思想品德的方法，如让年幼女孩熟悉《列女传》，期望其中人物的事迹、品德、行为等对女童产生示范作用。

由于父母与子女朝夕相处，润物无声，因此古代要求父母以身作则，树立正面榜样，注重"身教"。幼小的儿童缺乏明辨是非的能力，往往会模仿和学习父母的言行举止，而且这种潜移默化的影响是长效的，所以"教子须是以身率先"。

课堂互动

1. 古代学者经常鼓励幼儿多参加户外活动以愉悦其情绪，锻炼其身体。封建社会幼儿常见的户外活动项目有哪些？

2. "蓬生麻中，不扶自直"的寓意是什么？

（四）警示与示警

古人认为对儿童进行教育要有预见性，即所谓"存天理之本然""遏人欲于将萌"。儿童的不良品行一旦形成，纠正起来就很困难，所以应当经常对其进行警示，也就是为孩子树立反面教材，起到"杀鸡儆猴"的作用。古人认为，父母对于好耍贪玩、不求上进的孩子，经过反复说教，均无效果，最后以某种动作或信号进行警示可收到奇效。我国古代使用这种方法的典型人物是孟子的母亲。刘向的《列女传·邹孟母传》记载："孟子之少也，既学而归，孟母方绩，问曰：'学何所至矣？'孟子曰：'自若也。'孟母以刀断其织。孟子惧而问其故，孟母曰：'子之废学，若吾断斯织也。'"孟子在幼年时期学业停滞不前，孟母气愤地以刀割断她正在织的布，来警示孟子说，你废止学业，就像我割断此布一样，之前的努力全被毁了，并且警告孟子说："今而废之，是不免于厮役，而无以离于祸患也，何以异于织绩而食，中道废而不为。"意思是说，少年不学习，长大后只能成为被人驱使的奴隶并且祸患无穷，与织布绩麻而半途毁废有何两样？孟母的警示，使孟子警醒，便"旦夕勤学不息，师事子思，遂成天下之名儒"。

🕊 思考提升

1. 简述封建社会学前教育的目的及内容。
2. 简述封建社会学前教育的方法。

中国古代的
胎教

思政小课堂

　　当及婴稚，识人颜色，知人喜怒，便加教诲，使为则为，使止则止，比及数岁，可省笞罚。父母威严而有慈，则子女畏慎而生孝矣。

　　吾见世间无教而有爱，每不能然。饮食运为，恣其所欲，宜诫翻奖，应呵反笑，至有识知，谓法当尔。骄慢已习，方复制之，捶挞至死而无威，忿怒日隆而增怨，逮于成长，终为败德。孔子云："少成若天性，习惯如自然。"是也。俗谚曰："教妇初来，教儿婴孩。"诚哉斯语。

　　　　　　　　——〔南北朝〕颜之推《颜氏家训·教子》

解析：

　　孩子幼小时，在其会辨认大人的脸色，知道大人喜怒的年龄时，就开始教育他，做到大人允许他做才做，不允许他做就立刻停止。这样等孩子再长大一些时，就可以省得对他使用鞭、杖的惩罚了。父母对孩子保持一定的威严，又不失慈爱，子女就会敬畏、谨慎，进而产生孝心了。

　　我见现下有些父母，对子女不加教育，一味溺爱，常常不以为意。他们对子女的饮食言行，总是任其为所欲为，该告诫阻止的反而夸奖鼓励，该斥责的反而嬉皮笑脸，等孩子长大有些知识时，还以为理应如此。等孩子的骄横傲慢

◆ 笔记栏

成了习惯，才想到去制止或纠正，这时就算把孩子鞭抽、棍打个半死也没什么用了。对子女日益增长的愤怒只会使子女怨恨，等到他们长大成人，最后品德败坏。孔子说："少成若天性，习惯成自然。"讲的正是这个道理。俗语说："教导媳妇要趁新到，教育儿女要及早。"这话说得对极了。

　　中国古代思想家、教育家颜之推寥寥数语道出了幼儿教育的重要性和严肃性，充分体现了及早施教、量资循序、严慈相济、遇物而教的幼儿教育思想。

✏ **章节检测**

一、选择题

1.我国古代学前教育的基本形式是（　　　）。

A.家庭教育　　　　B.宫廷教育　　　　C.学校教育　　　　D.社会教育

2.下列哪一项不属于原始社会幼儿教育的特征？（　　　）

A.在家庭中进行，并随家庭模式的变化而改变

B.公养公育

C.与生产劳动和社会生活紧密结合

D.老人即专职教师

3.我国古代较系统地按年龄划分的学前教育计划最早记载于（　　　）。

A.《大戴礼记·保傅篇》　　　　　　　B.《礼记·内则》

C.《尚书·大传》　　　　　　　　　　D.《大学章句序》

4.我国封建社会教育是以伦理道德为基本内容的，这种伦理道德的基础是（　　　）。

A.勤俭　　　　　B.诚实　　　　　C.守信　　　　　D.孝悌

5.我国古代流行最广、影响最大的童蒙读物是（　　　）。

A.《小儿语》　　　B.《蒙求》　　　C.《三字经》　　　D.《百家姓》

二、填空题

1.＿＿＿＿＿＿均为四言韵语，共250句，主要供儿童识字使用，也介绍了有关自然、社会、历史、人伦、生活、教育等方面的知识。

2.西汉贾谊独具慧眼地注意到人口质量的问题，他在著作《新书》中首先论述了＿＿＿＿＿＿的重要性。

3.中国最早的专门慈幼机构出现在＿＿＿＿＿＿，当时王宫内和各诸侯国的宫廷内都设有婴幼儿养育机构＿＿＿＿＿＿。

三、简答题

封建社会学前家庭教育的主要内容有哪些？

习题答案

在线测试

第二章
中国古代学前教育的主要思想

📽️ 故事导入

孟母三迁

孟子年少时，家住在坟墓的附近。孟子经常喜欢在坟墓之间嬉游玩耍。孟母见此情景，说："这个地方不适合安顿我儿子。"于是就带着孟子搬迁到市场附近居住下来。可是，孟子又玩闹着学商人买卖的事情。孟母又说："此处也不适合安顿我的儿子。"于是他们又搬迁到书院旁边住下来。孟子以祭祀仪式及进退朝堂的规矩作为自己的游戏。此时，孟母说："这正是适合安顿我儿子的地方。"于是他们就定居下来了。后来，孟子刻苦求学，终于成为一位儒家学派的大学问家，被称为"亚圣"。

> 读完这一故事后，你觉得孟母三迁有必要吗？这个故事蕴含了什么样的教育思想？

从孟母自坟墓到街市再到书院的三迁故事中不难发现，孟母非常重视环境对家庭教育的潜移默化的作用，而孟母认为书院附近是适合孟子成长的环境，也充分体现了封建社会重视礼仪常规训练、重视文化知识教育的特点。

中国历来有重视教育的传统，在漫长的古代社会，我们的先辈总结和积累了丰富的学前教育经验，对当代学前教育的实施起着重要的奠基作用。我们要以批判的眼光学习、借鉴这些学前教育经验，取其精华，去其糟粕，从而更好地发展学前教育。让我们来一起研究中国古代学前教育的主要思想。

✏️ 教学建议

1.课时建议：4～5课时。
2.学习重难点：
（1）贾谊、颜之推、朱熹、王守仁等教育家的重要教育思想。
（2）古代教育家的教育方法和所产生的影响。

本章目标

▶ **知识目标**

1. 掌握贾谊的学前教育思想。
2. 掌握颜之推的学前儿童家庭教育思想。
3. 掌握朱熹关于培养学前儿童行为习惯的教育理论。
4. 掌握王守仁的学前教育思想。

▶ **能力目标**

1. 学会评价古代学前教育家的思想并总结古代学前教育思想中有积极意义的主张。
2. 初步形成具有历史感的教育眼光，对于教育问题有比较敏感的把握能力。
3. 能够古为今用，为我国当前学前教育改革和发展提供历史借鉴。

▶ **素质目标**

1. 接受早谕教重熏陶，坚持慈爱相济的学前儿童教育观。
2. 倡导顺应学前儿童性情，鼓舞学前儿童兴趣的教育理念。
3. 树立循序渐进和因材施教等早教理念。

▶ **思政目标**

1. 体验中国古代学前教育思想的悠久历史和成就，增强民族自豪感。
2. 继承和发扬我国古代优秀的学前教育文化遗产，树立正确的儿童教育观、世界观，立德树人。
3. 养成慎思博学、诚实守信、爱国敬业的高尚品质。

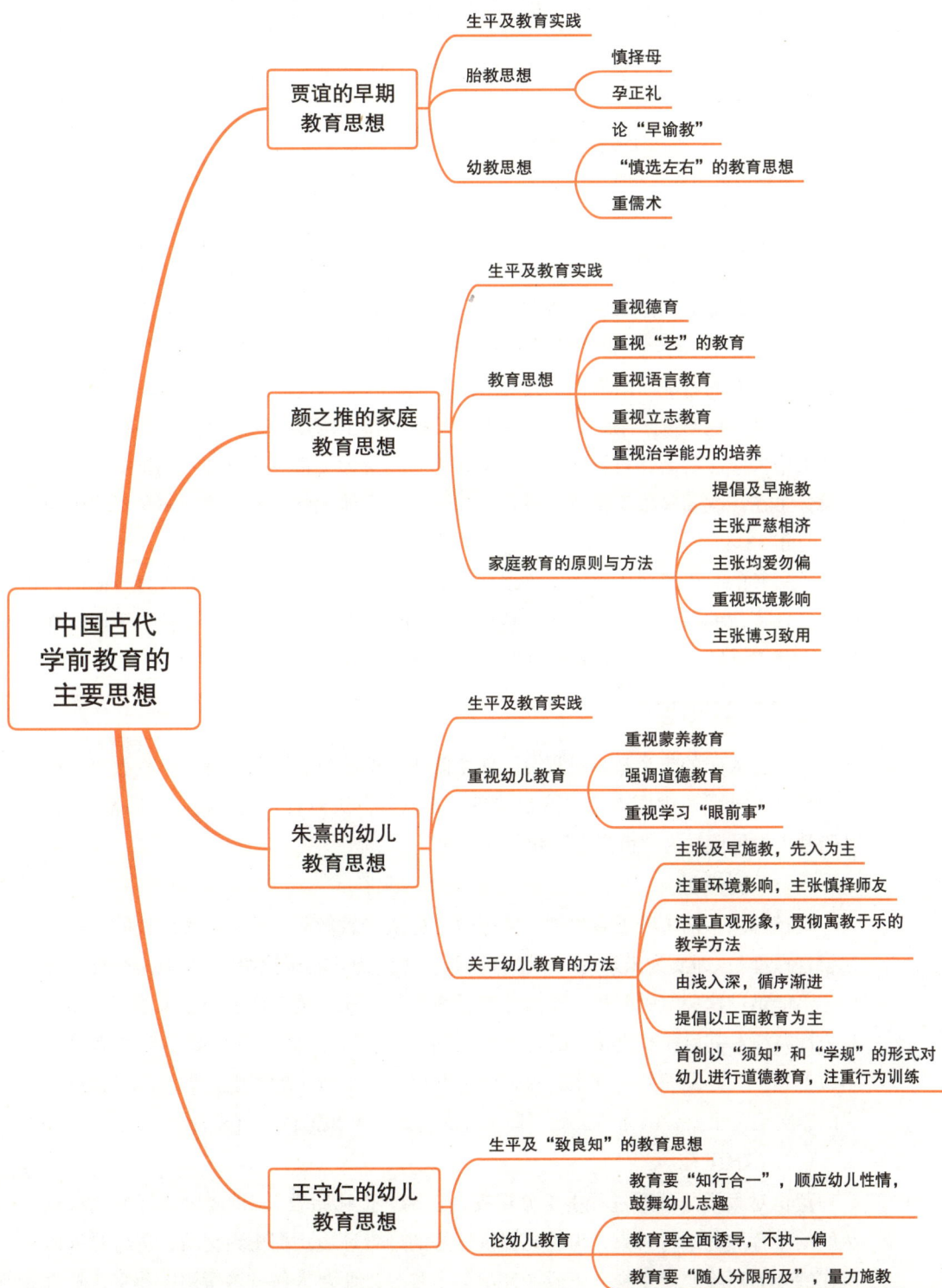

思维导图

中国古代学前教育的主要思想

- 贾谊的早期教育思想
  - 生平及教育实践
  - 胎教思想
    - 慎择母
    - 孕正礼
  - 幼教思想
    - 论"早谕教"
    - "慎选左右"的教育思想
    - 重儒术

- 颜之推的家庭教育思想
  - 生平及教育实践
  - 教育思想
    - 重视德育
    - 重视"艺"的教育
    - 重视语言教育
    - 重视立志教育
    - 重视治学能力的培养
  - 家庭教育的原则与方法
    - 提倡及早施教
    - 主张严慈相济
    - 主张均爱勿偏
    - 重视环境影响
    - 主张博习致用

- 朱熹的幼儿教育思想
  - 生平及教育实践
  - 重视幼儿教育
    - 重视蒙养教育
    - 强调道德教育
    - 重视学习"眼前事"
  - 关于幼儿教育的方法
    - 主张及早施教，先入为主
    - 注重环境影响，主张慎择师友
    - 注重直观形象，贯彻寓教于乐的教学方法
    - 由浅入深，循序渐进
    - 提倡以正面教育为主
    - 首创以"须知"和"学规"的形式对幼儿进行道德教育，注重行为训练

- 王守仁的幼儿教育思想
  - 生平及"致良知"的教育思想
  - 论幼儿教育
    - 教育要"知行合一"，顺应幼儿性情，鼓舞幼儿志趣
    - 教育要全面诱导，不执一偏
    - 教育要"随人分限所及"，量力施教

第一节　贾谊的早期教育思想

学习目标

1. 了解古代太子幼年教育的意义。
2. 掌握贾谊的教育思想。

一、生平及教育实践

贾谊（前200—前168），西汉初期著名的政论家、文学家、保傅教育家，洛阳人。贾谊从小就刻苦学习，博览群书。18岁即有才名，因为能诵《诗经》《尚书》和撰著文章而闻名于河南郡，受到河南太守吴公的赏识，被召为门客。20余岁，廷尉吴公以其颇通诸家之书，荐于汉文帝，被召为博士，很快又因年少才高被破格提拔为太中大夫。后遭谗言被贬为长沙王太傅，继又为文帝少子梁怀王刘揖太傅。由于梁怀王在一次骑猎中不幸坠马身亡，贾谊自伤为傅无状，常哭泣，不久竟忧郁而终，时年33岁。

他短暂的一生给后人留下了许多宝贵的思想文化遗产，特别是在教育方面的独到见解。贾谊的著述，今人辑为《贾谊集》，包括《新书》10卷。他关于早期教育的论述，主要见于《新书》的《傅职》《保傅》《劝学》《胎教》诸篇中。

二、胎教思想

贾谊将太子的整个教育过程分为四个阶段，即胎教、学前教育、学校教育、成人教育。他继承了中国古代"慎始敬终"的思想，认为对人的教育应自胎教开始。其胎教思想可概括为"慎择母"和"孕正礼"。

（一）慎择母

贾谊总结了前人的教育思想，主张教育应从胎教做起，并且认为胎教的第一步在于"择母"，即要为未来的孩子慎择其母。正因为"君子慎始"，胎教是教育的开始，不能错过这一宝贵时机，贾谊才对胎教格外重视。贾谊认识到母亲的道德品质和个性特征对其后代有直接影响。正如凤凰"仁义"，而虎狼"贪戾"，这两者具有本质差别。人亦是如此，孩童自呱呱坠地开始，即受母亲的影响，母亲的仁德对儿童的影响至关重要，因而他提倡"娶妻嫁女，必择孝悌世世有行义者"。

（二）孕正礼

贾谊对太子的孕育过程也十分重视，强调"正礼胎教"，即要以正规的礼法对孕妇的孕育过程进行约束，为胎儿提供良好的孕育环境。据史料记载，贾谊对母体所在的外界环境非常重视。王后在怀孕七个月时，便要入住分娩所用的蒌室，随之入室的还有掌管音乐和膳食的人，而且王后所听的音乐必须合乎礼教，所吃的食物也必须是"正味"。这一切皆是为母体内的胎儿考虑。此外，贾谊对母体本身所处的环境也很重视。他主张孕妇"立而不跛，坐而不差，笑而不喧，独处不倨，虽怒不骂"，这是为了使孕妇保持身心自在、平和，使胎儿能在一个较为健康的母体中得到良好发育。

虽然贾谊的胎教理论建立在历史经验和前人观点的基础之上，但是他能从太子教育中深刻理解胎教的重要性，并极力提倡胎教。他是汉代最早提倡胎教的教育家。

《史记》之贾谊

三、幼教思想

（一）论"早谕教"

贾谊明确提出"早谕教"的观点，主张"自为赤子，而教固已行矣"，就是说从婴儿时期就要开始施教了。

贾谊认为，人的早期教育和人格培养是非常重要的，幼时是陶冶人格品性的最重要的时期。这个时期幼儿思想单纯，具有很强的可塑性，因此应先入为主，尽早对幼儿进行教育。

"慎交感"与"早谕教"

（二）"慎选左右"的教育思想

1."慎选左右"的教育意义

贾谊认为"慎选左右"是太子早期教育取得成功的保证。他认为，人刚生下来的时候，其性情、品德没有太大的差别，而后之所以会出现贤愚善恶之别，其根本原因在于个人所受的自然环境和人文环境的影响不同。他提出，"选左右、早谕教最急""左右正则天子正矣，天子正而天下定矣"。贾谊认为，太子教育的重要性在于"天下之命，悬于天子"，及早为太子营造一个良好的人文环境，能使太子始终处于健康的环境中，受到"正人"的潜移默化的影响，最终成为"正"与"善良"的人。

2.如何选左右

为了加强太子的早期教育，贾谊主张在宫廷内设置专门辅导、教谕太子的师、保、傅官，建立保傅教育制度。师、保、傅作为太子最早、最重要的教育者，又进一步设置为"三公"（即太师、太保、太傅）和"三少"（即少师、少保、少傅），其中"三少"是"三公"的副职，他们要与太子朝夕相处，同时也起着监护人的作用。设置"三公""三少"的目的是在太子周围形成良善的教育环境。他们一方面以孝仁礼义之道教导太子，另一方面充当卫翼太子的屏障，使太子自幼闻正言、见正事、行正道，同时逐去邪人，不使太子耳闻目睹恶言、恶行、恶事。

课堂互动

贾谊认为什么是对太子进行早期教育成功的保障？

笔记栏

（三）重儒术

贾谊是西汉初期继叔孙通、陆贾之后又一位向统治者提出以儒术治国的儒家学者。对于皇太子的早期教育，他当然企望以儒家思想统摄其心。为此，他向统治者进言，要求注重儒术，按儒家的理想人格来塑造太子，将儒家学说作为太子早期教育的主要内容。对于太子的文化知识教育，贾谊主张应注重《春秋》《礼》《诗》《乐》等儒家经典的传授。在道德教育方面，贾谊主张应使太子自幼形成儒家倡导的忠、信、义、礼、孝、仁等道德观念。

❀ 思考提升

1.贾谊的胎教思想包括哪些方面？
2.贾谊的幼教思想包括哪些方面？

第二节　颜之推的家庭教育思想

👉 学习目标

1.了解颜之推的教育思想。
2.学习家庭教育的原则与方法。

一、生平及教育实践

颜之推（531—约590后），字介，原籍琅琊临沂（今山东临沂），世居建康（今江苏南京），是我国历史上著名的历史学家、文字音韵学家和杰出的教育家。他出身士族，早年受到良好的家学熏染。由于生逢乱世，颜之推一生仕途坎坷，自20岁出仕为官，先后为四个王朝效力而又几度沦为亡国之人。其间他耳闻目睹了许多士大夫家破身亡

《颜氏家训》

的残酷现实，使得他对社会的险恶及士族统治的危机看得十分清晰透彻。因此，他从士大夫的立场出发，为保全家族的传统与地位，根据自己的亲身体验，写成了我国封建社会第一部系统、完整的家庭教育著作——《颜氏家训》，用以训诫子孙，鼓励后代承续家业，显学扬名。《颜氏家训》阐述了学前教育的意义、内容、原则、方法，成为后来封建社会家庭教育的重要材料，至今仍有理论价值和实践意义。

二、教育思想

（一）重视德育

颜之推继承了儒家以孝、悌、仁、义等道德规范为主要内容的传统，认为树立

仁义的信念是德育的重要任务，而实现仁义则是德育的最终目的。他强调进行以孝悌为中心的伦理道德教育，教育子弟要不惜代价践行，也就是"行诚孝而见贼，履仁义而得罪，丧身以全家，泯躯而济国，君子不咎也"。

（二）重视"艺"的教育

颜之推认为，教育要培养"德艺周厚"的统治人才，"艺"的教育是必不可少的。这里的"艺"既包括琴、棋、书、画、数、医等士大夫上层社会生活所需的技艺，也包括广博的知识内容。颜之推对"艺"与德的关系也有自己的认识，认为两者有密切联系，德育为根本，而艺教则是道德教育的基础，并为道德教育服务。他认为，"孝为百行之首，犹须学以修饰之""夫所以读书学问，本欲开心明目，利于行耳"，主张对幼儿进行"修以学艺"的教育。

（三）重视语言教育

颜之推认为，语言的学习应成为幼儿教育的一项重要内容，幼儿时期是学习语言的关键时期，幼儿学习语言要标准化，应该学习通用语言而不是方言。他认为，家长应该有这方面的意识，把对子弟进行标准的语言教育作为自己义不容辞的责任。颜之推首次提出语言教育的观念，而且详加阐释，至今仍有借鉴意义。

（四）重视立志教育

颜之推认为在家庭教育中，培养子女具有远大的志向是非常必要的。他教育子孙要树立高尚的生活理想，志趣高雅，心胸开阔，力行尧舜之道，承续世传之家学，在朝这一目标努力的过程中，必须不畏权势、不谋私利，决不把依附权贵、屈节求官作为生活乐趣和人生目标。他告诫子孙只有经过艰苦的劳作，才能有所收获，投机取巧的态度是不可取的。

（五）重视治学能力的培养

颜之推严厉批判士大夫子弟自幼缺乏正规教育，长大成人之后体虚学浅、品行低劣、不学无术的社会状况。为此，他告诫子孙虚心务实，博学广师。

1. 树立正确的学习观念，培养实事求是的学习态度

颜之推反复告诫子孙学习的目的是修身利行，而不是高谈阔论和谋官。他还曾以古人和今人对比的方式批评当时的不正学风，要求子孙端正学习态度，不断提高自身修养。

2. 掌握正确的学习方法

颜之推积极倡导博闻强识、耳闻不实眼见为真的踏实学风，告诫子孙注重博览，专注要点、重实际。颜之推还以梁元帝年少勤学，虽遇艰难险阻，仍不知疲倦、孜孜以学的勤学精神告诫子孙："帝子之尊，童稚之逸，尚能如此"，何况凡夫俗子呢？同时，他又教育子孙珍惜时间、立志成才，告诫他们发奋勤学、分秒必争。

3. 提倡求师问友、切磋琢磨

颜之推认为一个人孤独地学习，断绝与人交流心得与经验，只能闭目塞听、思

想狭隘、夜郎自大。他说："学为文章，先谋亲友，得其评裁，知可施行，然后出手；慎勿师心自任，取笑旁人也。"意即要避免这些情况的出现，最有效的方法就是求师问友，与师友进行切磋、研讨，这样才能增长见识，从而取得进步。

> **课堂互动**
>
> 如何评价颜之推的教育思想？

三、家庭教育的原则与方法

（一）提倡及早施教

颜之推认为，幼儿期是教育的最佳期。"人生小幼，精神专利，长成已后，思虑散逸，固须早教，勿失机也。"他倡导有条件的家庭应及早施教，他在《教子》篇中提出，"当及婴稚，识人颜色，知人喜怒，便加教诲"，就是说教育当自婴儿会看大人脸色的时候开始。颜之推认为，早期教育最重要的就是培养儿童良好的行为习惯，孩子小时候就应严加管教，使其养成良好的思想、行为和习惯。对错误的思想、行为和习惯不批评、不制止，放任自流，势必使其养成恶习。

（二）主张严慈相济

颜之推认为，在教育过程中，慈爱与威严要有机地结合起来。在家庭教育实践中，对子女是严教还是慈爱，是摆在所有父母面前的重要现实问题。颜之推指出："父母威严而有慈，则子女畏慎而生孝矣。"父母对待子女，如能既有威严又有慈爱，把严格的要求和入微的关怀有机地结合起来加以运用，那么，子女对待父母就自然会尊敬、孝顺，家庭教育也就能取得最佳的效果。

（三）主张均爱勿偏

均爱，是指父母应该对所有子女一视同仁。颜之推认为，父母的偏宠偏爱会产生很多不良影响，一方面，受宠的子女容易养成骄横跋扈的习气，其结果必然是"虽欲以厚之，更所以祸之"；另一方面，父母对子女不均爱，客观上会造成兄弟姐妹的不和，这对家庭的和睦和孝悌之德的培养极其不利。

（四）重视环境影响

颜之推认为在家庭教育中，环境起着重要作用。他强调的环境包括两个方面：一方面是家庭内部环境，主要表现为家庭中的长者对幼儿成长自发的影响。另一方面是家庭外部环境，颜之推继承孔子、孟子等儒家学者关于"慎择友"的教育思想，十分重视让儿童置身于比较优良的社会交往的环境之中。他认为家庭教育要注意选邻择友，是因为儿童的心理处于发展阶段，尚未定型，而儿童的好奇心和模仿性都很强，他们总在观看模仿别人的一举一动，无形之中，周围人的为人处世给儿童以潜移默化的作用。因此，邻友对于儿童的影响，有时甚至可能比父母的作用还大。这就是"必慎交游"的道理。

（五）主张博习致用

颜之推在《颜氏家训》中提出："夫学者，贵能博闻也。"他积极倡导子孙广泛学习多种知识，并根据自身的治学经验，把"五经"列为必读典籍，指出学习"五经"不仅可以学到立身处世的道理，培养应有的道德品质，还能奠定写文章的坚实基础。因此，家庭教育应将儒家的"五经"作为最基本的学习材料。此外，为了满足士大夫生活的需要，还应兼及百家之书，同时学习琴、棋、书、画、文学等，否则就会见闻狭隘、头脑闭塞。

颜之推认为，知识广博的同时，还要做到灵活应用。家庭教育不仅要求子孙博习，还要注重学以致用，注重躬行实践。

🐣 学无止境

《颜氏家训》简介

作为中国传统社会家庭教育的典范教材，《颜氏家训》直接开后世"家训"的先河，是我国古代家庭教育理论宝库中的一份珍贵遗产。颜之推并无赫赫之功，也未列显官之位，却因一部《颜氏家训》而享千秋盛名，由此可见其家训的影响深远。被陈振孙誉为"古今家训之祖"的《颜氏家训》，是中国文化史上的一部重要典籍，这不仅表现在该书"质而明，详而要，平而不诡"的文章风格上，以及"兼论字画音训，并考正典故，品第文艺"的内容方面，而且还表现在该书"述立身治家之法，辨正时俗之谬"的现世精神上。因此，历代学者对该书推崇备至，视之为垂训子孙以及家庭教育的典范。纵观历史，颜氏子孙在操守与才学方面都有惊世表现，光以唐朝而言，像注解《汉书》的颜师古，书法为世楷模、笔冠千年的颜真卿，凛然大节震烁千古、以身殉国的颜杲卿等人，都令人对颜家有不同凡响的深刻印象，更足证其祖所立家训之效用彰著。即使到了宋元两朝，颜氏族人也仍然入仕不断，尤其令以后明清两代的人钦美不已。

从总体上看，《颜氏家训》是一部有着丰富文化内涵的作品，不失为中国古代优秀文化的一种，它不仅在家庭伦理、道德修养方面对我们今天有着重要的借鉴作用，而且对研究古文献学，研究南北朝历史、文化有着很高的学术价值；同时，作者在特殊政治氛围（乱世）中所表现出的明哲思辨，对后人有着宝贵的认识价值。

资料来源：李大阔.幼儿教师语文素养[M].长春：东北师范大学出版社，2014：223.

🔖 思考提升

1.我国封建社会最早完成的一部系统、完整的家庭教育著作是哪一部？

2.颜之推的教育思想主张有哪些？

第三节 朱熹的幼儿教育思想

☞ **学习目标**

1. 掌握朱熹的幼儿教育思想。
2. 了解幼儿教育的意义。

一、生平及教育实践

朱熹（1130—1200），字元晦，号晦庵，晚年号晦翁，徽州婺源（今江西婺源县）人，出身书香门第，祖辈历代为朝廷命官。朱熹天资聪颖，10岁左右开始学"圣贤之学"，每天读《大学》《中庸》《论语》《孟子》不间断，并立下"学为圣人"的远大抱负，自幼接受的儒学教育与理学启蒙，奠定了他一生的学术和思想基础。18岁"举建州乡贡"，次年考中进士，被授泉州同安县主簿，开始了政治与教育生涯，然而仕途坎坷，50岁才被任命为偏僻之地南康军知军。

朱熹一生热衷于教育事业，从事学术研究和授徒讲学的时间长达40年之久，在学术和教育事业上取得了巨大的成就。在学术上，他继承和发展了二程学说，成为理学的集大成者。在教育上，他亲自主持修复了白鹿洞书院和岳麓书院，促进了南宋以后书院的发展和勃兴。

朱熹编写的《小学》一书，选辑"古圣先贤"立身治学格言若干条，共六卷，成为中国封建社会后期蒙学教育中很有影响的道德教育课本；《四书集注》则成为封建社会后期数百年里科举考试的标准答案和学校教育中教师必教、幼儿必学的标准教科书。

二、重视幼儿教育

（一）重视蒙养教育

朱熹特别重视蒙养阶段的基础教育作用，他认为如果儿童在幼时"不习之于小学，则无以收其放心，养其德性，而为大学之基本"。同时，他从幼儿的心理特点和教学的要求出发，指出只有"讲而习之于幼稚之时"，才能使幼儿"习与智长、化与心成，而无扞格不胜之患也"，收到理想的教学效果。

为了说明蒙养教育的重要性，他还把小学阶段的教育形象地比喻为"打坯模"阶段。他说："而今自小失了，要补填，实是难。"意指若自幼失了小学，或坯模没打好，大了要补填就十分困难。总之，在他看来，蒙养阶段的教育非常重要，必须抓紧抓好。

（二）强调道德教育

朱熹非常重视道德教育，认为童蒙教育应以道德行为规范的养成为重心。朱熹的理学思想是其道德教育思想的理论基础。朱熹认为伦理纲常都来源于"天理"，他说："万物皆有此理，理皆同出一源。但所居之位不同，则其理之用不一。如为君须仁，为臣须敬，为子须孝，为父须慈。物物各具此理，物物各异其用，然莫非一理之流行也。"朱熹继承孟子的思想，认为道德教育的目的是"明人伦"，而道德教育的最终目标是培养"圣贤"，这是因为当时的教育太过偏重鼓励学子为仕途而读书，对人伦教育有所缺失。

在道德教育的内容方面，朱熹认为"小学"阶段和"大学"阶段是不同的，"小学"阶段教"事"，"大学"阶段教"理"。朱熹主张在童蒙教育阶段，主要教育儿童在行为实践中学会基本的伦理，形成良好的道德习惯。朱熹在《小学》和《童蒙须知》这两本教材中都用了很多笔墨讲述童蒙阶段应该学习的道德教育内容，如他在《小学》中编入了独立的《明伦》篇目，对儿童应遵循的行为规矩和礼仪规范做了详细论述。

《童蒙须知》

（三）重视学习"眼前事"

朱熹强调学习"眼前事"，注重道德行为操作的训练，要求幼儿的学习由浅入深、自近及远，这不仅符合幼儿认知发展与道德形成的规律，易为幼儿所掌握，而且也有助于培养儿童良好的道德习惯，养成践履笃实的作风。古语说："一室不能扫，何以扫天下？小节不拘，大德怎成？"注重"眼前事"的学习，也就是要求从小事、身边事做起，至今这仍是幼儿品德教育中必须遵循的原则。因此，他规定小学的主要任务应当是"学其事"，即学习眼前日常的事。朱熹认为，幼儿学习这类"眼前事"不仅符合幼儿的认知发展水平，而且能够为大学"学其理"打下基础，因为"理在其中"，即事事物物之中都存有一个理，"学之大小，固有不同，然其为道，则一而已"。

📱 **课堂互动**

朱熹的童蒙教育方法有哪些？

三、关于幼儿教育的方法

为了培养"圣贤坯模"，朱熹在幼儿教育的方法方面强调以下几点。

（一）主张及早施教，先入为主

在朱熹看来，"人之幼也，知思未有所主"，幼儿可塑性强，容易受各种思想影响，一旦接受了不良思想和学说，再教以儒家的伦理道德，就会产生抵触情绪。因而必须及早施教，先入为主，以积极进步的思想和学说影响幼儿，为幼儿今后的发展打下好的根基。

（二）注重环境影响，主张慎择师友

由于幼儿模仿性强，是非辨别能力弱，周围的环境对他们的影响很大，因此朱熹也与古代许多教育家一样，强调在幼儿教育中应注意慎择师友。

朱熹认为，对于普通的士大夫家庭，慎择幼儿的教师应自慎择乳母开始。因为乳母与婴幼儿接触的时间较长，对婴幼儿的影响也较大，作为婴幼儿的最初教育者，对幼儿的发展有着至关重要的作用。幼儿稍长，除须慎择教师，还应开始注意培养辨别是非、交游益友的能力。

聚焦二十大

加强师德师风建设

党的二十大报告指出，要加强师德师风建设，培养高素质教师队伍，弘扬尊师重教社会风尚。教师除了能够教授学生专业知识，还能够通过个人修养与个人魅力对学生产生潜移默化的影响，使学生在学习专业知识之外，受到教师个人修养的熏陶。因此，培养社会主义建设者和接班人，迫切需要我们的教师既精通专业知识、做好"经师"，又涵养德行、成为"人师"。构建高质量教育体系、建设教育强国，必须加强师德师风建设，着力打造一支政治素质过硬、业务能力精湛和育人水平高超的优秀教师队伍。

（三）注重直观形象，贯彻寓教于乐的教学方法

朱熹根据幼儿活泼好动的心理特点，要求教学形象生动，因势利导，激发他们的学习兴趣。他在《小学》里曾引用程颐的话："教人未见意趣，必不乐学。"他主张用历史故事、道德诗歌来教育儿童，并开展"咏歌舞蹈"等文娱活动，以引起他们的兴趣，增强学习的自觉性，达到"习与智长、化与心成"的境界，从小便养成良好的品德。

（四）由浅入深，循序渐进

朱熹主张儿童在小学阶段以学习"眼前事"为主，小学的教育重在"教事"，为大学教育"明理"做铺垫。小学教育在于培养"圣贤坯模"，大学教育则是在坯模的基础上"加光饰"。这些认识不仅反映了小学和大学两个教育阶段的关系，也反映了朱熹在人的培养问题上由浅入深、循序渐进的原则。

（五）提倡以正面教育为主

朱熹在教育工作中一贯重视和提倡正面教育，尤其是对幼儿教育，他更强调多积极诱导，少消极限制，要求"多说那恭敬处，少说那防禁处"。

根据正面教育为主的原则，朱熹还对教师提出指导、示范和适时启发的要求："指引者，师之功也""师友之功，但能示之于始，而正之于终尔"。并把教师对学生的适时启发比喻为"时雨之化"，认为"譬如种植之物，人力随分已加。但正当那时节，欲发生未发生之际，却欠了些子雨，忽然得这些子雨来，生意岂可御也"。

（六）首创以"须知"和"学规"的形式对幼儿进行道德教育，注重行为训练

朱熹认为幼儿道德行为习惯的形成，须有一个从不自觉到逐步自觉的过程。他一方面主张要严格地、不间断地对幼儿进行道德行为习惯的训练，使之积久成熟，自成方圆；另一方面又重视"须知""学规"的作用，认为它们可以使幼儿的一言一行、一举一动都有章可循、有规可依。

🐦 学无止境

朱熹劝学

相传朱熹年老时散步到一所学校，当时正是秋天，当他看到梧桐黄叶随风飘落，不禁感慨万千，自言自语地说："光阴似箭，岁月如流啊！"这时忽然看见一群青少年离室在外打闹戏耍，他深深感到，年轻人不懂得珍惜时间，只有过来人才知道时间宝贵，于是诗兴油然而生，低头思索片刻吟道：

少年易老学难成，一寸光阴不可轻。

未觉池塘春草梦，阶前梧叶已秋声。

他吟完诗后，到学堂里将此诗写在书桌上，希望那些不知道珍惜时间的青少年看到后，能够珍惜光阴。这些年轻人看到诗后受到启发，又见是名人朱熹所作，争相传抄，学习也更加勤奋了。

🔑 思考提升

1.朱熹的哪本著作成为封建社会后期数百年里科举考试的标准答案和学校教育中教师必教、幼儿必学的标准教科书？

2.朱熹注重的幼儿教育方法有哪些？

第四节　王守仁的幼儿教育思想

👉 学习目标

了解王守仁的幼儿教育思想。

一、生平及"致良知"的教育思想

王守仁（1472—1529），字伯安，浙江余姚人。因曾在绍兴阳明洞隐居，自号阳明子，创办阳明书院，人称阳明先生，是明代著名的

"致良知"思想的现代价值

唯心主义哲学家、教育家。王守仁出生于一个封建官僚地主家庭，自幼抱有"读书学圣贤"的志向。21岁中浙江乡试，28岁举进士，曾任吏部主事、兵部主事等。王守仁一生除从事政治活动和学术研究，还从事教育实践，自34岁起从事教育工作，到57岁病逝时止，共讲学23年。其中有17年的时间是一面从政一面讲学，其余的6年时间专门从事授徒讲学活动。

二、论幼儿教育

（一）教育要"知行合一"，顺应幼儿性情，鼓舞幼儿志趣

关于幼儿教育，王守仁的基本思想是：教育幼儿应根据他们的生理、心理特点，从积极方面入手，顺导性情，促其自然发展。王守仁认为，顺导幼儿性情进行教育，最重要的就是要激发幼儿学习的兴趣，兴趣在提高幼儿教育质量方面起着十分重要的积极作用。

为此王守仁对当时流行的无视幼儿兴趣、摧残幼儿天性的传统教育方法进行了尖锐的批评，他指出："若近世之训蒙稚者，日惟督以句读课仿，责其检束而不知导之以礼，求其聪明而不知养之以善，鞭挞绳缚，若待拘囚"，其结果不仅使学生厌恶学习，憎恨教师与学校，"视学舍如囹狱""视师长如寇仇"，而且会使学生想尽办法蒙骗老师，品德日趋败坏。他认为这种教育不是教人为善，乃是驱人为恶。可见，王守仁提倡顺导幼儿性情，鼓舞幼儿兴趣的教育方法，是与传统教育方法根本对立的，在当时具有非常积极的意义。

（二）教育要全面诱导，不执一偏

王守仁认为，对儿童进行教育的内容和途径应当是多方面的。他说："教人为学，不可执一偏。"为此，他对教育者提出了通过习礼、歌诗和读书对儿童进行全面诱导的要求，并对习礼、歌诗和读书的教育意义与作用分别做了说明。

为了能够有条理、有步骤地进行多方面的教育，他还在《社学教条》中拟订了一个比较详细的日课表。在课程安排中，除了读书、习礼、歌诗，还增加了考德和课仿，内容相当全面，同时在顺序上注意动静交错、张弛结合，有一定的科学性。此外，王守仁在教学方法方面也有一些创造，如带有比赛性质的教学方法，对于培养学生的学习兴趣具有积极意义。

（三）教育要"随人分限所及"，量力施教

王守仁指出，幼儿正处在身体和心理的重要发展期，"精气日足，筋力日强，聪明日开"。因此，无论是教学内容的安排还是教学方法的选择，都必须考虑幼儿不断变化的生理和心理特点，考虑他们的认知发展水平与接受能力，量力而行，即"随人分限所及"。"分限"指的便是幼儿智力发展所达到的水平。教学要考虑幼儿的基础，考虑幼儿的认知发展水平，适应幼儿发展的阶段性，既不能低于"分限"，又不能超越"分限"，即教学要适应幼儿的接受能力。

💬 **课堂互动**

针对王守仁的观点，提出你在幼儿教育方面的主张，并进行讨论。

🐦 **学无止境**

龙场悟道

王守仁于明武宗正德元年（1506），因反对宦官刘瑾，被廷杖四十，贬谪至贵州龙场（贵阳西北七十里，修文县治）当驿丞。龙场万山丛勃，苗、僚杂居。这一时期他对《大学》的中心思想有了新的领悟。王守仁认为，心是万事万物的根本，世界上的一切都是心的产物（心即理）。他认识到，"圣人之道，吾性自足，向之求理于事物者误也"。他在这段时期写了"教条示龙场诸生"，史称"龙场悟道"。

资料来源：蔡军，刘迎接.学前教育简史[M].北京：北京师范大学出版社，2012：32.

☁️ **思政小课堂**

光年五六岁，弄青胡桃，女兄欲为脱其皮，不得。女兄去，一婢子以汤脱之。女兄复来，问脱胡桃皮者，光曰："自脱也。"先公适见，呵之曰："小子何得谩语！"光自是不敢谩语。

——〔宋〕邵博《闻见后录》

解析：

司马光在五六岁时，有一次手中把弄着一个青核桃。他的姐姐想帮他把核桃皮剥离开，未能成功。姐姐走后，一个女婢用热水浸润，把核桃皮剥去。姐姐回来，问是谁剥掉了核桃皮，司马光回答说："是我自己剥掉的。"这时，他的父亲正好看见，呵斥道："你怎么能说谎话！"司马光从此不敢再说谎话了。

司马光之父这一断喝，真犹如一声惊雷、一道闪电，处于懵懂时期的小司马光从这霹雳般的教导声中，开始知道了做人的起码道理。司马光在宋代以诚实厚道著称，关于这一点，他曾经说过："吾无过人者，但平生所为，未尝有不可对人言者耳。"

司马光的故事告诉我们一个道理，谎言总会被揭穿，一时的欺骗会使人养成撒谎的坏习惯，可能会让自己在今后的人生道路上处处碰壁甚至抱憾终生。可见，古人特别重视幼儿的诚信教育，要求对儿童"言语问答，教以诚实，勿使欺妄也"。

章节检测

一、选择题

1.中国封建社会最早、最完整的家庭教育著作是（　　）。

A.《诫子书》　　　B.《家诫》　　　C.《颜氏家训》　　　D.《赤子诗》

2.朱熹编写的规范儿童日常生活行为的著作是（　　）。

A.《童蒙须知》　　B.《小儿语》　　C.《蒙求》　　　　D.《急就篇》

3.反对传统儿童教育的"鞭挞绳缚，若待拘囚"，提倡教育儿童要顺其自然的是
（　　）。

A.贾谊　　　　　B.颜之推　　　C.董仲舒　　　　D.王守仁

4.将太子整个教育过程分为四个阶段的思想家是（　　）。

A.贾谊　　　　　B.叔孙通　　　C.朱熹　　　　　D.徐之才

5.学"眼前事"是（　　）的教育思想。

A.陆贾　　　　　B.颜之推　　　C.朱熹　　　　　D.王守仁

二、填空题

1.贾谊的早期教育思想主要包括_____和_____。

2.朱熹把整个学校教育的过程划分为_____和_____两个阶段，其中
8～15岁为_____教育阶段，即蒙养教育阶段，15岁以后为_____教育阶段。

3.王守仁的教育理论是_____。

三、简答题

1.简述颜之推的家庭教育原则。

2.简述朱熹关于幼儿教育的方法。

3.王守仁的儿童教育思想包括哪些内容？

4.简述贾谊的太子早期教育理论。

习题答案

在线测试

第三章

中国近现代学前教育概况

📽 **故事导入**

解放区的托儿所——洛杉矶托儿所

当年的延安有个赫赫有名的托儿所——洛杉矶托儿所。该托儿所的前身是成立于1940年的中央托儿所，主要招收革命烈士和抗日将士子女。托儿所成立之初，条件非常艰苦。后在宋庆龄"保卫中国同盟"的名义下，及时联络到洛杉矶爱国华侨及国际友人，开展了募捐活动，许多普通美国民众纷纷解囊捐款、捐物。为了感谢洛杉矶侨胞和美国友人，中央决定将"中央托儿所"改名为"洛杉矶托儿所"。

1.黄土高坡的甜蜜印象

托儿所成立之初，没什么玩具，罗小金（后来的李铁映）便常和小朋友们从窑洞前的土坡上滑下去、爬上来，再滑下去，将陕北的黄土高坡改造成了土滑梯。

尽管他们玩自制土滑梯，也曾被园长批评，但是时隔多年，当罗小金成为后来的国务委员、国家体改委主任李铁映时，还对当年在托儿所度过的幸福快乐童年留有甜蜜而难忘的印象。

2.行军途中的小宣传员

毛主席曾把洛杉矶托儿所的幼儿接出来一起过新年，除了吃糖果、花生，还有很重要的一项就是看大戏。当时的延安大广场，正在上演《兄妹开荒》，讲的是兄妹开荒大生产，支援前线打鬼子的故事。幼儿一边看戏，一边学着剧中的动作。后来在行军途中，幼儿每到一处，都给当地的老乡们演戏、唱歌，受到了热烈欢迎。幼儿并没有刻意排练，只是开心、投入地看过几次，便能有模有样地模仿到位，成了行军途中的小宣传员。

3.小玻璃片中的大乐趣

大力是一个聪明伶俐的幼儿，非常活泼，经常想出些新点子来玩。一次，一位叔叔送给他一块红色的碎玻璃片，叔叔把玻璃片的边缘用石头磨得很光，以免割伤他的手。从此，红色玻璃片成了大力的宝贝，透过玻璃片，他看到了另一个美丽的世界，那个世界是粉红色的，显得美丽、温柔、奇妙无穷。自从有了这块玻璃片，大力成了孩子王，大家都想透过这个充满魔力的玻璃片去看看另一个彩色的世界，于是争着用自己手中珍藏的宝贝去与大力交换，有子弹壳粒、糖果、小石子、彩色的毛线绳等等。每当这时，大力就非常得意。

读完这个故事，你有何感想？

解放区学前教育的条件非常艰苦，却培养了一大批优秀人才，为我国学前教育的建立与发展做出了卓越的贡献。这只是我国近现代学前教育史的一个典例，你想具体了解这一时期我国学前教育的历史吗？下面让我们掀开从 1840 年鸦片战争到 1949 年中华人民共和国成立这一时期学前教育史上波澜壮阔的一页。

晚清时期，中国社会由封建社会逐渐沦为半殖民地半封建社会。从此开启了近现代中国教育的转型，新的教育制度开始诞生，学前教育成为教育系统的一部分，其完全由家庭承担的历史结束。民国时期，学前教育的地位进一步加强，学前教育机构课程建设和教师的专业化发展进一步受到重视。中国共产党领导的解放区学前教育事业形成了自己的特色，积累了学前教育为工农大众服务的宝贵经验。

教学建议

1. 课时建议：5 课时。

2. 学习重难点：

（1）各个时期学前教育的特点与经验。

（2）各个历史时期的学前教育制度。

本章目标

▶ **知识目标**

1. 理解并掌握蒙养院制度、蒙养园制度和幼稚园制度的内容。
2. 掌握解放区学前教育的特点及经验。

▶ **能力目标**

1. 通过概括我国自鸦片战争至新中国成立时期学前教育的实施过程，提高概括和理解知识的能力。
2. 通过对我国近现代学前教育状况的研究，树立历史唯物主义的思想、观点，博古通今，为在学前教育方面创新能力的培养奠定基础。

▶ **素质目标**

1. 培养对近代学前教育发展史的理解及鉴赏力。
2. 树立科学的儿童教育观，积累儿童个性发展的教育经验。

▶ **思政目标**

1. 近代学前教育发展历史坎坷，以史为证，激发爱国热情，培养奋斗精神。
2. 增长历史知识，提高综合素养，树立历史唯物主义和辩证唯物主义世界观。

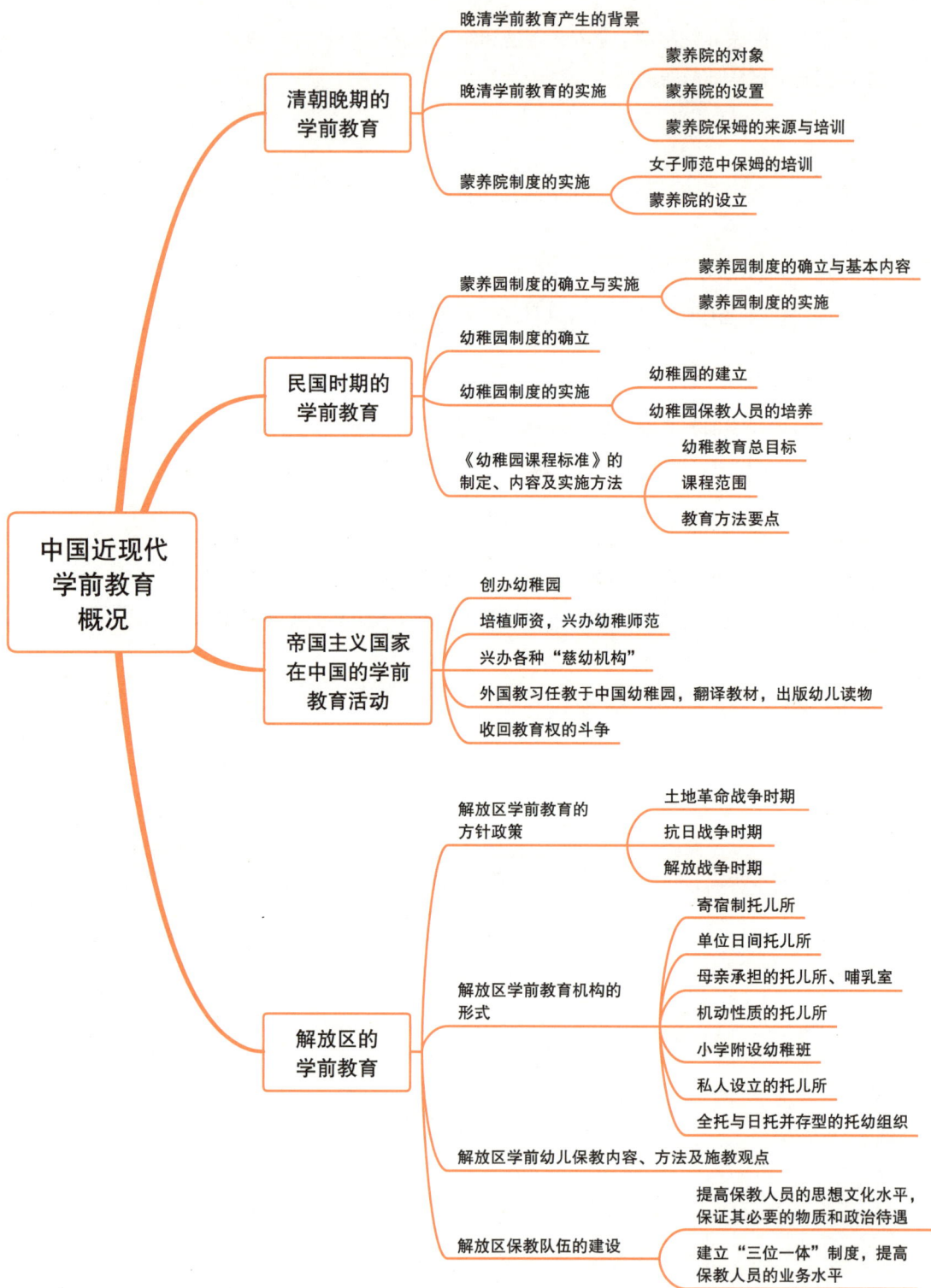

🔴 思维导图

中国近现代学前教育概况
├─ 清朝晚期的学前教育
│ ├─ 晚清学前教育产生的背景
│ ├─ 晚清学前教育的实施
│ │ ├─ 蒙养院的对象
│ │ ├─ 蒙养院的设置
│ │ └─ 蒙养院保姆的来源与培训
│ └─ 蒙养院制度的实施
│   ├─ 女子师范中保姆的培训
│   └─ 蒙养院的设立
├─ 民国时期的学前教育
│ ├─ 蒙养园制度的确立与实施
│ │ ├─ 蒙养园制度的确立与基本内容
│ │ └─ 蒙养园制度的实施
│ ├─ 幼稚园制度的确立
│ ├─ 幼稚园制度的实施
│ │ ├─ 幼稚园的建立
│ │ └─ 幼稚园保教人员的培养
│ └─ 《幼稚园课程标准》的制定、内容及实施方法
│   ├─ 幼稚教育总目标
│   ├─ 课程范围
│   └─ 教育方法要点
├─ 帝国主义国家在中国的学前教育活动
│ ├─ 创办幼稚园
│ ├─ 培植师资，兴办幼稚师范
│ ├─ 兴办各种"慈幼机构"
│ ├─ 外国教习任教于中国幼稚园，翻译教材，出版幼儿读物
│ └─ 收回教育权的斗争
└─ 解放区的学前教育
   ├─ 解放区学前教育的方针政策
   │ ├─ 土地革命战争时期
   │ ├─ 抗日战争时期
   │ └─ 解放战争时期
   ├─ 解放区学前教育机构的形式
   │ ├─ 寄宿制托儿所
   │ ├─ 单位日间托儿所
   │ ├─ 母亲承担的托儿所、哺乳室
   │ ├─ 机动性质的托儿所
   │ ├─ 小学附设幼稚班
   │ ├─ 私人设立的托儿所
   │ └─ 全托与日托并存型的托幼组织
   ├─ 解放区学前幼儿保教内容、方法及施教观点
   └─ 解放区保教队伍的建设
      ├─ 提高保教人员的思想文化水平，保证其必要的物质和政治待遇
      └─ 建立"三位一体"制度，提高保教人员的业务水平

第一节　清朝晚期的学前教育

👉学习目标

1. 了解晚清时期学前教育产生的背景。
2. 了解《奏定学堂章程》的基本内容。

一、晚清学前教育产生的背景

19 世纪中期以来，帝国主义为掠夺我国资源，在我国领土上开发矿山，大办工业，清政府的洋务官僚也兴办工业，我国开始出现工人。19 世纪末 20 世纪初，我国民族资本主义逐渐发展。民族资本主义的初步发展，进一步壮大了工人阶级的队伍。一些妇女为生活所迫，走出家门、走进工厂，使近代学前教育的产生有了客观的需要。

伴随西方列强的入侵，近代新式教育陆续传入中国。一方面，西方国家教会纷纷在我国创办新式学堂，希望从思想上麻痹中国人，从文化上征服中国。他们为了达到文化侵略的目的，开办了一批近代学校，其中就有幼稚园及培训幼教师资的机构。譬如，1892 年，海淑德创办了上海幼稚园师资培训班；1898 年，金振声开办了英华女中。另一方面，一批先进的中国人在中西文化碰撞中对社会发展趋势进行了理性思考，提出了"师夷长技以制夷"的主张，希望学习西方的先进科学技术、军事技术和政治制度。他们在引进近代新式教育上不遗余力。康有为在其著作《大同书》中，第一次系统地提出了资产阶级教育制度，是我国近代的学前儿童公养公育思想提出的第一人。梁启超在《教育政策私议》一文中，介绍了西方国家的教育制度。而且，梁启超还主张中国也应该像西方一样设立两年制的幼稚园，招收 5 岁以下的儿童。这些思想家的宣传，以及西方国家教会在华的办学，为近代学前教育事业在中国的较快发展做了铺垫，积累了经验。

康有为的学前
公育思想

二、晚清学前教育的实施

中国第一个近代教育法规《奏定学堂章程》（史称"癸卯学制"）于 1904 年颁布和实施。《奏定学堂章程》中，专门为学前教育制定了《奏定蒙养院章程及家庭教育法章程》（以下简称《章程》），这是近代学前教育的第一个法规，它的颁布和实施标志着我国学前教育开始摆脱家庭教育的基本形式，进入新的发展阶段。

按照这个法规的规定，蒙养院成为国家教育体系中的一个重要组成部分，它明确指出"蒙养通乎圣功，实为国民教育之第一基址"，

第一个学前
教育法规

同时规定蒙养院作为学前教育的专门机构。有关蒙养院制度的主要内容如下：

（一）蒙养院的对象

《章程》规定："蒙养院专为保育教导三岁以上至七岁之儿童，每日不得过四点钟。"

（二）蒙养院的设置

蒙养院并不单独开设，而是附设在育婴堂和敬节堂内。《章程》规定："凡各省府厅州县以及极大市镇，现在均有育婴堂及敬节堂，兹即于育婴敬节二堂内附设蒙养院。"

清末，育婴堂在各地普遍兴建起来，这种机构虽然收的都是幼儿，但主要目的在于救济、养育孤苦无依的孤儿，负责照看他们的是没有受过专门训练的节妇。严格说来，育婴堂并不是教育机构。

敬节堂本为收养寡妇之所，因为她们能守节，受封建社会"敬慕"，故为之设院。

（三）蒙养院保姆的来源与培训

蒙养院的老师称"保姆"，保姆由乳媪、节妇训练而成。近代学前教育的保教人员，本应该出自幼儿师范学校，但清末有幼儿教育，却无法培养幼教师资。因为在《奏定学堂章程》颁行时，女子尚没有受教育的地位，也就无法办幼儿师范学校，合格的幼儿教育师资亦无来源。因此，保姆只得由育婴堂的乳媪（为人哺乳育儿之妇）和敬节院的节妇充任，也适当招堂外妇人。训练保姆的方法，是在育婴堂或敬节堂中选择一些识字的妇女当教员，如堂内无识字的，则请一些识字的老妇人入堂任教。

三、蒙养院制度的实施

随着第一个近代学制的颁布、推行，幼教师资培训机构和学前教育机构开始出现。

蒙养院制度

（一）女子师范中保姆的培训

学前教育机构的创立，以有幼教师资为前提。清朝末年幼教师资的培训，经历了一个从无到有的过程。

1. 教育领域打破"女禁"

我国第一代幼儿师资，是育婴堂的乳媪和敬节堂的节妇。蒙养院制度，实为舶来品，国内不但没有师资的准备，而且因为不允许设女学，师资无法培养，便请来了乳媪、节妇这样的保姆。

1844年，英国女子促进会会员，传教士爱尔德赛在宁波创办女塾。这是我国第一个女子学堂，它是带有殖民性质的新生事物。

资产阶级革命派为宣传资产阶级自由、平等、博爱的思想，推翻帝制，培养革命人才，也办了一批女子学堂，以实践其男女平权的主张。最有名的是蔡元培主持的爱国女学，该校在1902年开办于上海。

1907 年 3 月，清政府正式颁布《女子小学堂章程》和《女子师范学堂章程》，由此我国女子教育正式取得合法地位。

2. 各地开始建立女子师范学堂

1911 年之前的约 10 年时间内，我国创立的女子类学堂有：上海务本女塾及其在上海公立幼稚舍创立的保姆传习所等，北京的京师第一蒙养院及其设立的保姆讲习班等，广州的保姆养成所等。所开设的课程一般有：保育法、幼儿心理学、教育学、修身学、谈话、乐歌、图画、手工、文法、习字法、理化、博物等。

（二）蒙养院的设立

清末蒙养院可分官办和私办两种。

1. 官办蒙养院

（1）武昌蒙养院。武昌蒙养院是中国近代第一所公立公共学前教育机构，由张之洞、端方共同谋划，端方主持筹划，于 1903 年 9 月创立于湖北武昌阅马场，名为湖北幼稚园。它的开办，使中国的学前教育冲破了一家一户各自为政的家庭教育局面，迈开了社会化的第一步，是中国学前教育近代化的重要标志之一。《奏定学堂章程》颁布后更名为湖北蒙养院，1904 年 9 月被附设于新建的武昌模范初等小学堂，更名为武昌初等小学堂附设蒙养院，简称武昌蒙养院。

武昌蒙养院

武昌蒙养院筹设之初即聘请户野美知惠等三名日本保姆，1904 年依据日本《幼稚园保育及设备规定》（1899 年），户野美知惠拟定了《湖北幼稚园开办章程》，共计 22 条，在其中对教育宗旨、招收对象、开设课程、保育时间及所设场室等做了具体的规定。汪向荣在《日本教习》一书中对该章程的日本色彩做过论述，认为它引领了中国学前教育的起步，在当时中国是相当先进的。

（2）湖南蒙养院。湖南蒙养院于 1905 年 5 月 25 日创立于湖南长沙。湖南蒙养院由冯开浚担任院长，聘请日本的春山雪子和佐藤操子为保姆，制定了《湖南蒙养院教课说略》，其中对蒙养院的设立始意、教育宗旨、招生对象、课程设置等方面都做了明确而具体的规定。

湖南蒙养院

湖南蒙养院是公立性质的，单独设院，对《奏定学堂章程》的精神有所变更；在课程设置上，也较湖北武昌蒙养院更为合理，又未拘泥于《奏定蒙养院章程及家庭教育法章程》的规定，在其《湖南蒙养院教课说略》中强调各科要有机结合，相互渗透，保教内容已超出《奏定学堂章程》的规定，更加完备了。

2. 私立蒙养院

《奏定学堂章程》颁布以后，除官办的蒙养院，还出现了一些由私人办的蒙养院，如上海务本女塾附设幼稚舍、天津严氏蒙养院等。

（1）上海务本女塾附设幼稚舍。上海务本女塾附设幼稚舍由吴馨筹创。1902 年，吴馨在家塾的基础上创设"务本女塾"；1904 年春，附设"幼稚舍"于乔家浜，由程颖、吴秋贤两位女士主持办理；1904年秋，"添租大南门民房九幢，移幼稚舍其中，并分设师范教室，即由师范生分任幼稚舍事务"；1905年，幼稚舍迁至"西门外生生里"校本部内，由吴馨之妻葛氏"专任幼稚舍"事；1906年，幼稚舍停办。

（2）天津严氏蒙养院。严氏蒙养院由严修创办。严修在1898年戊戌变法期间曾上书朝廷，主张改革科举制度，添设经济特科，但不为清政府所接纳，于是，回天津潜心办学。他曾创办南开大学、普通中小学等许多学校，并且十分重视女子教育和学前教育。1902年，他在自己家中开设严氏女塾，1905年创办严氏女子小学，并设蒙养院和保姆讲习所。保姆讲习所是国人自办的第一所私立性质的幼师培训机构，曾聘请日本人大野铃子为教师，她在保姆讲习所任教的三年间，培养学员二十余人。全体学员经过考试，每人发一张文凭，并举行毕业典礼。

严氏蒙养院 *(图片说明：二维码)*

严氏蒙养院的保教情况与湖北、湖南官办蒙养院的基本精神是一致的。

学无止境

醒俗画报

在100年前，著名社会活动家温世霖等人发起创建了一份石印画报——《醒俗画报》。这份图文并茂的报纸以"唤醒国民，校正陋俗"为宗旨，以图为形式，报道点评了当时的新闻逸事、市井民情及时事要闻，为后人留下了清末民初最鲜活、最生动的市井生活画卷。一些津城实业家，看到了新文化启蒙的必要性，常

常自觉出资成立学塾扫盲；也有殷实好学之家，将院落辟为开蒙之所。津城最早的"幼儿园"也在这个时候诞生了。

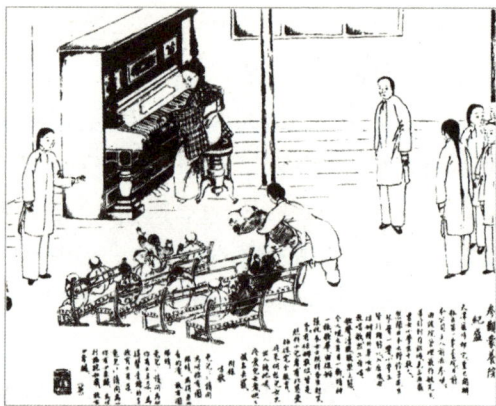

图片解读：

天津有一位严侍郎，在自家的宅院里开办了私立第一蒙养院。有人前去参观，该院管理严约敏先生将客人导引到游戏场，看见有十几个三五岁男女小学生正在游戏。这时，来自日本的大野铃子先生的钢琴声响了，小学生们马上鞠躬入座，由老师教唱歌，只见孩子们众声齐唱，歌声清脆，欢乐的样子令参观者耳目一新。

《醒俗画报》感叹：有此慈爱师保完全教育，将来何愁儿女不出人头地呢？疼爱儿女者，快快报名去吧！

图片来源：李润波.晚晴新闻画报收藏[M].杭州：浙江大学出版社，2008：192.

🏃 **思考提升**

1.蒙养院保姆的来源是什么？如何对保姆进行培训？

2.蒙养院的保教要旨有哪些？

第二节　民国时期的学前教育

👉 **学习目标**

1.掌握《幼稚园课程标准》的课程内容及范围。

2.了解民国时期在学前教育方面的历史贡献。

一、蒙养园制度的确立与实施

1912 年 9 月，由教育家蔡元培任教育总长的教育部公布了《学校系统令》，称为"壬子学制"。自该学制公布至 1913 年 8 月，又陆续颁布了《小学校令》等规程，逐步形成了一个较为完整的学制系统，即"壬子癸丑学制"。

（一）蒙养园制度的确立与基本内容

壬子癸丑学制为"三类三段五级制"，在这个学制中废除了封建特权，割掉了科举制在学制中的尾巴，使女子教育取得了一定地位，它具有反封建的资产阶级民主精神。虽然学制依旧是以日本的学制为蓝本，但其中对高等教育的相关设计借鉴了德国学制的精神；学制中还相应提高了实业教育和师范教育的地位，规定了初小可以男女同校。这也或多或少地体现了共和精神或资产阶级性。

壬子学制对学前教育设施并无明确规定，癸丑学制将清末的学前教育设施蒙养院更名为蒙养园，但蒙养园不计学制年限；其实行时间较长，直至 1922 年新学制产生以前变化不大。蒙养园虽在学制中被确定为学制体系上的教育机构，但其不占学制年限，并未单独成为学制系统中的一级，而是其他教育机构的附属部分。例如，1912 年教育部公布的《师范教育令》规定，"女子师范学校于附属小学校外应设蒙养园，女子高等师范学校于附属小学校外应设附属女子中学校，并设蒙养园"。1915年教育部公布的《国民学校令》规定，"国民学校得附设蒙养园及类于国民学校之各种学校"；《师范教育令》也规定，"女子师范学校，以造就小学教员及蒙养园保姆为目的""女子师范学校，除依前项规定外，并得附设保姆讲习科"。这样看来，蒙养园虽然没有摆脱附属的地位，但已不再设于育婴堂和敬节堂内，而是被纳入了真正的教育机构之中，保姆也有了专门的师范学校来培养，这正是学前教育地位有所

壬子癸丑学制

提高的标志。

1916年1月至10月，教育部公布了《国民学校令施行细则》，明确提出了教育儿童之本旨："儿童身心宜期其发达健全；凡所教育，必适合儿童身心发达之程度。体育、智育、情育、志育，均宜并重，以锻炼儿童之能力；凡与国民道德相关事项，无论何种科目，均应注意指示。智识技能，宜择国民生活上所必需者教授之，务令反复熟习，应用自如。"在施行细则的第六章"蒙养园及类于国民学校之各种学校"中，对蒙养园的宗旨、保育内容和方法、设备、保育幼儿者等方面都做了具体规定。

蒙养园制度的基本内容如下：

关于蒙养园的宗旨："以保育满三周岁至入国民学校年龄之幼儿为目的。"

关于保育儿童的目标："保育幼儿，务令其身心健全发达，得良善之习惯，以辅助家庭教育。幼儿之保育，须与其身心发达之度相副，不得授以难解事项及令操过度之业务。幼儿之心情容止，宜常注意使之端正，并示以良善之事例，令其则效。"

关于保育项目："为游戏、唱歌、谈话、手艺。"

关于蒙养园的师资："蒙养园得置园长。蒙养园保育幼儿者为保姆。保姆须女子有国民学校正教员或助教员之资格，或经检定合格者充之……蒙养园长及保姆之任用、惩戒，依国民学校教员之例。区立蒙养园长及保姆之俸额及其他给与诸费，县知事依照国民学校教员之规定，参酌地方情形定之。"

关于蒙养园的设备："蒙养园应设备游戏园、保育室、游戏室及其他必要诸室，室以平屋为宜。恩物、绘画、游戏用具、乐器、黑板、桌椅、钟表、寒暑表、暖房器及其他必要器具，均须齐备。"

关于蒙养园幼儿数："蒙养园之幼儿数，须在百人以下；但有特别情事者得增至百六十人。保姆一人所保育之幼儿数，须在三十人以下。"

以上规定中，办园宗旨、课程、设备等方面与《奏定蒙养院章程及家庭教育法章程》中的规定基本相同，仍然强调辅助家庭教育，许多保教内容和方法仍沿袭清末效法日本的模式，但也吸纳了德国学前教育的规范精神。在师资的规定上有所进步，提高了蒙养园保姆的资格，确定其享有国民学校教员的资格和薪俸。

课堂互动

我国学前教育开始摆脱家庭教育的基本形式，逐步向近代教育发展的标志是什么？

（二）蒙养园制度的实施

1. 蒙养园保姆培训

按照壬子癸丑学制的规定，蒙养园的教育者称为"保姆"，保姆由师范学校培养。

从女子师范学校的课程设置中可以看出，现代自然科学与社会科学、教育理论科学等新知识的出现，对中国现代教育产生了积极的影响。对学前教育来说，重视幼儿教师专业理论的培养，提高了教师的教育水平。但是，由于改革的不彻底性和中国资产阶级的软弱性，以及北洋军阀政府的复辟，曾明令取消的读经科又被恢复。但较清末女子学堂完全用儒家的"为母之道"训练学生的情况，已有较大改变。

2. 蒙养园和幼稚师范的建立

壬子癸丑学制颁布后，全国各地陆续出现了一些蒙养园和保姆讲习所。据记载，这一时期出现的学前教育及培训机构主要有：1912年唐金玲在上海创办的旅沪广东幼稚园；同年在山东济南创设的保姆养成所；1913年张謇在南通新育婴堂设立的幼稚园传习所；同年在黑龙江私立奎垣中学附设的蒙养园；1916年北京女子师范学校设立的保姆讲习所；同年杭州弘道女学设立的幼稚师范科及附设的幼稚园；1917年江苏省第一女子师范学校开设的保姆讲习所及第二年设的附属蒙养园；1918年由张雪门在浙江宁波创办的星荫幼稚园及1920年开办的幼稚师范学校；1918年成立的湖州民德妇女职业学校附属婴儿园；1919年由陈嘉庚在福建厦门创办的集美幼稚园；同年由熊希龄在北京创办的香山慈幼院；1920年山西大同第一女子高小附设的蒙养园；同年山西省立国民师范附小设的幼稚园。

二、幼稚园制度的确立

第一次世界大战后，中国民族工业的发展，对学校教育提出了新要求，原来的"壬子癸丑学制"已不适应时代要求。与此同时，以杜威的实用主义思想为代表的西方思潮陆续传入中国，深刻影响了中国教育界。在这样的背景下，全面改革学制被提上了议事日程。

1922年7月，中华教育改进社在济南召开年会，重点讨论了学制改革问题。9月，全国学制会议在北京召开，会议对全国教育会联合会提出的学制系统草案进行修改。修改后的草案提交同年10月在济南召开的联合会第八届年会讨论，最后，于11月1日以大总统令公布了《学校系统改革案》，这就是1922年"新学制"，也叫"壬戌学制"。

新学制简明、科学，具有鲜明的特点和划时代的意义，结束了辛亥革命以后教育新旧交叉的混乱状态。

新学制首次将幼稚园纳入学校教育体系。它规定在小学下设幼稚园，接收6岁以下的幼儿。这改变了蒙养院和蒙养园在学制中没有独立地位的状况，确定了学前教育在学制系统中作为国民教育第一阶段的重要地位。

三、幼稚园制度的实施

伴随幼稚园制度的确立，我国涌现出一大批公立、私立性质的幼稚园。绝大部分幼稚园设在小学或师范学校内，但是各地发展很不平衡，多数在沿海大城市。

笔记栏

（一）幼稚园的建立

五四运动以后，特别是新学制颁布以后，我国的学前教育事业又有了新的发展，在城市和乡村先后出现了一批影响较大的幼稚园。以陶行知、陈鹤琴等为代表的教育家，先后在南京等地创办了燕子矶幼稚园、晓庄幼稚园、和平门幼稚园、新安幼稚园、迈皋桥乡村幼稚园和具有实验性质的南京鼓楼幼稚园。另外，南京高等师范附属小学下设的幼稚园、厦门集美幼稚园、北京香山慈幼院等相继建立，幼稚园在数量及幼儿入园率等方面有了较大的提升。

1.厦门集美幼稚园

厦门集美幼稚园是1919年2月由爱国华侨陈嘉庚在自己的家乡集美兴办的，是一所独立设置的幼稚园，第二年并入集美学校，改称集美学校附属幼稚园。1927年，集美幼稚师范成立，集美幼稚园改为中心幼稚园，后为厦门市集美幼儿园。

厦门集美幼稚园，是一所既具有西班牙特色，又有我国民族风格的园舍，拥有"葆真楼""养正楼""煦春楼""群乐室"等楼屋。该园把幼稚教育当成立园之根本，教师为幼儿的伴侣，教育应以幼儿为中心，幼稚园应成为幼儿的乐园。

建园之初，招收幼儿100余名，由陈淑华任主任，另聘两名教员。该园试行以年龄、智力为分级标准；教育内容除了故事、音乐、游戏、自然和社会、工作、餐点、静息，还增加了识字与计算、家庭联络，共九项；在课程实施上有严格的教学要求，每月底由园主任、指导教师和幼稚师范生共同拟订教学计划。每周有园务会议，决定下周实施纲要。还要按计划收集教材、布置环境、检查设备。该园在设备、管理、教学、科学研究和实验等方面在当时都是一流的。

🐤 学无止境

陈嘉庚——民国时期教育的"华侨旗帜、民族光辉"

集美幼稚园的创办人陈嘉庚，1874年出生于福建省厦门市同安县，早年去新加坡经商，后来成为精明强干的实业家和具有远见卓识的教育家。他认为"教育为立国之本，兴学乃国民天职"。1913年起，他在家乡大力普及教育，创办集美小学堂，以后陆续创办师范、中学、水产、航海、商业等学校十余所，另设医院、图书馆等，将家乡渔村建成规模宏大的学校区——集美学村。后又创建福建省第一所高等学府——厦门大学。为了办学，陈嘉庚将其在南洋所有的不动产全部捐给集美学校作为永久基金，被人誉为"毁家兴学"，毛泽东称他为"华侨旗帜、民族光辉"。

民国时期，风云动荡。总有一群人为教育事业奋斗终生。教育事业生生不息，民族才有未来和明天。学前教育，儿童的未来，才得以在夹缝中生存和发展。

2. 北京香山慈幼院

北京香山慈幼院是一所私立幼稚园，于 1919 年创立，主办者为熊希龄（1870—1937）。1917 年 8 月，京畿直隶一带发生水患，受灾 103 县，灾民逾 600 万人。同年 9 月，熊希龄受命督办善后事宜。当时，他得知受灾区域留下许多无家可归的老人、儿童，遂在各县设留养所 170 所，留养近 4 万人，又在北京设立慈幼局，收养儿童千余名。水患平息后，慈幼局所收养的儿童大部分被家长认领回籍，无人领养者尚有 200 余名。熊希龄遂请求大总统徐世昌指拨北京名胜香山静宜园为基址，建立慈幼院。慈幼院的主旨为济贫托孤，属慈善性质。开办一年后，熊希龄发现一些贫苦儿童中不乏天资聪颖者。于是，决定施行教育。全院按照年龄顺序，分为五个部分。其中，第一校和第三校为学前教育机构。第一校是婴儿教保园和幼稚园，其中婴儿教保园招收出生到 4 岁的儿童，幼稚园收容五六岁的儿童。第三校为幼稚师范学校。校长为张雪门，该校主要招收慈幼院小学毕业的女生，以培养幼稚园的教师，熊希龄的女儿焦芷曾经负责训练保教人员。由于她曾经在美国学习幼稚教育，因此，香山慈幼院的教育内容和方法是仿美式的。当时，这所慈幼院的生活照管和卫生保健在全国学前教育机构中首屈一指，影响很大。

3. 南京鼓楼幼稚园

南京鼓楼幼稚园由陈鹤琴于 1923 年在自家客厅中创立，以试验幼儿教育的设想。同年秋，幼稚园得到了东南大学的资助，聘请东南大学幼稚教育讲师卢爱林女士为指导员，甘梦丹女士为教师，首批入园儿童仅 12 人。这所幼稚园在陈鹤琴的主持和指导下成为东南大学教育科的学前教育实验园地。1925—1928 年，陈鹤琴在这所幼稚园进行了读法研究、设备研究、课程研究、故事研究、习惯研究、技能研究等方面的实验。

在开展研究中，鼓楼幼稚园开设了音乐、游戏、工作、常识、故事、读法、数法等课程。音乐包括各种歌词的听唱表演及欣赏、节奏的听和演作、小音乐的表演等。游戏有个人游戏和团体游戏。工作课程包括图画、纸工、泥工、木工、积木、沙箱、缝纫、园艺等。常识课程通常采取野外教学的形式，如游览公园山林。故事课程由教师编故事，或由儿童自己编故事，以引起儿童对于文学的兴趣。读法课程主要是要求 4 岁以上的儿童能阅读单字短句或儿童歌谣或短篇故事。数法课程主要采取随机教学和正式学习两种方式，让儿童有数的概念。鼓楼幼稚园在当时受到了学前教育界的关注，其所开展的如上实验和设立的课程，奠定了我国学前教育中国化和科学化的基础。

课堂互动

蒙养园与幼稚园哪个更适应时代的要求？请简要说明。

（二）幼稚园保教人员的培养

1.幼稚师范的建立

"新学制"颁布后，学前教育的师资培训机构——幼稚师范学校开始出现，尤其是1928年全国教育会议后，培养幼稚师资的教育机构逐渐增多。

1940年10月，陈鹤琴先生在江西省泰和县文江村创办了中国第一所独立设置的公立幼稚师范学校——江西省立实验幼稚师范学校。该校的办学宗旨有三个：一是培养幼稚园的师资，造就幼稚教育的人才；二是开展幼稚教育的理论和教材教法方面的研究；三是进行陈鹤琴先生创立的"活教育"理论的实验。江西省立实验幼稚师范学校的课程有以下特点：

（1）课程设置。该校依照1937年教育部颁布的三年制幼师课程，对课程设置做了大修改，如体育音乐科列入幼儿歌曲和唱歌游戏教材，重视妇婴卫生，以人生心理课代替人生哲学课。

（2）活教育、活教材。不一味看重书本上的死知识，不限于一两本固定的教科书，而是抓住身边的活教材，实施活教育。

（3）"做中学、做中教、做中求进步"的教学方法。教与学不仅以"做"为中心，还要在"做"中精益求精。

（4）训导实施。一是要求学生自律；二是在竞赛活动中注重普遍的发展，用抽签的方式决定要竞赛的学生；三是生活训练，如陈鹤琴先生说的："凡是自己能做的事，都由自己来做。田由自己来种，路由自己来筑，饭要自己做，菜要自己烧。"通过以上三方面的训导，培养学生"做人、做中国人、做现代中国人"。

2.幼稚师范课程及会考制度的颁定

在陶行知、陈鹤琴等教育家的大力呼吁下，政府逐渐加强了幼教师资的培养。

教育部公布的《师范学校规程》对幼教师资培训做了规范。一是对两年制和三年制幼稚师范科教学科目做了详细的规定。二是对学生的实习提出了具体的要求：实习应有参观、实习、试教三个阶段的内容，每项实习前后，须有预备、报告、讨论三种手续，每次3小时的实习时间。三是对学生每日上课时间和户外运动等事项做了规定：幼稚师范科学生每日上课、自习及课外运动总时数为10小时，每星期以60小时计算。每日在上课时间外，以1小时为早操及课外运动时间，余为自习时间。学生自习及课外运动时间均须有教员督促指导。四是对幼稚师范科学生的入学、转学、复学、退学及毕业的办法都做了规定。五是对幼稚师范生实行会考制度。会考由国家命题，会考的科目有公民、国文、算学、历史、地理、生物、物理化学、教育概论、幼儿心理、幼稚园教材及教学法、保育法。会考三科以上不及格，应留级，一科或两科不及格，准其暂行工作，但不能有毕业证书，并要求参加补考通过后才能毕业并取得正式工作。

四、《幼稚园课程标准》的制定、内容及实施方法

"新学制"虽然将幼稚园正式列入学校系统，但对幼稚园的师资培养、幼稚园教育的调查和实验研究、乡村幼稚园的推广、幼稚园课程和教材的审查及编辑等问题，还没有详细的办法和统一的要求。尤其是欧美宗教式、日本小学式幼稚教育普遍盛行，尚未有中国人自己的幼稚园课程标准。

《幼稚园课程标准》

1928 年 5 月，在南京召开的全国第一次教育会议上，陶行知和陈鹤琴提出了"注重幼稚教育案"（由陶行知的五个提案和陈鹤琴的两个提案综合而成），其中一项是"审查编辑幼稚园课程及教材案"。会后，受大学院（后改为教育部）之聘，陈鹤琴、郑晓沧、张宗麟、葛鲤庭、甘梦丹、杨宝康等人，依据南京鼓楼幼稚园的课程实验成果、中央大学附属幼稚园及晓庄乡村幼稚园的经验，负责起草《幼稚园课程暂行标准》，并通过《幼稚教育》月刊和各种教育杂志的《幼稚教育专号》进行交流研讨。1929 年 9 月，《幼稚园课程暂行标准》拟定完成，由教育部令各省市作为暂行标准试验推行，并于 1932 年 10 月由教育部正式公布，称《幼稚园课程标准》（1936 年又予以修正）。

《幼稚园课程标准》是我国自己制定的第一个统一的幼稚园课程标准，使得幼稚园课程达到了比较完善的程度，促进了当时中国幼稚教育规范化、科学化的发展。

课程标准包括幼稚教育总目标、课程范围、教育方法要点三部分。

（一）幼稚教育总目标

幼稚园教育的总目标是将"尊重幼儿自身的快乐，竭力追求幼儿身心健康和幸福及为人生发展奠基"作为根本内容，并以下四个方面为最终目的。

第一，增进幼稚儿童身心的健康。

第二，力谋幼稚儿童应有的快乐和幸福。

第三，培养人生基本的优良习惯（包括身体、行为等各方面的习惯）。

第四，协助家庭教养幼稚儿童，并谋家庭教育的改进。

（二）课程范围

《幼稚园课程标准》规定幼稚园的课程包括音乐、故事和儿歌、游戏、社会和常识、工作、静息、餐点七项内容。每一门课程都详细规定了授课目标、内容大纲和所要达到的最低限度。

（三）教育方法要点

《幼稚园课程标准》要求的教育方法特别注意幼儿社会化和多方面能力的培养，提出要量力而行、因材施教，并采取奖励机制激发幼儿的学习兴趣，运用团体、分组和个别的方式，组织幼儿进行各种活动并使幼儿能够健康、快乐地成长，从而成为对国家和社会有用之人。

具体共列了 17 条教育方法：

第一，各项活动在实施时，应该打成一片。确定一日或两三日内作业的中心，一切活动都离不开这个中心的范围。

第二，幼儿每天在园时间全日约 6 小时，半日约 3 小时。各种活动不可呆板地分节规定。

第三，各种作业，可由幼儿各从所好，自由活动。

第四，故事、游戏、音乐和自然，大部分都可由教师引导，施行团体作业，工作则大部分由幼儿个别活动，由教师个别指导。

第五，教师应该充分准备，以免遇到临时困难。

第六，教师需体察幼儿的心理，切合幼儿的经验。

第七，幼稚教育所用的是日常生活可接触，至少是可想象的实物、事实。

第八，幼稚园的教学设计，应从幼儿的活动中发现设计的主题，应体察幼儿的能力，将不能做的部分省去，设计的材料要以易达目的、易达结果为最好。

第九，教师是幼儿活动中的把舵者，要使幼儿跟着教师的趋向而进行。

第十，教师是最后的裁判者。

第十一，教师应用奖励，以鼓励幼儿对于某种作业的兴趣。

第十二，技能应该用练习的方法，使幼儿纯熟。

第十三，园中的事务，凡幼儿能做的，如扫地、拔草等，应充分地由幼儿去做。

第十四，每半年举行体格检查一次，每月举行身高体重检查一次。

第十五，教师应做好观察记录，作为研究和施教的资料。

第十六，教师应和家长尽力联络感情，宣传幼稚教育和家庭教育的方法。

第十七，幼稚园教育除利用户外的自然和社会条件，也要利用废物、天然物和日用品。

作为中国第一个由国家颁布的幼儿园课程标准，《幼稚园课程标准》是专家学者在总结实践经验的基础上，借鉴西方学前教育的发展经验编写而成的。因此它是符合我国当时的国情和实际的，对于促进我国学前教育的科学化，推动我国学前教育发展起到了重要的作用。

✿ 思考提升

思考《幼稚园课程标准》的内容和历史地位。

第三节　帝国主义国家在中国的学前教育活动

学习目标

1. 了解外国教会在中国的学前教育活动对我国学前教育的影响。
2. 阐述帝国主义国家在我国创办幼稚园的实践活动及现实意义。

一、创办幼稚园

进入 20 世纪后，早期小学性质的教会学校也前伸至学前教育领域，为了与中国人自己创办的学前教育机构竞争，为了给未来的中国施加更强有力的影响，教会学前教育开始了"世俗化"的转变，引入西方幼稚园的课程、教材和教法，不再是一味灌输宗教理念；在人本思想的影响下，还出现了"中国化"的趋向，即采用中国语言施教，对中国的传统文化和习俗表现出一定程度的尊重。这一时期教会幼稚园的地域分布已很广泛。1913 年，基督教全国大会在大会决议案中进一步明确规定：各地教堂都要附设幼稚园。于是，教会办的幼稚园数量增加很快。这一时期，教会办理的学前教育机构不仅有附属的，还有一些单设的，数量也有所增加。比较知名的幼稚园如：1906 年，由美国监理会帅洁贞在浙江吴兴北城所设的湖郡女塾幼稚园；1912 年，福建厦门怀德幼稚师范学校附设的幼稚园；1915 年，美国美以美会、布道会在福州女中创办的幼稚园。1921—1922 年中华基督教教育调查团调查报告记载，在五四运动前夕，全国教会所设的幼稚园已达 139 所，收幼儿 4324 人。这一时期，外国教会在中国创办的幼稚园不但在时间上早于中国所办的幼稚园，而且在数量上也大大超过了中国自办的幼稚园。

鸦片战争之后，教会幼稚园的办园宗旨是离不开帝国主义列强欲以基督教精神奴化中国人，培养高级人才为其服务的终极目标的。美国传教士麦女士在《基督教女子教育》一文中明确提出，要达成教会教育目的，必须将幼稚园教育作为起点。她指出："至于学校等级，宜从幼稚园至大学……欲造民主国国民根基，除幼稚园外，无他术也；欲使街巷顽童、家中劣子，成为安分之小国民，除幼稚园外，亦无他术。""学校无论何级，皆应为社会宗教之中心点。以养成基督信徒、教育家与慈善家为目的。"牧师梅因也曾颇有把握地讲，如果给他机会训练儿童一直到 7 岁，便可以保证使儿童以后对教会一直保持忠诚。

西方教会所创办的幼稚园，从创办开始就带有鲜明的不平等性和殖民性，它关心的是宗教而不是孩子，所起的作用"消极的是在减弱中国民族的反抗，积极的是在制造各国的洋奴"。但从当时中国幼稚教育的情况来看，它又具有一定的进步性，即改变了在教会幼稚园兴起之前中国的幼稚教育完全模仿日本的情况，从客观上给封闭的中国带来了西方的学前教育模式和崭新的学前教育观念，对中国近代学前教育的产生和发展起了一定的积极作用。

二、培植师资，兴办幼稚师范

中国人出国接受幼教专业训练的国家，首先是日本。中国女学生赴日最早是在1901年。

到1902年，已有留日女学生十余名。最初就学的学校专业是日本实践女学校附属中国女子留学生师范工艺速成科。师范科科目有：教育、心理、理科、历史、算术、体操、唱歌、日语、汉文。工艺科科目有：教育、理科、算术、体操、唱歌、日语、汉文、刺绣、编物、图画等。这所学校，虽分此两科，但均有幼稚园保姆的训练。

教会在中国开办专门的学前教育机构的同时，也开始了对学前教育师资的培养：1892年，美国传教士海淑德在上海创办了一所幼稚园教师培训班；1898年，美国卫理公会在苏州创办的英华女中便开办了学前师资培训班；同年，英国长老公会在厦门创办了幼稚园师资班；1902年，美国传教士在苏州创办了以培养幼稚园师资为主的景海女学。

这些培训机构的设置表明合格的幼儿教师需要接受专业培训，需要了解儿童的心理特点，掌握学前教育的规律，能运用恰当的方法来完成学前教育的任务。教会所办学前教育师资培训机构不仅为教会幼儿园培养师资，也供中国官立、私立幼儿园使用，从而使当时中国学前教育机构教师几乎都出其门下。故有学者指出：在20世纪前20年，教会幼儿师范教育控制了整个幼儿教育界。师资是学前教育发展的关键。教会幼稚师范学校为清末民初中国学前教育事业提供了相当部分的师资，缓解了当时幼稚师资短缺的压力。同时，这些毕业生在教学中也将教会学校的课程、教材、教法等带到了中国自办的幼儿园教学中，在实践中影响和培养出一批中国专业化的师资队伍，帮助中国学前教育机构完成了最初的师资队伍转型换代。但也应看到其所带来的消极影响，进入20世纪20年代左右，教会学前教育的保守性、宗教性、贵族化、外国化等弊端逐渐显现出来，随着中国学前教育的进一步发展及学前教育的发展要求，教会学前教育也在一定程度上制约了中国学前教育近代化的脚步。

欧美国家也积极争取中国留学生。1906年出洋考察的清朝大臣端方访美，美国耶鲁大学、康奈尔大学及威尔斯利（女子）学院，与端方协商，中国每年可派免费留学生赴美。1908年，美国总统罗斯福决定退还一部分庚子赔款，作为中国派遣留美学生费用。其他各国，也效仿美国的这个做法。中国留学生去西方的人数逐渐增多，中国学前教育也从学日逐渐向学美转变。从美国学成回国的有陶行知、陈鹤琴等。

> **课堂互动**
>
> 怎样正确评价外国教会对中国学前教育的影响？请用简短的几句话概括。

三、兴办各种"慈幼机构"

在设立幼稚园和幼稚师范的同时，帝国主义还以兴办"慈善"事业为名，到处设立孤儿院、慈幼院、育婴堂之类的慈幼机构。早在19世纪40年代，教会就在湖南衡阳开办了一所慈幼院，此后其他地方的教会也陆续开办了这类"慈善"机构。在这些"慈善"机构中，幼儿长年被关在高楼深院里，与世隔绝，生死大权完全掌握在"慈善家"手里，饥饿、疾病和体罚夺去了很多无辜的生命。据调查，武昌花园山育婴堂、南京圣心幼儿院，以及广西、西安、芜湖等地的类似机构中幼儿的死亡率达60%～99%。有的孤儿院还设有剥削和压榨童工的工厂。帝国主义从肉体上摧残幼儿，还从精神上腐蚀、毒害他们，使之感恩戴德，长大了死心塌地地为之传教。

帝国主义的卑劣行径，激起中国人民的无比愤慨，许多有识之士严正指出育婴堂是杀婴堂。如1868年外国传教士在扬州设立的育婴堂，有不少婴儿受虐待致死，引起群众极大的愤慨。当时，参加扬州府考的文武生员曾发布揭帖，揭露传教士的罪行，群众也纷纷参加，大约有一万人联合起来，捣毁教堂救出婴儿。又如1870年的天津，群众愤怒地焚毁了法国教堂、育婴堂、领事馆。

四、外国教习任教于中国幼稚园，翻译教材，出版幼儿读物

外国教习在中国官立、私立的学前教育机构中任职，自清末蒙养院诞生起就很盛行。最初多为日本教习，管理和任教于中国蒙养院，如前所述的湖北武昌蒙养院和湖南蒙养院，私立的严氏蒙养院最初也是聘请外国教员。在中国幼稚园任教的办法，一直持续到新中国成立前。以日本为例，几乎官立、私立的蒙养院都有日本教习任教，此外还有女学、女子师范学堂，也都有日本人当教员，学校中主要文化课和专业课都由日本教习任教。

学前教育所用书籍，包括幼稚园读本、幼稚师范生教材等也多由外国进口。对此，东、西洋也是十分积极地向中国施加影响，他们很重视利用教材影响中国，认为为中国编辑教科书是传播西方"文明"的极好形式。传教士默多奚说："把你们所要加于这个国家生命之中的东西，放在学校里，就可以达到目的""达到这目的之最有效的办法是把它放进学校教科书里去"。到1937年，翻译的日本书籍中，教育一类的书就有140余种，西洋的教育书籍更多。

五、收回教育权的斗争

鸦片战争后，帝国主义列强在中国办学，从幼稚园至留学教育，从普通教育到师范教育、技术教育、盲聋哑教育等，形成了独立的教会学校网络。外国在华办的文化教育事业，不受中国政府管辖，不必在中国政府立案，尤其是一些传教士，他

们利用办学这一"合法"的形式，从事危害中国人民利益的侵略活动和宗教宣传，引起了中国人民的强烈不满，并不断地受到中国人民的抵制。

这种侵犯中国教育主权的情况，激起教育界和青年学生的极大愤怒，他们与之进行了艰苦卓绝的斗争。1917年，蔡元培提出"以美育代宗教"的主张。1923年，北京发起组织全国"非基督教大同盟"，李大钊、蔡元培、陈独秀、吴虞、胡汉民等都参与其中。蔡元培在非宗教同盟第一次大会上发表演说，提出大学不必设神学科，各学校均不得有宗教教义课程，不得举行祈祷式，以传教为业的人不必参与教育事业。1924年，随着中国革命形势的发展，由广州开始，成立"广州学生收回教育权运动委员会"。当时有影响的全国性教育团体，如中华教育改进社、全国教育会联合会等都开会、撰文支持和参加收回教育权的斗争。中华教育改进社要求政府制定注册条例，全国教育会联合会通过《学校内不得传播宗教案》《取缔外人在国内办理教育事业案》。1925年，恽代英撰文《打倒教会教育》，反对外国利用宗教办学，破坏中国教育主权，压制学生。

1925年五卅运动前后，一场轰轰烈烈的收回教育权运动在全国范围内达到高潮。许多教会学校学生退学、教员辞职，不少教会学校关闭或改组。

收回教育权运动取得了一定的成绩，这是中国人民反对外国强夺中国教育主权斗争的成果。此后，凡外国在中国办的幼稚园、幼稚师范学校或幼师培训班，都要向中国政府注册，课程也要大致符合中国教育部所颁发的课程标准的要求。

🐦 **学无止境**

景海女师

景海女师的前身是创办于1902年的景海女塾。景海女师在课程安排上中西并用，设国文、英文、算学、理化等科目，并有钢琴科、体操科。学校收费昂贵："本学堂收取学费，膳食费通年以十个月计算，寄宿者每月英洋十元，走读者每月英洋四元""凡学生愿学琴者每月需再加学费英洋两元"。尽管如此，许多中产阶级以上的家庭仍以能将自己的女儿送进景海为荣。景海女师以管理严格著称，上课时不能有一丝声响，学生走路要斯文，夏天穿阴丹士林布，进餐须按琴声排队入膳房，祷告后进餐，晚上临睡前要祈祷。平时若有学生触犯校规，被叫到校长室训斥算是轻罚，重者要记大过。那些较为娇气的小家碧玉，在经过教会学校的磨炼以后，尤其在卫生习惯、婚姻态度、待人接物方面，都有很大改观。

资料来源：蔡军，刘迎接.学前教育简史[M].北京：北京师范大学出版社，2012：59.

⚙ **思考提升**

帝国主义国家在我国进行的学前教育活动有哪些？

第四节　解放区的学前教育

学习目标

1. 了解解放区学前教育的方针政策，明确解放区学前教育的实施措施。
2. 掌握解放区学前教育的基本经验。

一、解放区学前教育的方针政策

解放区的学前教育，是指 1927 年大革命失败后至 1949 年中华人民共和国成立前，在中国共产党领导下的区域的学前教育。解放区的经济、文化比较落后，但学前教育的发展并不滞后，这期间中国共产党制定了一系列关于学前教育的纲领性文件，坚持"重视保育事业，抚养革命后代"的学前教育理念。

解放区学前教育的历史经验

聚焦二十大

坚持共产党的领导不动摇

党的二十大报告指出，中国特色社会主义制度的最大优势是中国共产党领导，中国共产党是最高政治领导力量，坚持党中央集中统一领导是最高政治原则。中国共产党自成立以来，始终把为中国人民谋幸福、为中华民族谋复兴作为自己的初心使命，始终坚持共产主义理想和社会主义信念，团结带领全国各族人民为争取民族独立、人民解放和实现国家富强、人民幸福而不懈奋斗，已经走过一百年光辉历程。新时代的大学生，要听党话、跟党走、感党恩，自觉融入中国特色社会主义伟大事业实践中，刻苦学习，增长才干，不懈奋斗，在社会主义现代化国家建设中实现自己的人生价值。

（一）土地革命战争时期

1927 年 9 月，中国共产党在《江西省革命委员会行动纲领》中，提出将建立学前教育机构作为解放妇女的措施。1931 年 9 月，在湘鄂赣省工农兵苏维埃第一次代表大会上，提出学前教育的目标是：①注意看护小儿的教育；②注意小儿听觉、视觉及器官的充分发展；③ 3 岁以上的幼儿暂时由幼儿的家庭及共产主义幼儿团实行幼稚教育；④注意幼儿的记忆力、模仿力和联想力等智慧的发展。

（二）抗日战争时期

1934 年 2 月，苏区中央内务人民委员部颁布红色政权的第一个关于学前教育的文件——《托儿所组织条例》。该条例阐明了"组织托儿所的目的是为着要改善家庭的生活，使托儿所来代替妇女担负婴儿的一部分教养的责任，使每个劳动妇女可以尽可能的来参加生产及苏维埃各方面的工作，并且使小孩子能够得到更好的教育与照顾，在集体的生活中养成共产儿童的生活习惯"。该条例充分体现了中国共产党对学前教育重要性的认识，为当时的学前教育指明了为工农大众及其子女服务的发展方向，为苏区学前教育的健康发展打下了基础。条例还对儿童入托条件、托儿所的规模、作息制度、环境设备、保教人员的编制标准、儿童卫生和健康管理等做了详细的规定，如托儿所接纳1个月至5岁的婴幼儿，托儿所的规模为6～12人，看护与婴幼儿的师生比为1∶3，托儿所只进行日托等。

1941年，为适应抗战需要，陕甘宁边区政府工作报告中，把实行幼儿保育列为中心工作，同年颁布了《陕甘宁边区政府关于保育儿童的决定》（以下简称《决定》）。《决定》要求在边区实行幼儿公育制度，进一步将学前教育向民间推进。同时，《决定》对保育工作的组织和管理、孕妇和乳母的权益保护、婴儿的保育，以及托儿所的建立、保姆的待遇等问题均做了明确规定。

（三）解放战争时期

解放战争时期，中国革命从局部胜利走向全国胜利。在这一新形势下，为使教育工作更好地为解放战争和土改工作服务，边区政府于1946年12月10日颁布了《战时教育方案》，提出各级学校均要"直接或间接地为自卫战争服务"的总的教育方针。

总之，中国共产党根据形势的发展，在不同的历史时期制定了相应的学前教育方针政策，使幼儿受到了良好的教育。同时，毛泽东、周恩来、朱德等老一辈无产阶级革命家都十分关心幼儿教育事业。由于他们的关心和正确的方针政策，老解放区的学前教育事业才得以蓬勃发展，出色地完成了为革命战争和生产服务，以及培养革命后代的光荣任务。

学无止境

从延安出发的"马背摇篮"

1946年，国民党军队大举向解放区进攻。为了保证孩子们的安全，中共中央决定：洛杉矶托儿所提前撤离。从1946年撤离延安，1949年到北京，历经三年，途经三省一市、十几个县、数十个村庄，行程3000华里，始终处于"上有飞机轰炸扫射，后有敌军围追堵截"的困境，仅靠人背马驮和徒步行走，辗转于千沟万壑、崇山峻岭之中。百十名幼儿大不过六七岁，其艰难困苦可想而知。1949年，洛杉矶托儿所三千里行军进驻北京西直门外的万寿寺，1969年迁到北京黄寺，被命名为"总政幼儿园"。

资料来源：蔡军，刘迎接.学前教育简史[M].北京：北京师范大学出版社，2012：67.

二、解放区学前教育机构的形式

抗日战争和解放战争时期，解放区政府先后建立了多种形式的学前教育机构，主要有以下七种。

（一）寄宿制托儿所

寄宿制托儿所一般设在环境比较完备的后方，规模较大，由边区政府主办，费用由政府承担，部分由中国福利基金会资助，条件较优越，设备较完善，制度也较为健全严格。主要招收前方将士子女和烈士遗孤、难童及部分后方机关干部的子女。如陕甘宁边区的兰家坪托儿所、延安第一保育院和第二保育院、洛杉矶托儿所等都属于这类托幼机构。类似以上的托幼机构在其他解放区也相继建立。

陕甘宁边区第一保育院建在延安城北，全院分成乳儿部、婴儿部、幼稚部、小学部，共有教职员工 30 人，其中女职工 21 名，男职工 9 名，来自全国各地。其中受过高等教育的 3 人，师范毕业的 19 人。

（二）单位日间托儿所

日间托儿所是指由某一机关、工厂、学校、部队等单位自办的托幼机构。这种托幼机构一般设在本单位，招收本单位职工子女入托，幼儿白天入托，晚上回家。当时的中央党校、中央组织部、延安鲁迅艺术学院、中国女子大学、被服厂、银行等，都办过日间托儿所。

（三）母亲承担的托儿所、哺乳室

由母亲承担的托儿所、哺乳室是根据劳动妇女的需要，母亲们自己组织起来，轮流值班或请老人照看幼儿的一种形式。这种机构在江西苏区很普遍，1934 年已建立的 227 个托儿所，就是春耕农忙时建立起来的。管理幼儿的母亲专门养护幼儿，她们的生产任务则由送托幼儿的母亲分担，以方便更多的妇女参加农业生产。

（四）机动性质的托儿所

这种托儿所在晋、冀、鲁、豫根据地最多，其特点是：当局势稳定时，幼儿便集中由托儿所或幼稚园培养；敌人扫荡时，托儿所化整为零，保教人员与幼儿分散在老百姓家中，由群众来掩护，以免受到敌人迫害。托儿所工作人员看望幼儿，则化装成货郎卖货或亲戚走访。

（五）小学附设幼稚班

针对 5～6 岁不满入学年龄的幼儿，边区政府举办了小学附设幼稚班。幼儿编入小学的幼稚班，可受半年或者一年的学前教育，然后才进入小学一年级学习，幼稚班的经费主要来自家长。在陕甘宁边区，米脂、绥德分区的三所小学及清涧城关完小、延安完小等校都曾举办过这类形式的学前教育机构。

（六）私人设立的托儿所

解放战争时期，在党和政府的鼓励下，陕甘宁边区还出现了少量的私立托儿所。据统计，东北地区于 1947 年至 1949 年 7 月创办了私立敏山托儿所、私立新民托儿所等 9 所托幼机构。

（七）全托与日托并存型的托幼组织

根据群众与孩子的需要，边区政府举办了全托和日托并存的托幼组织。如解放战争时期，延安群众报社托儿所最初是全托（寄宿制），后根据吃奶婴儿的需要和有一般疾病孩子母亲的要求，又举办了日托班，收托这部分孩子。

三、解放区学前幼儿保教内容、方法及施教观点

由于时局不稳，解放区的学前教育在内容、原则和方法上难有统一的要求和严格的规定。但保育幼儿身体、培养良好习惯、发展幼儿智力，是解放区各个时期所力求实行的保教内容和目标。

陕甘宁边区第一保育院贯彻"保教结合，以保为主"的办学方针，实行寄宿制和供给制，具有儿童公育的色彩。1943 年提出的教育目的是："增进孩子的身心健康和快乐，培养其优良的习惯和行动，使其成为抗战建国中优良的小国民。"到解放战争时期，培养幼儿的总方针是：锻炼儿童革命的观点与作风，培养儿童活泼愉快的心情和健康坚实的体格，陶冶勇敢老实的个性，增进儿童智力训练，手脑并用，使他们成为未来新中国健全的主人公。幼稚教育的原则包括从母爱出发的感情教育，与实际相结合的生活教育，锻炼孩子们的集体观点与革命的阶级观点，培养重视劳动和热爱劳动人民的劳动观点和群众观点，培养良好习惯，训练儿童技能。教学内容则认定"幼稚教育基本是一种生活教育，所以教材的内容，亦必须是儿童日常生活所接触到的或体验到的问题"。在保教方法上，强调以身作则、正面教育、多用暗示、少用禁止、因势利导、避免体罚、经常比赛等方法。对于特殊儿童也有矫正的方法，诱发儿童到正常的发育道路。教材的内容有唱歌、游戏、讲故事、剪贴、观察等。知识教学上则采用单元教学法，将计划教育与兴趣教育尽可能紧密结合起来；同时多采用直观教学法、比较教学法和"三化"（故事化、游戏化、歌曲化）教学法。

💬 **课堂互动**

陕甘宁边区第一保育院和洛杉矶托儿所分别提出了哪些教育幼儿的方针和革命观点？

四、解放区保教队伍的建设

解放区的保教人员，大多是农村妇女，她们文化水平低，有的甚至是文盲，没有接触过幼教实践，更没有受过专业训练。很多妇女由于受旧的封建思想的影响，不了解保教工作的意义，不愿意干保育工作。针对这种状况，为了完成"一切为革命，一切为儿童"的学前教育任务，解放区十分重视师资的培养，动员各部门共同协作，努力提高保教人员的思想、文化和业务水平，全面加强保教培训。

（一）提高保教人员的思想文化水平，保证其必要的物质和政治待遇

为了提高保教人员对工作的认识，党政领导经常给保教人员做报告，讲保教工作的重要性，并亲自视察、指导工作。同时党和政府也很重视提高保教人员的政治待遇和社会地位，在生活上保教人员享有高于一般工作人员而与技术人员相同的待遇。这些措施都使保教人员深刻认识到他们所肩负的光荣使命，大大提高了工作的积极性。

各托幼机构都很重视保育人员的文化学习，建立了学习、考核、奖励等制度，有的还专门配备了文化教员。要求保育人员每人都制订学习文化的计划，本着"学以致用，急用先学"的原则，利用业余时间进行学习。经过一两年的学习，一般都能达到相当于初小或更高的文化程度，不仅能写工作日记、工作报告，编写简单的教材，甚至还能学认一些英文字母和单词。

（二）建立"三位一体"制度，提高保教人员的业务水平

在实践中纠正保教分家的偏向，实施"保教合一"的制度，在此基础上又进一步发展为"保、教、卫三位一体"的制度，其中，保育人员的责任是从儿童生活管理上保证儿童的健康，防止疾病，了解儿童健康、生活、智力的发展；幼稚教师的任务主要是从教育中培养儿童良好的生活习惯，开发其心智，采取适当方法教育儿童；医生与护理人员的任务则是设法为儿童积极防病、治病，经常向保教人员提供预防疾病的方法，关心儿童饮食、卫生等，这样就使保育员、教师、医生与护理员三者各有专职又能密切配合，使得儿童能温暖、幸福成长。

解放区的学前教育在发展过程中积累了许多宝贵的经验：坚持党的领导和为革命服务、为工农大众服务的方向；贯彻群众路线和勤俭办所的原则，以多种形式发展学前教育事业；实行"保教结合"，努力促进幼儿身心的全面发展；建立一支既有崇高革命理想，又有一定专业知识的保教队伍。这些经验不仅在当时，在新中国成立以后的相当长的时间内，都是学前教育的主要指导思想。这些经验对建设今天中国的学前教育体系，仍有着十分重要的现实意义。

总之，解放区的学前教育培养了儿童的健康体魄，启迪了儿童的聪明才智，为他们的身心健全发展打下了良好的基础。解放区的学前教育在艰苦的战争环境中取得了令人瞩目的成绩，为新中国的学前教育事业奠定了良好基础。

✿ 思考提升

1. 简述解放区学前教育的内容及方法。
2. 解放区学前教育机构的形式有哪几种？

聚焦二十大

坚持问题导向

党的二十大报告指出，必须坚持问题导向。问题是时代的声音，回答并指导解决问题是理论的根本任务。今天我们所面临问题的复杂程度、解决问题的艰巨程度明显加大，给理论创新提出了全新要求。我们要增强问题意识，聚焦实践遇到的新问题、改革发展稳定存在的深层次问题、人民群众急难愁盼问题、国际变局中的重大问题、党的建设面临的突出问题，不断提出真正解决问题的新理念新思路新办法。

思政小课堂

世界之运，由乱而进于平；胜败之原，由力而趋于智。故言自强于今日，以开民智为第一义。

智恶乎开？开于学。学恶乎立？立于教。

——〔清〕梁启超《变法通议·学校总论》

解析：

世界的走势是由战乱走向和平，打胜仗的原因是由武力转向智慧，所以说要自强就从今天开始，让人们的智慧得到开发是第一位的。智慧从何处开发？凭借学习得以开发。知识如何建立？凭借教育得以构建。

梁先生寥寥数语，明确指出了强国之方向，暗示青年一代应发奋学习，尊师重教，振兴中华！

章节检测

一、选择题

1.我国学前教育开始摆脱家庭教育的基本形式，逐步向近代教育发展的标志是（　　　）。

A.公育机构的产生

B.蒙养院制度的实行

C.幼稚园制度的确立

D.平民化教育思潮的出现

2.中国最早的公立学前教育机构——湖北幼稚园的创办时间是（　　　）。

A.1878年　　　　　B.1903年　　　　　C.1922年　　　　　D.1942年

3.确定我国学前教育机构在学制系统中作为国民教育第一阶段的是（　　　）。

A.壬寅学制　　　B.癸卯学制　　　C.壬子癸丑学制　　　D.壬戌学制

二、填空题

1. 我国近代的儿童公养公育思想最早是由＿＿＿＿＿＿＿＿提出的。

2. 壬戌学制颁布后，学前教育的师资培训机构＿＿＿＿＿＿＿＿开始出现，尤其是1928年全国教育会议后，培养幼稚师资的教育机构逐渐增多。

3. ＿＿＿＿＿＿＿＿在自己家里开设了中国第一个幼儿教育实验中心——南京鼓楼幼稚园。

三、简答题

1. 民国教育部正式公布的《幼稚园课程标准》的课程范围是什么？

2. 简述帝国主义在华培植幼教师资的主要途径。

3. 简述外国教会在中国学前教育活动的特点。

4. 简述解放区学前幼儿智育的内容和方法。

习题答案

在线测试

第四章

中国近现代学前教育的主要思想

> **▶ 故事导入**
>
> ## 陶行知的四颗糖
>
> 　　相传，教育家陶行知当小学校长时，有一天看到一个男生用泥块砸自己班上的同学，当即制止他，并令他放学时到校长室去。放学后，陶行知来到校长室，男生早已等着挨训了。可是陶行知却笑着掏出一颗糖果送给他，说："这是奖给你的，因为你按时来到这里，而我却迟到了。"男生惊疑地接过糖果。随后陶行知高兴地又掏出第二颗糖果放到他的手里，说："这是奖励你的，因为我不让你打人时，你立即住手了，这说明你很尊重我，我应该奖你。"男生更惊疑了。这时陶行知又掏出第三颗糖果塞到男生手里，说："我调查过了，你用泥块砸那些男生，是因为他们欺负女生；你砸他们说明你很正直善良，且有跟坏人做斗争的勇气，应该奖励你啊！"男生感动极了，他流着眼泪后悔地喊道："陶校长，我错了，我砸的不是坏人，而是同学……"陶行知满意地笑了，他随即掏出第四颗糖果递过去，说："为你正确地认识自己的错误，我再奖给你一块糖果，我没有多的糖果了，我们的谈话也可以结束了。"

> 读完这一故事后，你是否对陶行知先生的做法赞叹不已？

　　事实上，中国近现代出现了一批优秀的幼儿教育专家，他们都是教育战线上的有识之士。在政治环境恶劣、经济条件无法保证的情况下，仍然进行刻苦的科学研究和实验活动，探索建立中国化、大众化、科学化的幼儿教育的道路。在半殖民地半封建的旧中国，他们的主张虽然难以广泛地推行，但是也有相当的影响，促进了民国时期幼儿教育的发展，并对今天的学前教育产生重要影响。下面让我们一起学习中国近现代学前教育的主要思想。

教学建议

1.课时建议：5～6课时。

2.学习重难点：

（1）近代教育专家的重要教育思想。

（2）近代教育专家的教育方法和所产生的影响。

本章目标

▶知识目标

1.了解陶行知关于学前教育的服务方向观点，掌握陶行知的解放儿童理论及"艺友制"理论。

2.了解张雪门的行为课程理论，掌握幼稚园行为课程的组织及教学法。

3.了解陈鹤琴关于幼儿发展与教育的观点，掌握活教育理论。

4.理解张宗麟的幼稚教育课程论，了解其对幼稚园师资培训的主张。

▶能力目标

1.熟练掌握近代学前教育的思想，提高对幼儿教育的综合实践能力。

2.吸取教育家的思想，提高在鼓励儿童个性发展、激发儿童创造力方面的教育教学能力。

▶素质目标

1.提高自身综合文化素养。

2.提高自身对学前教育工作重要性的认识，形成良好的职业思想素养。

3.能够用近代教育家正确的幼儿教育思想来武装自己的头脑，打好理论基础。

▶思政目标

1.以近代诸多教育家学前教育的理论为基础，树立正确的幼儿教育观。

2.以教育家为典范，培养良好师德，形成高尚情操。

3.以教育家的思想为引导，树立正确的人生观、价值观。

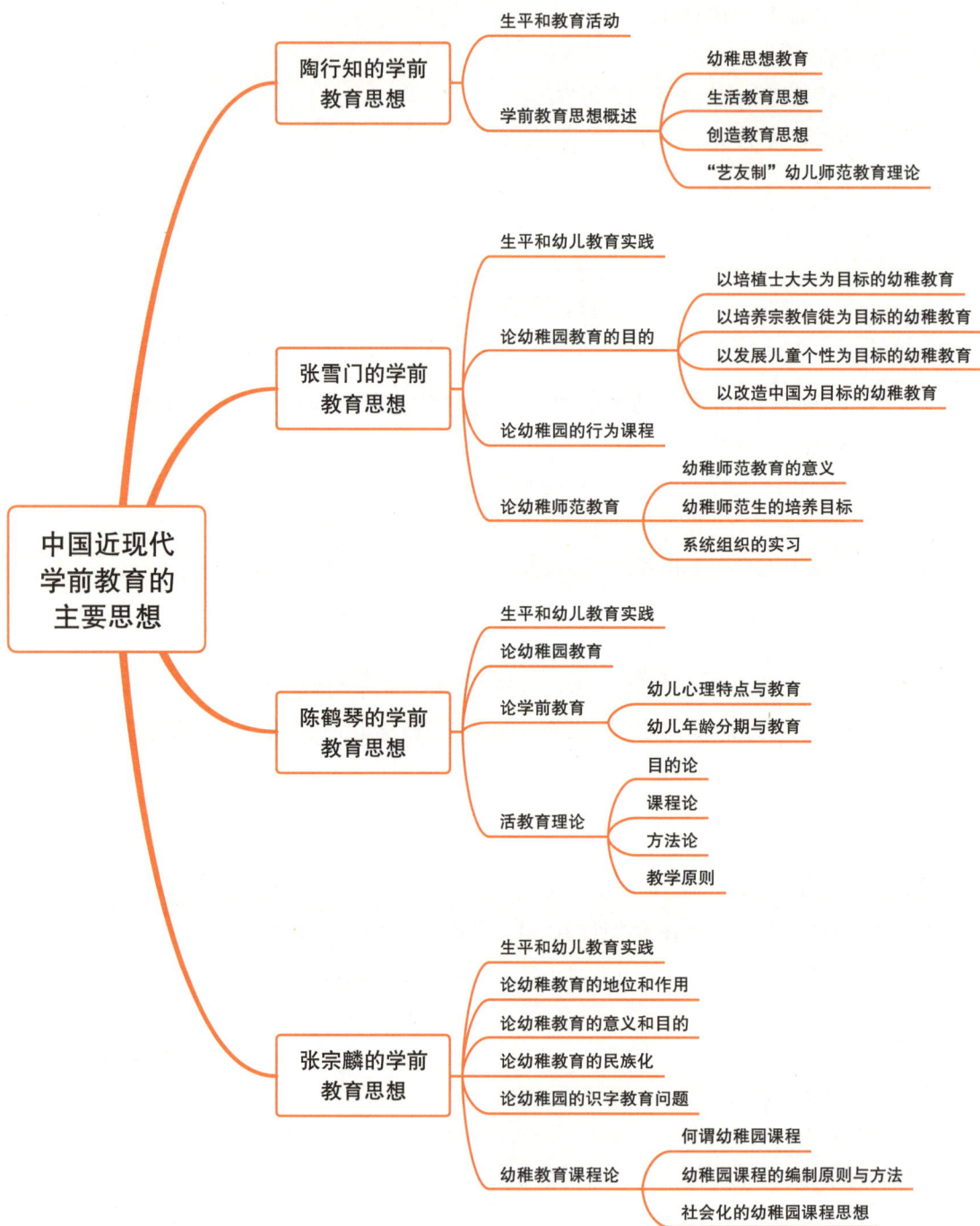

思维导图

```
中国近现代
学前教育的
主要思想
├─ 陶行知的学前教育思想
│   ├─ 生平和教育活动
│   └─ 学前教育思想概述
│       ├─ 幼稚思想教育
│       ├─ 生活教育思想
│       ├─ 创造教育思想
│       └─ "艺友制"幼儿师范教育理论
├─ 张雪门的学前教育思想
│   ├─ 生平和幼儿教育实践
│   ├─ 论幼稚园教育的目的
│   │   ├─ 以培植士大夫为目标的幼稚教育
│   │   ├─ 以培养宗教信徒为目标的幼稚教育
│   │   ├─ 以发展儿童个性为目标的幼稚教育
│   │   └─ 以改造中国为目标的幼稚教育
│   ├─ 论幼稚园的行为课程
│   └─ 论幼稚师范教育
│       ├─ 幼稚师范教育的意义
│       ├─ 幼稚师范生的培养目标
│       └─ 系统组织的实习
├─ 陈鹤琴的学前教育思想
│   ├─ 生平和幼儿教育实践
│   ├─ 论幼稚园教育
│   ├─ 论学前教育
│   │   ├─ 幼儿心理特点与教育
│   │   └─ 幼儿年龄分期与教育
│   └─ 活教育理论
│       ├─ 目的论
│       ├─ 课程论
│       ├─ 方法论
│       └─ 教学原则
└─ 张宗麟的学前教育思想
    ├─ 生平和幼儿教育实践
    ├─ 论幼稚教育的地位和作用
    ├─ 论幼稚教育的意义和目的
    ├─ 论幼稚教育的民族化
    ├─ 论幼稚园的识字教育问题
    └─ 幼稚教育课程论
        ├─ 何谓幼稚园课程
        ├─ 幼稚园课程的编制原则与方法
        └─ 社会化的幼稚园课程思想
```

第一节　陶行知的学前教育思想

👉 **学习目标**

1. 掌握陶行知学前教育思想的概况。
2. 能够正确评价陶行知的学前教育思想。

一、生平和教育活动

陶行知（1891—1946），安徽人。家境清寒，天资聪颖。1914年在美国伊利诺伊大学就读，第二年取得政治学硕士学位。1915年9月转入哥伦比亚大学攻读教育，师从实用主义教育家杜威。他深信没有真正的公众教育，就不可能建立真正的民主共和国。他决心为祖国教育的改革、发展奉献一生。

陶行知的学前
教育思想

1917年，陶行知在哥伦比亚大学毕业，并获"都市学务总监"资格文凭。回国后，任南京高等师范学校教员、教授、教务主任兼教育科主任，主讲教育学、教育行政、教育统计等课程。他反对"沿袭陈法，仪型他国"，主张推行平民教育。五四运动后他积极从事平民教育运动。1921年，陶行知参加中华教育改进社的筹备工作，改进社成立后，他担任主任干事。1923年夏，他辞去东南大学教授职务，举家迁至北京，专任改进社总干事。8月，他与朱其惠、晏阳初等人在北京发起组织中华平民教育促进会，先后赴河南、浙江推行平民教育运动。在从事平民教育的过程中，他开始注意到农民问题和农村教育问题。1926年下半年，他到南京附近考察乡村教育，并成立乡村教育研究会。1926年1月，他提出了"师范教育下乡运动"，并撰文为乡村教育确定了基本任务："乡村师范学校负有训练乡村教师，改造乡村生活的使命。"

抗日战争胜利后，陶行知立即投入"反独裁争民主，反内战争和平"的斗争中。1946年4月18日，陶行知到达上海，开始了他在上海最后100天的生命冲刺。他在生命的最后100天中，做了100多次讲演，为推进和平民主运动日夜奔走呼号。1946年7月25日，因"劳累过度，健康过亏，刺激过深"患脑出血逝世，享年55岁。

陶行知的一生，是在人民涂炭、国家多难、民族危急存亡之秋度过的，正如社会各界名人送与他的挽联上所写的一样："生为民有，死作国魂。""先知先觉，为国为民。"这不仅是对他人格的褒奖，更是他与劳苦大众休戚与共，为人民教育事业，为中华民族解放复兴和民主斗争事业鞠躬尽瘁，奋斗终生，做出了不可磨灭的贡献的光辉写照。

笔记栏

二、学前教育思想概述

（一）幼稚思想教育

1. 学前教育为个人终身发展奠定重要基础

陶行知在《创设乡村幼稚园宣言书》中指出："学前教育实为人生之基础，不可不乘早给它建立得稳。儿童学者告诉我们凡人生所需之重要习惯、倾向、态度多半可以在六岁以前培养成功。"由此可见，陶行知认为，学前教育对个体终身发展具有非常重要的意义，可为个体一生的发展打下基础。如果学前教育得到充分重视，个体接受了科学的、充分的学前教育，对其一生的发展将起到事半功倍的作用。

2. 积极普及幼稚教育

陶行知十分重视幼稚教育，认为幼稚教育是人生的基础教育："人格教育，端赖六岁以前之培养。凡人生之态度、习惯、倾向，皆可在幼稚时代立一适当基础。"所以，他主张普及平民教育不仅要普及小学教育，也要普及幼稚教育；不仅是地主、贵族的子女上幼稚园，广大的劳苦大众的子女也要上幼稚园。1926年，陶行知提出让幼稚教育下乡的口号。1926年10月29日，陶行知在《新教育评论》上发表《创设乡村幼稚园宣言书》，在批评当时幼稚园弊端的同时，提出了建立一个中国的、省钱的、平民的幼稚园的具体设想。

（二）生活教育思想

1. 生活教育的目标

陶行知在长期教育实践中得出这样的结论："我们的实际生活，就是我们全部的课程；我们的课程，就是我们的实际生活。"什么是生活教育？陶行知对它的定义是："生活教育是给生活以教育，用生活来教育，为生活向前向上的需要而教育。"从生活与教育的关系上说，是生活决定教育。从效力上说，教育要通过生活才能发出力量而成为真正的教育。陶行知在《这一年》一文中提到生活教育的五目标："生活教育的目标，分析开来，在乡村小学里，应当包含五种：一、康健的体魄；二、农人的身手；三、科学的大脑；四、艺术的兴趣；五、改造社会的精神。"可见，他提出儿童的生活教育内容包括五个方面：康健的教育；劳动的教育；科学的教育；艺术的教育；改造社会的教育。

2. 生活教育的内容

如何实现生活教育的目标呢？陶行知认为，生活是一部活的教科书。他在《新旧时代之学生》中指出，生活中"活的人、活的问题、活的文化、活的武功、活的世界、活的宇宙、活的变化，都是活的知识之宝库，便都是活的书"。陶行知创办的晓庄师范就是一所"以宇宙为教室，奉自然作宗师"的学校，"和马牛羊鸡犬豕做朋友，对稻粱菽麦黍稷下功夫"成了晓庄师范的重要课程。陶先生对此十分赞赏，在《晓庄三岁敬告同志书》中，他说："他头上顶着青天，脚下踏着大地，东南西北是他的围墙，大千世界是他的课室，万物变化是他的教科书，太阳月亮照耀他工作，一切人，老的、壮的、少的、幼的、男的、女的都是他的先生，也都是他的学生。"这种把课程融入生活、把生活引进课程的教育理念不仅符合儿童的认知特点，还能够极大地调动儿童的积极性和主动性。

3. 生活教育的方法

怎样进行生活教育呢？陶行知创造性地提出了"做中学，做中教"（即"教学做合一"）的方法论。在《教学做合一》中，他提出："事怎样做就怎样学，怎样学就怎样教；教的法子要根据学的法子，学的法子要根据做的法子。""做中学，做中教"说明教与学都以"做"为中心。教育者必须了解生活，了解儿童的生活现状，了解生活的发展趋势、生活对人的要求的变化。所以，他极其重视实践，提出了"行是知之始，知是行之成"的口号，并改自己"知行"之名为"行知"。在教育方法论上，他特别重视儿童对知识的探索与实际运用能力的培养。

（三）创造教育思想

1. 创造教育的目的

陶行知在《创造宣言》中指出，创造教育的目标是培养一种具有创造精神和创造能力的"真善美的活人"。在《创造的教育》和《目前中国教育的两条路线》中，他又提出"把小孩子、农人、工人都培养起来"，使他们"为自己创造，为社会创造，为国家创造，为民族创造"。由此可见，陶行知所提出的创造教育的目的不仅在于培养全面发展的身心和谐的儿童，还指向为国家和社会的进步与发展做出贡献。

2. 创造教育的"六大解放""三个需要""一大条件"

陶行知认为，在人类的进化历程中，儿童形成了与生俱来的创造力，但是被中国传统的落后教育和社会制度蒙蔽了。为此，要培养儿童的创造力，必须解放儿童。

陶行知提出要对儿童实施"六大解放"：①解放儿童的眼睛，使儿童能多观察现实社会，了解社会生活，独立发现问题。②解放儿童的头脑，使儿童从迷信、盲从、成见、曲解、幻想中摆脱出来，大胆探索，独立思考。③解放儿童的双手，使儿童能够亲自动手操作实践，而不像传统教育那样"非礼勿动"，动手则打手心；主张成人应向爱迪生的母亲学习，让孩子有充分动手的机会。④解放儿童的嘴巴。传统教育一般不许小孩子多说话，但"发明千千万，起点是一问"。他指出应鼓励孩子大胆说话，孩子有了"言论的自由，特别是问的自由，才能充分发挥他的创造力"。⑤解放儿童的空间，使他们能到大自然和社会上去获取更丰富的知识。⑥解放儿童的时间，坚决反对传统教育中一味让儿童"作业""督课""赶考"等，要让他们有时间去玩、去想、去做。这样，才可能遇到生活中实际的问题和困难，才可能有所创造。

此外，实施创造教育还必须具备"三个需要"和"一大条件"。"三个需要"是指：①"需要充分的营养。"儿童的体力与心理只有得到适当的营养，才能发生高度的创造力。②"需要建立下层的良好习惯，以解放上层的性能，才能从事于高级的思虑追求。"③"需要因材施教。"而"一大条件"则是指民主,它是"创造力最能发挥的条件"。

3. 创造教育要以生活教育为基础

1946年4月,陶行知在《小学教育与民主运动》一文中指出,创造教育就是要采用启发的、自动的、手脑并用的、教学做合一的方法,以取代主观主义的、填鸭式的、被动的教学方法。他还明确提到"教学做合一是实施创造教育的必要方法"。事实上,从陶行知对实施创造教育的目的和条件的说明中,很容易发现创造教育是离不开儿童真实的社会生活的。因此,要实施创造教育必须以实施生活教育为基础。

(四)"艺友制"幼儿师范教育理论

陶行知探索实行"艺友制"师范教育,为发展幼教事业开辟了一条新途径。何为艺友制?为何要用艺友制?陶行知在《艺友制师范教育答客问》一文中说:"艺友制是什么?艺是艺术,也可作手艺解。友就是朋友。凡用朋友之道教人学做艺术或手艺便是艺友制。""凡用朋友之道教人学做教师,便是艺友制师范教育。"换言之,艺友制就是学生(称"艺友")与有经验的教师(称"导师")交朋友,在幼稚园的实践中学习如何当教师,方法是边干边学。艺友制师范教育的最大特点是:第一,学生在幼稚园中实地学习,克服了师范教育脱离实际的现象。第二,在不可能迅速建立大批师范学校的情况下,亦能培养有质量的师资。第三,节省时间,一年半到两年结业,缩短幼师三年的毕业期限。陶行知在教育实践中,用艺友制的办法培养了一批幼儿师资,为学前教育的发展创造了条件。但是,陶行知也强调,艺友制不能完全替代师范学校的办理。

课堂互动

说说陶行知学前教育思想的历史意义和现代价值是什么。

学无止境

"先生学木匠,木匠学先生"的故事

山海工学团刚成立的时候,农民的孩子有了读书的地方,烧香拜佛的红庙成了教室,可是没有幼儿用的桌椅。上课的时候,幼儿带来自己的凳子,有大有小,高低不一。一星期以后,学校请来了木匠师傅,他闷着头做凳子,一天能做好几个。陶行知走过来,看见木匠师傅满身是汗,就递给他一杯水,说:"我们不是请你来做凳子的。"木匠疑惑地望着陶行知:"那叫我来做什么?""我们是请你来做'先生'的。""我可不识字。"木匠慌了。陶行知笑着说:"我是请你来指导学生做木工的。你如果教会一个人,就可得一份工钱。如果一个也没教会,那么就算你把凳子全做好了,还是一文工钱也得不到。"木匠显出为难的样子。陶行知亲切地说:"不要紧,你不识字我们教你。我们不会做木工，拜你为先生，我第一个向你学。"说着，陶行知拿起一把锯，对准木板上画好的线就"吭哧——吭哧——"地锯起来。

第二天，广场上摆着木匠工具，教师带着幼儿来学做凳子。有个幼儿嘟囔着："我们是来读书的，不是来做木匠的。"一个大人看见幼儿拿起工具，觉得幼儿一不小心就很容易弄破手，也皱起眉直摇头。这时，陶行知笑着说："我有一首诗读给大家听听：'人生两个宝，双手与大脑。用脑不用手，快要被打倒。用手不用脑，饭也吃不饱。手脑都会用，才算是开天辟地的大好佬。'你们看写得如何？"幼儿都拍手说好，那个大人也不好意思地笑了。

从此，幼儿每天都学做凳子，他们也当"小先生"，教木匠师傅认字。三个月后的一天，教室里的 50 个幼儿，都坐着自己做的凳子。讲台上还有幼儿自己制作的杠杆、滑车等玩具和仪器。家长们挤在窗口、门外，信服地点头叫好。陶行知在讲台前，念着刚写好的诗："他是木匠，我是先生。先生学木匠，木匠学先生，哼哼哼，我哼成了先生木匠，哼哼哼，他哼成了木匠先生。"幼儿看看坐在他们身边一起听课的木匠，大家都笑了。

✿ 思考提升

1. 陶行知对学前教育的主要观点有哪些？

2. 陶行知设立幼稚师范学校时提出并实行的是哪一师范教育理论？

第二节　张雪门的学前教育思想

👉 学习目标

1. 掌握张雪门的主要学前教育思想。

2. 了解幼稚园教育的目的。

3. 了解什么是幼稚园课程。

一、生平和幼儿教育实践

张雪门（1891—1973），浙江宁波人。1918 年创办的星荫幼稚园，是宁波市第一所由中国人自己创办的幼稚园，张雪门任首任园长。

1920 年 4 月，他和宁波市其他六位教育界知名人士一起创办了宁波市第一所两年制幼稚师范学校，并任校长，开始了幼儿教师的培训工作。

张雪门的幼儿园游戏思想

笔记栏

张雪门研究国外幼稚教育时，发现幼稚园课程，都是从幼儿生活中取材，由此他认为我国幼稚园课程理应从我国国情出发，并结合幼儿的年龄特点。因此，他在进行社会调查后，于1926年拟定了"幼稚园第一季度课程"，引起关心中国幼稚教育人士之注意。

1930年秋，张雪门应北京香山慈幼院院长熊希龄先生之聘编辑《幼稚师范丛书》，在香山见心斋开办了幼稚师范，称北平幼稚师范学校。该校采用半道尔顿制，除讲授书本知识，更重视对自然和社会的认识与技能态度的培养。1944年，由于日军的侵略，该校迁至重庆。

1945年，日本无条件投降后，张雪门返回北平，为恢复北平幼稚师范学校而奔波。其间，出版了《幼教阵地》周刊。由于无法解决校址问题，张雪门离开北京赶赴台湾。

1946年7月，张雪门应邀赴台湾开办儿童保育院。1952年，因眼疾加重，不得不离开他工作了7年之久的育幼院。1960年，他突患脑病，半身不遂。在极其艰难的情况下，他以坚强的意志克服各种困难，坚持著书立说。1973年，因脑病复发，抢救无效，于4月18日病逝于台湾，终年83岁。他一生从事幼教研究和教学工作，出版了《增订幼稚园行为课程》《幼稚教育》《幼稚园教育概论》《幼稚园课程活动中心》《幼稚园教材研究》《幼教师资进修讲话》《幼儿的发现与创作》《儿童创作集》《我的童年》《从孩提到青年》《闲情集》《幼稚教育论丛》《中国幼稚园课程研究》等专著，为我国幼儿教育事业留下了宝贵的理论和经验。

二、论幼稚园教育的目的

张雪门根据教育目标的不同，把中国幼稚教育分为四类。

（一）以培植士大夫为目标的幼稚教育

他认为清末仿效日本办理的蒙养院就是属于这一类。他们向孩子灌输的是陈腐的学问和忠孝道德，管理是严格而刻板的，完全是为造就士大夫服务的。他在1933年发表的《我国三十年来幼稚教育的回顾》一文中，对这类日本式蒙养院在管理上严肃主义的弊端揭露得非常具体。

（二）以培养宗教信徒为目标的幼稚教育

张雪门指出，教会办的幼稚园，都是以宗教为本位的，他们在教育目标方面，总是以基督教教徒为标准，力图通过宗教教育侵蚀幼儿，使之将来成为虔诚的信徒和奴隶。他指出此类教育不顾孩童的天性，完全把幼儿当作教徒来培养。张雪门对这种侵略式的教学深恶痛绝，在他的教育著作中抨击了这种奴化教育。

（三）以发展儿童个性为目标的幼稚教育

他指出从意大利和美国传入我国的儿童本位思想完全不适应我国当时的国情和时代的需要，认为教育如果不考虑社会需要，那就没有多大效果。

（四）以改造中国为目标的幼稚教育

张雪门认为教育是改造中国的关键，而幼稚教育应居首位。他强调目前的儿童，便是下一代的民族，就要肩负起中华民族应负的使命，儿童虽小，也决不例外。这也是他所倡导的幼稚教育的目的。他主张幼稚教育必须根据三条原则：一是中国的传统文化；二是国家民族的需要；三是儿童的心理发展。这样才能培养儿童的伦理观念、民主生活和科学头脑。他认为，幼稚教育的目标必须随时代的前进而改变，应符合时代的需求和造就中华民族优秀的新一代的要求。

聚焦二十大

传承中华优秀传统文化

党的二十大报告指出，中华优秀传统文化源远流长、博大精深，是中华文明的智慧结晶，其中蕴含的天下为公、民为邦本、为政以德、革故鼎新、任人唯贤、天人合一、自强不息、厚德载物、讲信修睦、亲仁善邻等，是中国人民在长期生产生活中积累的宇宙观、天下观、社会观、道德观的重要体现，同科学社会主义价值观主张具有高度契合性。我们必须坚定历史自信、文化自信，坚持古为今用、推陈出新，把马克思主义思想精髓同中华优秀传统文化精华贯通起来、同人民群众日用而不觉的共同价值观念融通起来，不断赋予科学理论鲜明的中国特色，不断夯实马克思主义中国化时代化的历史基础和群众基础，让马克思主义在中国牢牢扎根。

三、论幼稚园的行为课程

注意课程研究是张雪门幼儿教育思想的重要表现之一。"课程是什么？课程是经验，是人类的经验。用最经济的手段，按有组织的调制，用各种的方法，以引起孩子的反应和活动。"幼稚园的课程是什么？"这是给三足岁到六足岁的孩子所能做而且欢喜做的经验的预备。"这是张雪门1929年在《幼稚园的研究》上发表的心得，两年以后他进一步概括为："课程源于人类的经验，只为这些经验对于人生（个人和社会）有绝大的帮助、有特殊的价值，所以人类要想满足自己的需求、充实自己的生活，便不得不想学得这些经验；学得了一些，又想学得了多些，而且把学得的更传给了后人。"

怎样组织课程？他认为：一方面须顾到社会意义的重要，另一方面须能够满足个体发展期的要求。根据这个分析，他认为，课程的来源有四个方面：儿童自发的诸般活动；儿童与自然界接触而生的活动；儿童与人事界接触而生的活动；人类聪明所产生的经验而合于儿童的需要者。

幼稚园的课程，和小学、中学不同，和大学更不同，幼稚园的课程有其自身特点，对以下三条应予以注意。

笔记栏

第一,"幼稚生对于自然界和人事界没有分明的界限。他看宇宙间一切的一切,都是整个儿的……所以我们编制幼稚园课程时,对于这一点应特别留意,将自然界和人事界常相联络;如果分得太清楚、太有系统了,反不能引起儿童的反应。"

第二,"幼稚生时期,满足个体的需要,实甚于社会的需求。……我们编制课程时,原不能忽略社会的需求,但须极力注意儿童现在的需要和能力。"

第三,"幼稚园的课程,须根据于儿童自己直接的经验。这种经验,自然比传授式的不经济,而且又没有传授式的整齐。但儿童从自己直接的生活发现学习的动机。……密切地适合了人生的需要。"这样,自然比间接经验有更大的意义。

1970年,张雪门在台湾出版了《中国幼稚园课程研究》,把他近40年的研究做了总结,从中得出组织课程的标准:课程须和幼儿的生活联络,是有目的、有计划的活动。事前应有准备,应估量环境,应有相当的组织,且需有远大的目标。各种动作和材料全须合于幼儿的经验、能力和兴趣,动作中须使幼儿有自由发展创作的机会。各种知识、技能、兴趣、习惯等全由幼儿直接的经验中获得。

张雪门的研究实践的可贵之处在于,不仅有实践、有理论,而且有较完整的步骤与方法。在《增订幼稚园行为课程》中,他提出实施行为课程,有下列重要原则:

第一,"课程固由于自然的行为,却须经过人工的精选"。

第二,"课程固由于劳动行为,却须在劳动上劳心"。

第三,"课程固由于儿童生活中取材,但须有远大的客观标准"。

此外,他对于如何组织幼稚园的行为课程、课程实施前的准备、课程实施中的指导、课程实施后的进展等,都有详尽的叙述。他特别提醒幼儿教师,将行为课程在幼儿园具体落实,应抓好五个环节:应充分做好课前的准备工作;订好课程的目的和计划;引起幼儿的兴趣;激起活动的动机;把握好活动的进程;做好结束时的检查工作。

论教材与教法

课堂互动

试述张雪门幼稚园"行为课程"的内涵。

四、论幼稚师范教育

(一)幼稚师范教育的意义

1961年,张雪门出版了《实习三年》一书,书中说:"幼教的良窳,由于主持幼教者的师资;而师资的由来,实由于师范教育的培植。如果我们研究幼教仅限于幼稚园的教育,抛弃了师范教育,这无异于清溪流者不清水源,整枝叶者不整树本,决不是彻底的办法。"这可以说是张雪门从事幼稚师范教育的总结,他在幼儿教育工作实践中,总是把幼稚园的实验与教师培养相结合。

（二）幼稚师范生的培养目标

张雪门所办的幼稚师范学校都有明确的培养目标，以北平幼稚师范学校为例。北平幼师最初是与中华教育改进社合办的。创办之初，根据中华教育改进社的办学方针，主张幼稚园教育须力求适合国情及生活需要，目的在于普及平民幼稚教育，培养幼儿教育师资。这一总目标贯彻到了幼稚师范生的各科学习与各种活动之中，在香山慈幼院北平幼稚师范学校的课程中，他都严格规定了各科学习的目标，如国文课要达到不拘文体，具有自由发表、自由阅读的能力；英文课要达到有阅读翻译的能力；幼儿卫生课要达到了解幼儿生理并有体格检查与急救法……其他各门课程均有严格的要求，以期实现培养合格幼稚师资的总目标。

（三）系统组织的实习

早在 1928 年，张雪门办孔德幼稚师范时就悟出了一个道理：骑马者应从马背上学，同样，学做幼稚园教师，就应在幼稚园的实际活动中学办幼稚园。因此，他在孔德幼师即采用半日授课半日实习的办法，让师范生到特约的幼稚园实习。自从办了北平幼师以后，即以香山慈幼院的蒙养园、幼稚园和小学为实习场所从事实习。从办北平幼师即中心幼稚园时起，张雪门本着做学教合一的原则，规定中心幼稚园的老师即是师范生的指导教师。师范生通过中心幼稚园的实践，奠定了学习幼儿教育、从事幼儿教育、热爱幼儿教育事业的基础。

当时北平幼师学生的实习场所除本校的中心幼稚园，还有艺文幼稚园、求知小学幼稚园、昭慧幼稚园、第一蒙养院。全班同学分组到上述各幼稚园实习，与实习园联系，报名前进行社会调查，向社会宣传幼稚教育的重要意义等。学生在一年内轮流承担园长、教师、会计、采购等工作。这一系列的实习实践旨在使每个实习生都具有在幼稚园独立工作的能力。小学实习也被列为重要内容，目的在于使师范生了解幼稚园幼儿升入小学前，在知识、行为、兴趣、态度等方面应有何等的准备，为幼儿升入小学打好基础。

张雪门认为，平民幼稚园是幼稚师范生必需的实习场所。他分别在北京西郊罗道庄、核桃园、甸厂开办了三所农村幼稚园和一个乡村教育实验区，面向社会招收幼儿，使师范生从实践中体会到农村需要教育之迫切，以期通过实践，使师范生具有百折不挠为教育事业献身的精神。

张雪门特别提出要"有系统组织的实习"，并将实习分作四大阶段：组织参观→引导见习→指导试教→积极辅导。

✿ 思考提升

1. 张雪门提出适合儿童的教材需要符合哪四点条件？
2. 张雪门特别提出要"有系统组织的实习"，并将实习分作哪四大阶段？

第三节 陈鹤琴的学前教育思想

学习目标

1.掌握陈鹤琴幼儿教育主张。

2.了解"活教育"教学原则。

一、生平和幼儿教育实践

陈鹤琴（1892—1982），浙江上虞人，早年毕业于清华大学。1914年与陶行知同行到美国留学。1920年，喜得长子陈一鸣，于是，以一鸣为研究对象进行幼儿身心发展的观察和文字、摄影记录。对幼儿的动作、能力、情绪、言语、学习、绘画等各方面进行了连续的观察和实验，并将研究成果写成《幼儿心理之研究》一书，于1925年由商务印书馆作为大学教材出版。这可以说是现代中国学者运用科学法，探索中华民族幼儿心理发展规律的开端。

中国现代儿童教育之父——陈鹤琴

1923年，陈鹤琴创办南京鼓楼幼稚园，作为推行中国化、科学化幼儿教育的一个实验基地，以改变幼儿教育照抄、照搬外国模式的现状。鼓楼幼稚园于1925年被定为东南大学教育科实验幼稚园，是我国第一所幼稚教育实验中心。1927年，在东南大学任教期间，陈鹤琴兼任陶行知创办的晓庄试验乡村师范学校第二院（幼稚师范院）院长和南京特别市教育局学校教育科科长，建立南京教育实验区制度。与陶行知合力创办樱花村幼稚园，开辟乡村幼稚教育基地。与张宗麟一起发表《我们的主张》一文，提出创办适合我国国情和儿童特点的幼稚园的15条意见。又发起成立中国幼稚教育研究会，创办专门研究幼儿教育月刊《幼稚教育》。

1940年4月，创办江西省立实验幼稚师范学校，并任校长。抗战期间，在中国共产党抗日民族统一战线号召下，投身于进步文化活动和抗日救亡工作，任上海市难民教育委员会及国防救济会难民教育股主任，创办救济会中学、儿童保育院、报童学校。次年，创办《活教育》月刊。

1945年，陈鹤琴创办上海市立幼稚师范（1947年改为女子师范学校），继续实验活教育理论，允许学生参加政治运动，支持学生到群众中去开展文化活动。1946年，兼任国立幼稚师范专科学校校长，生活教育社上海分社理事长。并先后担任中共创办的上海省吾中学、华东模范中学和报童小学校长、校董事会董事长。

1947年，陈鹤琴创立上海儿童福利促进会，解决难童教养问题，任理事长。3月，陈鹤琴筹创上海特殊儿童辅导院，任院长，这是一个特殊儿童综合性教育机构，开设问题儿童班、农村儿童班、聋哑儿童班和伤残儿童班。陈鹤琴支持幼专学生在大场办农忙托儿所，实验乡村幼稚教育，此后又支持学生在江苏金坛县办农村托儿所，推广农村学前教育。

1949—1952 年，曾任春晖中学校长。1951 年，加入九三学社。先后当选为全国和江苏省政协一至五届委员、副主席，江苏省人民代表大会常委、副主任，九三学社中央委员和南京分社主任委员，中国教育会名誉会长，全国幼儿教育研究会名誉会长。任南京师范学院院长等职。为中国人民政治协商会议全国委员会第一至五届委员，江苏省第一至三届副主席 。

1982 年，陈鹤琴在南京病逝，终年 91 岁。生平主要著作有《儿童心理之研究》《家庭教育》《我的半生》等，合著《智力测验法》《测验概要》等，辑入《陈鹤琴教育文集》。

论学前教育的
意义

课堂互动

讨论陈鹤琴学前教育思想的意义。

二、论幼稚园教育

陈鹤琴认为，幼稚园的教育功能和社会功能都是明显的：首先，幼稚园可以发展儿童的个性，适应其体力、智力和德性发展的需求。其次，可以节省家长的时间和精力，补充家庭教育之不足。再次，可以养成儿童种种合作的精神，爱护团体、爱护国家的精神。同时又可以培养儿童应有的知识与技能，砌成一个稳固的公民基础。关于如何办理幼稚园的问题，他认为应该在调查研究的基础上，结合中国国情，办出有中华民族特点的幼稚教育。并指出，"倘是一些主张都没有，仍旧像中国初办教育时候，今日抄袭日本，明日抄袭美国，抄来抄去，到底弄不出什么好的教育来"。对此，陈鹤琴总结了 15 条关于幼稚园办理的主张：①幼稚园要适应国情；②儿童教育是幼稚园与家庭共同的责任；③凡儿童能够学的而又应当学的，我们都应当教他；④幼稚园的课程可以以自然、社会为中心；⑤幼稚园的课程须预先拟定，但临时可以变更；⑥幼稚园应极力注重儿童的健康；⑦幼稚园要使儿童养成良好的习惯；⑧幼稚园应当特别注重音乐；⑨幼稚园应当有充分而适当的设备；⑩幼稚园应当采用游戏式的教学法去教导儿童；⑪幼稚生的户外生活要多；⑫幼稚园多采取小团体的教学法；⑬幼稚园的教师应当是儿童的朋友；⑭幼稚园的教师应当有充分的训练；⑮幼稚园应当有种种标准可以随时考查儿童的成绩。

这 15 条主张阐明了近代中国学前教育的方向和任务、课程的中心和组织、教学的方式和方法、教师和幼稚生的关系、幼稚园和家庭的关系，以及环境设备等。这些主张不仅使 20 世纪三四十年代中国幼稚园办园有了科学明确的导向，其基本精神对当代学前教育仍有着重要的启示。

三、论学前教育

（一）幼儿心理特点与教育

陈鹤琴认为，对幼儿的培养与成人不同，不能给他们成人化的东西，要适应他们的生理、心理特点，要做到幼儿化。他在《儿童心理及教育儿童之方法》一书中指出："常人对于儿童的观念之误谬，以为儿童是与成人一样的，儿童的各种本性本能都同成人一色的，所不同的，就是儿童的身体比成人小些罢了。"这种把幼儿视为"小大人"的传统观念是违背幼儿心理发展特点的，是不科学的。他说："儿童不是'小人'，儿童的心理与成人的心理不同，儿童时期不仅作为成人之预备，亦具他的本身的价值，我们应当尊敬儿童的人格，爱护他的烂漫天真。"幼儿教育就是要抓住这个最佳期，为全人生的发展打下一个好的基础。

陈鹤琴总结幼儿主要具有以下特点。

（1）好动。陈鹤琴认为，"儿童还没有养成自制力，他的行动完全为冲动与感觉所支配"，所以儿童是好动的。对于儿童的这种好动性，家长及教师要正确对待，应当给他们充分的机会、适当的刺激，使儿童多与万物接触，儿童就是通过"玩这样弄那样，就渐渐儿从无知无能的地步，到有知有能的地步"。

（2）好模仿。他对儿童模仿动作的分类与发展进行了研究：①模仿的动作与所模仿的动作不是一样的。因此，当儿童模仿时，教育者应格外当心，若有错误，要及时纠正，以免养成错误的习惯。②模仿只在初做的时候，后来继续所做的动作，是感觉这个动作的快乐而做的，已经不是模仿了。③儿童的模仿能力是有差异的，并有一个发展过程。所以，不要勉强儿童模仿他所不能模仿的东西。④儿童模仿是无选择的。所以，成人要注意以身作则，并创设良好的环境，同时要教他鉴别是非善恶。

（3）好奇。陈鹤琴指出："儿童凡对于一切新的东西就生出好奇心。"这种好奇心在教育上极有价值。怎样引起儿童的好奇心呢？陈鹤琴认为，新异的刺激能激起儿童的好奇心。这种新异有两种：一种是事物本身所具有的新奇特征，如鲜艳的色泽、显著的对比等；另一种是事物与事物相接触发生的新异性，如儿童对放风筝是很新奇的等。好问、好奇对儿童来说是启迪知识的关键。正是通过提出问题，正确地解答问题，儿童才能获得新知识。成人对儿童不能置之不答或假作聪明、牵强附会地解释，那样会搅乱儿童的思想。

（4）好游戏。陈鹤琴认为，儿童好游戏是天然的，应当利用儿童的这种本能，促进他们的发展。他对游戏做了深刻的研究，形成了他自己的游戏理论。

（5）喜欢成功。陈鹤琴认为，成人应当利用儿童喜欢成功的心理去鼓励孩子做各种事情。他告诫人们：让儿童做的事情不要太难，"若太难，就不能有所成就，小孩子或者要灰心而下次不肯再做了"。反言之，"一有成就，就很高兴，就有自信力；自信力愈大，事情就愈容易成功"。他认为，自信力与成就可以互相为用。

（6）喜欢合群。陈鹤琴以自己的观察揭示了儿童乐群心的发展，并告诫人们，要利用儿童这种好合群的心理教育孩子，要帮孩子找到良好的小伙伴；应给孩子小娃娃之类的玩具，以排解其寂寞。

（7）喜欢野外生活。陈鹤琴告诫做父母的，不要总不放心让孩子到外面去，不要怕孩子身体疲劳、弄脏衣服或感冒风寒等；做教师的，不要怕麻烦而不愿多事，要多提供儿童与自然界接触的良好机会。

（8）喜欢称赞。陈鹤琴认为，儿童喜欢得到他人的称赞。成人应适当用言语、动作、表情来鼓励他；但不可一味称赞，以免适得其反。

学无止境

陈鹤琴教子故事

1. "我们也来拍拍手"

陈一鸣1岁3个月的时候，有一天，陈鹤琴带他去看小学生演戏。剧场里有300多个小学生，戏演得很精彩，看节目的人不时兴奋得齐声鼓掌。陈鹤琴想，这个时候幼儿一般会产生惧怕的心理，所以他一抱一鸣进门，就笑嘻嘻地对他说："你看，这儿有这么多的小孩子！"后来，当戏演得十分精彩时，陈鹤琴预料观众一定会鼓掌，就先对一鸣说："我们也来拍手！"一鸣一听别人鼓掌，也就欢欢喜喜地鼓起掌来。

2. "蟾蜍，你好吗？"

有一天，阳光和煦，陈鹤琴同一鸣（1岁10个月）在草地上玩耍，他们一起观赏花草，识别昆虫，玩得兴致勃勃。突然，有一只大蟾蜍蹦了出来，一跳跳到一鸣眼前。这只蟾蜍长得特别大，一鸣以前从没有见过这么大的蟾蜍，他脸上顿时露出害怕的神色，举起手来向后退，并且喊叫说："咬！咬！"陈鹤琴走过去，从地上拾起一根小草棍，轻轻地去触碰那只蟾蜍说："蟾蜍，你好吗？你也来同我们一起游戏吗？"一鸣见爸爸在同蟾蜍说话，就凑了上来，后来，他接过爸爸递给他的草棍也去触碰蟾蜍，起初一触就缩回来，仍显出有些害怕的样子，但慢慢地就平静下来，不再像当初那样害怕了。

3. "汽车倒翻哉！"

在一鸣一两岁的时候，每逢乌云聚集、雷电交加的天气，父母总是带他到屋檐下、露台上，用手指着云对他说："这里像一座山，那里像一只狗，这是狗的尾巴，这是狗的耳朵。"然后又指着闪电对他说："这闪电像一条带，多么好看！"于是一鸣也很快乐地用手指指点点，看云、看电，对雷鸣电闪毫不惧怕了。平时，一鸣若走路跌跤了，父母总是让他自己爬起来，即使跌破了也不大惊小怪。他稍大一些学骑三轮小车，偶尔车子倒了，人也翻倒在地，父母并没有对他说什么，他也慢慢地爬起来，嘴里说一句："汽车倒翻哉！"然后扶起车子重新骑起来。

资料来源：崔聚兴.中外学前教育简史[M].天津：南开大学出版社，2014：114-115.

（二）幼儿年龄分期与教育

陈鹤琴认为，必须把儿童的生活过程分成几个段落来加以研究。根据自己多年的观察和实验的研究成果，他主张把新生到学前儿童时期分成四个阶段，每一阶段都包含一个特征，这四个阶段是新生婴儿时期（新生）、乳儿时期（新生后到1岁左右）、步儿时期（1岁左右到3岁半左右）、幼儿时期（3岁半左右到6岁左右）。

陈鹤琴按照儿童发展的有序性，揭示了每一个阶段的发展特点，并确定了与各发展阶段相适应的教育重点。根据步儿时期儿童两大发展——行走的发展和言语的发展——的特点，他提出的教育重点是：第一，行走教育。合适的服装、适当的设备（如围杆、梯架)、积极的鼓励，都能促进儿童行走的发展。第二，言语教育。要使儿童把学习言语作为游戏一般乐于接受，儿童开始说得不对或发音不正确，成人切不能讪笑或模仿他，而应纠正他；成人还应注意不要以自己不良的言语习惯影响儿童。

总之，陈鹤琴一贯重视对儿童生理和心理发展特点的研究，要求把教育建立在科学的基础上。在《切实开展对幼儿教育的科学实验》中，他说："儿童不是成人的缩影，而是有他独特的生理、心理特点的。幼儿期是身体和智力发展的极为重要的时期，必须掌握其特点，掌握其生长发展的科学规律，才能把幼儿教好、养好。"

四、活教育理论

陈鹤琴的"活教育"思想受到陶行知的启发。陶行知认为当时教育现状为："教死书，死教书，教书死；读死书，死读书，读书死。"陈鹤琴决心使这种腐败的死教育变为前进的、自动的、有生气的活教育，并将其表述为："教活书，活教书，教书活；读活书，活读书，读书活。"

活教育理论体系主要包括三大纲领——目的论、课程论、方法论，以及教学原则等。

（一）目的论

活教育的目的，是教育幼儿"做人，做中国人，做现代中国人"。

（二）课程论

陈鹤琴认为大自然、大社会才是活的书、直接的书，应该向大自然、大社会学习。他认为活教育的课程有九方面特点："①以大自然大社会作主要的教材，以课本作参考资料，这是直接的活知识，是直接的经验；②各科混合或互相关联；③不受时间的限制，没有分节的时间表，时间倒为功课所支配；④内容丰富；⑤生气勃勃；⑥儿童自己做的；⑦整个的、有目标的；⑧有意义的；⑨儿童了解的。"

他还提出活教育课程编制的两个原则：一是根据颁布的课程标准；二是根据当地实际环境的情形。

（三）方法论

"活教育"的方法，既是生活法，也是学习法，还是教学法。陈鹤琴将此概括为"做中教、做中学，做中求进步"。

"活教育"与"死教育"在教学上的不同：前者幼儿多在户外活动，教师引导学生自动研讨，是启发式、诱导式的，学生是自动的，教师是在教幼儿；后者幼儿整天待在室内，教师只会照着课本呆讲，是注入式、填鸭式的，学生是被动的，教师是在教书。

（四）教学原则

陈鹤琴创立了"活教育"的理论，在《活教育的教学原则》一书中，提出下列具体意见：①凡是儿童自己能够做的，应当让他自己做；②凡是儿童自己能够想的，应当让他自己想；③你要儿童怎样做就应当教儿童怎样学；④鼓励儿童去发现他自己的世界；⑤积极的鼓励胜于消极的制裁；⑥大自然大社会是我们的活教材；⑦比较教学法；⑧用比赛的方法来增进学习的效率；⑨积极的暗示胜于消极的命令；⑩替代教学法；⑪注意环境，利用环境；⑫分组学习，共同研究；⑬教学游戏化；⑭教学故事化；⑮教师教教师；⑯儿童教儿童；⑰精密观察。

陈鹤琴总结出来的这些原则和方法，广泛地运用于当时的幼稚园教育和幼儿家庭教育中，取得了良好的效果。

> **思考提升**
>
> 1.活教育理论对于当时的学前教育有何意义？
> 2.陈鹤琴指出儿童所具备的主要特点有哪些？

第四节　张宗麟的学前教育思想

学习目标

1.了解幼儿教育的重要性。
2.了解张宗麟的幼稚园课程论述方法。

一、生平和幼儿教育实践

张宗麟（1899—1976），浙江绍兴人。1921 年秋，考入南京高等师范（后改为东南大学）教育系，毕业时正值陈鹤琴主持南京鼓楼幼稚园的实验，便留在陈鹤琴身边担任助手。

张宗麟本土化游戏思想的启示

张宗麟从 1925 年秋至 1926 年冬，用了一年多的时间，研究了编制幼稚园课程的问题，经过三次反复的试验，找到了"中心制"的办法，同时试行了六种读法教学，总结写成《幼稚园里的几种读法教学法》。

1927 年 9 月，张宗麟兼任晓庄第二院（即幼稚师范）指导员。1928 年上半年，转入晓庄学校任指导员及指导员主任（相当于教导主任），协助陶行知培养出一批乡村教育人才，并在陶行知的指导下，在晓庄的燕子矶、晓庄、和平门、迈皋桥、吉祥学庵等处都办起了乡村幼稚园。

1931 年初，在福建厦门集美学校任集美幼稚师范教员。1932 年上半年，兼任集美乡村师范校长，当年夏，被聘为集美学校校长。他还主编《初等教育界》杂志，发表了不少关于闽南初等教育的调查及有关乡村教育与幼稚教育的论文。

1933 年初，国民党通缉令到了厦门，他携妻女辗转于广西、四川、湖南、山东等地，先后任广西桂林师专教师、重庆教育学院教务长、湖北教育学院教育系主任、山东邹平简易乡村师范校长等职。在教育实践中，他始终贯彻陶行知"生活教育"的主张，提倡教育下乡，为贫苦大众服务。

张宗麟有关幼儿教育的主要著作，已收入《张宗麟幼儿教育论集》。

二、论幼稚教育的地位和作用

张宗麟在《幼稚教育概论》中讨论：不论从幼儿个人的发展，还是服从国家和社会利益的角度，幼稚教育都十分重要。他认为，从学制上来看，幼稚教育为一切学制的起点。

三、论幼稚教育的意义和目的

张宗麟强调幼稚教育有特殊意义，他认为幼稚教育无论对人生、对国家、对社会都具有很大的影响。

从幼儿与国家、社会的关系来看，为养成能为国效力的健壮国民，必须重视对幼儿的养护，使之度过幼儿死亡率最高的时期；另外，幼儿期是培养爱国情感和良好智能的重要时期。

从幼稚教育在学制体系中的作用来讲，幼稚教育应该是一切教育的起点。张宗麟认为，这个时期虽然属学龄前期，却与其他各时期教育有同等重要的地位，应该被正式列入学制。幼稚教育不仅与小学前期教育有密切关系，还会影响中学教育、大学教育。

从幼稚教育与家庭教育的关系来看，父母由于职业关系不能担负子女教育的责任，便托付给幼稚园；即便是有闲的父母，对于子女也多是知爱不知教，将幼儿交幼稚园专门人才管理，幼稚园还可将教育方法传授给父母；幼稚园还可以促使幼稚生的母亲组成母亲会，交流教育子女的经验。

张宗麟认为幼稚教育的一般宗旨应为：

（1）"养成有健康、活泼身体之儿童。"

（2）"养成几种儿童生活上必需之习惯"，如饮食、穿衣、避灾害、对人有礼貌等。

（3）"养成儿童欣赏之初基"，即培养幼儿的求知欲和善于思考的习惯。

（4）"养成儿童能自己发表之能力"，包括图画、手工、唱歌、言语等内容。

🐦 **学无止境**

我国第一位男性幼稚园教师

张宗麟从南京高等师范教育系毕业时，当时的一些知名教授看到他品学兼优，想让他当助手，可是张宗麟受陶行知、陈鹤琴教育救国主张的影响，决心投身于新兴的幼稚教育。他研究了当时新兴的幼稚教育，调查的结果令人触目惊心：当时的幼儿教育几乎全部西化，不仅教育思想、教学方法照搬外国，连教材、玩具、唱歌和每年举行的庆典节日都是外国的。这种幼稚园实际上是在为帝国主义传教士培养徒弟，它完全脱离中国的教育实情。经过调查以后，他毅然决定到陈鹤琴创办的南京鼓楼实验幼稚园当教师，一面教学，一面研究，探索适合中国国情的幼稚教育。他成为中国教育史上第一位男性幼稚园教师。

四、论幼稚教育的民族化

我国对幼儿教育重要性的认识历史悠久，自古就有"早谕教""教儿婴孩"的传统。但是，1926年张宗麟调查了南京、苏州、杭州、绍兴、宁波等地的16所幼稚园，发现各地幼稚园偏重于外国、偏重于基督教。于是，他写下了《调查江浙幼稚教育后的感想》，批评幼稚教育的这种现象。

张宗麟在1926年写成的《幼稚教育概论》中指出，我国幼稚教育的弊端有二，即"教会之垄断""社会之漠视"，提出收回教育权，收回外人所操纵的幼稚教育，办法有四："停办外人设立之幼稚师范及幼稚园""严定幼稚师范及幼稚园之标准""筹设幼稚师范并检定幼稚教师""鼓起社会之注意"。

💬 **课堂互动**

张宗麟认为幼稚教育有什么特殊意义？

五、论幼稚园的识字教育问题

传统家庭幼教和蒙学教育均以识字为主。幼稚教育是否进行识字教育，近代以来，在各种学前教育的规章中，均不主张进行识字教育。张宗麟明确主张幼稚园可以进行识字教学。他在1926年协助陈鹤琴在鼓楼幼稚员进行识字教学试验，称为"读法教学法试验"，结果证明幼稚园可以进行识字教育。他于1928年整理公布了《幼稚园应用字汇》共300字。尽管陈鹤琴支持，但《幼稚园课程标准》没有接受识字教育。1952 年的《幼儿园暂行规程（草案）》也反对进行识字教育。他在 1956 年写的《幼儿园是可以进行识字教育的》，提出：不能在幼儿园和小学之间人为划界，幼儿园识字关键是教法，不能一刀切硬性规定。

六、幼稚教育课程论

（一）何谓幼稚园课程

"幼稚园课程者，由广义的说之，乃幼稚生在幼稚园一切之活动也。"其范围包括"一切教材、科目、幼稚生之活动"。

幼稚园的课程，按照幼儿的活动可划分为：

（1）开始的活动，即幼稚生初入园时必须养成的习惯，也就是人生最基本的习惯，如放手巾、认识教师和同学，以及初步的礼节等；

（2）身体上的活动，即强健身体的习惯和技能，如各种卫生习惯、跑步、跳、爬、驾车等；

（3）家庭的活动，如反映家人之间的关系、礼仪，以及家庭事务的活动；

（4）社会的活动，即养成公民素质的教育活动，包括各种节日、同学关系的活动等；

（5）技能的活动，是培养儿童适当表现自己的活动。

另一种是按学科划分，具体划分为音乐、游戏、故事、谈话、图画、手工、自然、常识、读法、识数等 10 个科目。

（二）幼稚园课程的编制原则与方法

张宗麟经过多年研究，认为在编制幼稚园课程时需要特别注意以下原则：

（1）课程须以幼儿全面发展为目的，包括健全的身体、灵敏的感官、人生必需的习惯、相当的知识。

（2）课程内容要艺术化，艺术化的课程能使幼儿乐于学习。

（3）课程要多注意于动的工作，因这时期的幼儿各部分筋肉骨骼正待发达，必须有充分动的机会，并且在活动中可以训练多种感觉，从中获得知识。

（4）课程要多与自然、社会接触。幼儿对自然界有浓厚的兴趣，应适当引导他们到大自然中去，注意引导幼儿接触周围社会。在与自然、社会的接触中，使幼儿获得直接经验，多方面了解环境与日常生活。

（5）要多注意个别活动，因为幼儿期是人"自我表现"最充分的时代。课程应该照顾到这个特点，使幼儿适应所处的小社会，以便长大后能适应大社会。

（6）课程要注意沟通小学低年级。幼稚生大班的课程要注意与小学一年级的衔接，以增强小学低年级学习效果。

如何具体编制
幼稚园课程

（三）社会化的幼稚园课程思想

20世纪30年代，张宗麟出版了《幼稚园的社会》一书。在这本著作中，他系统提出了社会化的幼稚园课程思想。他指出，由于教育的灵魂在于培养适合某种社会生活的人民，因此幼稚园各种活动都应该是倾向于社会性的，提出要在幼稚园课程中增设"社会"这个科目。他指出，幼稚园的一切活动，从广义上讲，都可以说是社会的，都应有社会性，即便是"自然"科目也绝不是纯粹去研究自然，必定是与人生有密切关系的自然研究。从这个意义出发，张宗麟指出幼稚园的课程应该是社会化的课程。

1. 确立幼稚园社会化课程的根据——对幼儿社会及幼儿生活状况的了解

张宗麟指出："无论哪级教育的课程，只有两个根据，好像人类只生了两只脚。这两个根据，一个是成人的生活——社会；一个是孩子的生活。"

2. 社会化课程的内容

社会化课程的内容主要包括七类活动：①关于生活卫生、家庭邻里、商店邮局，以及其他公共设施和名胜古迹等方面；②日常礼仪的学习和演习；③节日和纪念日活动；④关于身体的认识活动和基本卫生活动；⑤健康和清洁活动；⑥认识党旗、国旗和总理形象的活动；⑦各种集会和社团活动。

3. 实施的要求及原则

（1）实施社会活动时应做到：①注重培养幼儿互助与合作的精神；②培养幼儿对他人的爱怜情感；③培养幼儿具有照顾他人的品质；④让幼儿明了生活的根源；⑤使幼儿了解人类生活具有纵和横两个方面。

（2）原则：①将学校生活与实际生活打成一片；②既注意幼儿的个别学习，又注意幼儿之间的互助与合作；③教师要做幼儿的朋友；④使幼儿获得成功；⑤使幼儿通过持续不断的学习，养成良好的习惯；⑥激发幼儿进行良好社会性行为的兴趣达到教育目的；⑦要注意对幼儿社会性行为的交替培养。

幼稚园课程应培养幼儿应有的习惯与技能

思政小课堂

> 贤人智士之于子孙也，厉之以志，弗厉以诈；劝之以正，弗劝以诈；示之以俭，弗示以奢；贻之以言，弗贻以财。
>
> ——〔汉〕王符《潜夫论·遏利》

解析：

贤良之人、聪明之士对于子孙，用远大的志向劝勉他们，不用巧诈虚伪来劝勉；用光明正道劝勉他们，不用阴暗邪途来劝勉；用俭朴来指导他们，不用奢侈来指导；用有益的话赠送他们，不用钱财来赠送。

笔记栏

✏ 章节检测

一、选择题

1. 1927 年 3 月，陶行知在南京北郊晓庄开展乡村教育运动，提出的教育理论不包括（　　）。

　A. 生活即教育　　　B. 社会即学校　　　C. 教学做合一　　　D. 科学下嫁

2. 在幼稚园的教学上，（　　）明确地提出了"做学教合一"的方法。

　A. 蔡元培　　　　B. 张雪门　　　　C. 张宗麟　　　　D. 陈嘉庚

3.（　　）创立了"活教育"的理论，并在《活教育的教学原则》一书中提出了具体意见。

　A. 陈鹤琴　　　　B. 蔡元培　　　　C. 张宗麟　　　　D. 陶行知

4. 批判扼杀儿童天性的旧习俗，喊出"解放儿童"口号的是（　　）。

　A. 陈鹤琴　　　　B. 朱其慧　　　　C. 张宗麟　　　　D. 沈钧儒

二、填空题

1. 20 世纪三四十年代我国幼教界的"南陈北张"中的北张是＿＿＿＿＿＿，他对北方和台湾的幼教影响很大。

2. 陈鹤琴认为，必须按照幼儿心理、生理的特点去教育幼儿，他总结出幼儿的心理特点主要有：＿＿＿＿＿、＿＿＿＿＿、＿＿＿＿＿、＿＿＿＿＿、＿＿＿＿＿、＿＿＿＿＿、＿＿＿＿＿和＿＿＿＿＿。

3. 张宗麟研究了编制幼稚园课程的问题，找到了＿＿＿＿＿的办法。

三、简答题

1. 简述陶行知的艺友制培养幼儿教师的实施步骤。

2. 简述张雪门的学前教育思想。

3. 陈鹤琴提出的活教育理论的教学原则是什么？

4. 张宗麟在南京鼓楼幼稚园编制幼稚园课程的方法是什么？

习题答案

在线测试

第五章
新中国成立后学前教育的变迁

故事导入

改革发展中的中国学前教育

1949 年 10 月 1 日，毛泽东主席在天安门城楼上向全世界庄严宣告："中华人民共和国中央人民政府今天成立了！"从那一刻起，中国的学前教育进入了全新的发展时期。全国幼教人以高涨的热情让解放区的教育经验、苏联的教育经验、新中国的教育经验三者得以融合。《关于改革学制的决定》《幼儿园暂行规程（草案）》等一系列相关文件发布，社会主义学前教育制度初步确立，学前教育得到发展。1956 年，新中国生产资料私有制的社会主义改造基本完成，社会主义制度基本建立，开始探索自己的社会主义建设道路，社会主义学前教育发展也经历曲折。1978 年，党的十一届三中全会召开，我国社会主义建设进入了崭新的历史阶段，学前教育深度卷入改革进程中，并不断向前推进，发展至今。

读完上述故事后，你会发现新中国成立后我国的学前教育在不断改革中前行，你想知道新中国成立后我国学前教育是如何走向康庄大道，经历了怎样的变迁吗？下面让我们一起来学习本章的内容。

新中国成立以来，我国的学前教育事业确立了面向工农，为社会主义革命和建设服务的方针；明确了向全体幼儿实施全面发展教育的任务；逐步建设和发展了相当数量的各种类型、不同层次、多种形式的学前教育机构；不仅培养了一支德才兼备的学前教育工作者队伍，而且积累了丰富的学前教育经验。

教学建议

1.课时建议：4～5 课时。

2.学习重难点：

（1）新中国成立以来学前教育研究的显著成果。

（2）各时期促进学前教育发展的重要举措。

🎯 本章目标

▶ **知识目标**

1. 了解新中国学前教育的发展概况。
2. 知道新中国不同阶段学前教育的方针、制度及师资培养情况。
3. 了解《幼儿园教育指导纲要（试行）》的基本内容，领会其基本理念。
4. 掌握 21 世纪以来我国发展学前教育事业的方针和政策。

▶ **能力目标**

1. 能够总结新中国成立以来学前教育发展的经验教训，提高概括分析能力。
2. 能够正确把握新中国成立后学前教育体制的建设进程，分析现状，继往开来，提高对现实的敏锐洞察力及创新能力。

▶ **素质目标**

1. 以历史案例为引导，以兴替变更为依据，提高自我政治素养，树立辩证唯物主义观点。
2. 树立科学发展观，既能揣摩反思，又能与时俱进。

▶ **思政目标**

1. 感受新中国成立以来学前教育事业的飞速发展，激发其爱国热情及对学前教育事业的热爱，坚定学前教育职业信念。
2. 充分认识学前教育事业的公益性、普惠性及对人生的重要性。
3. 针对当前学前教育发展不平衡之现状，坚定大学生献身农村基础教育的决心。

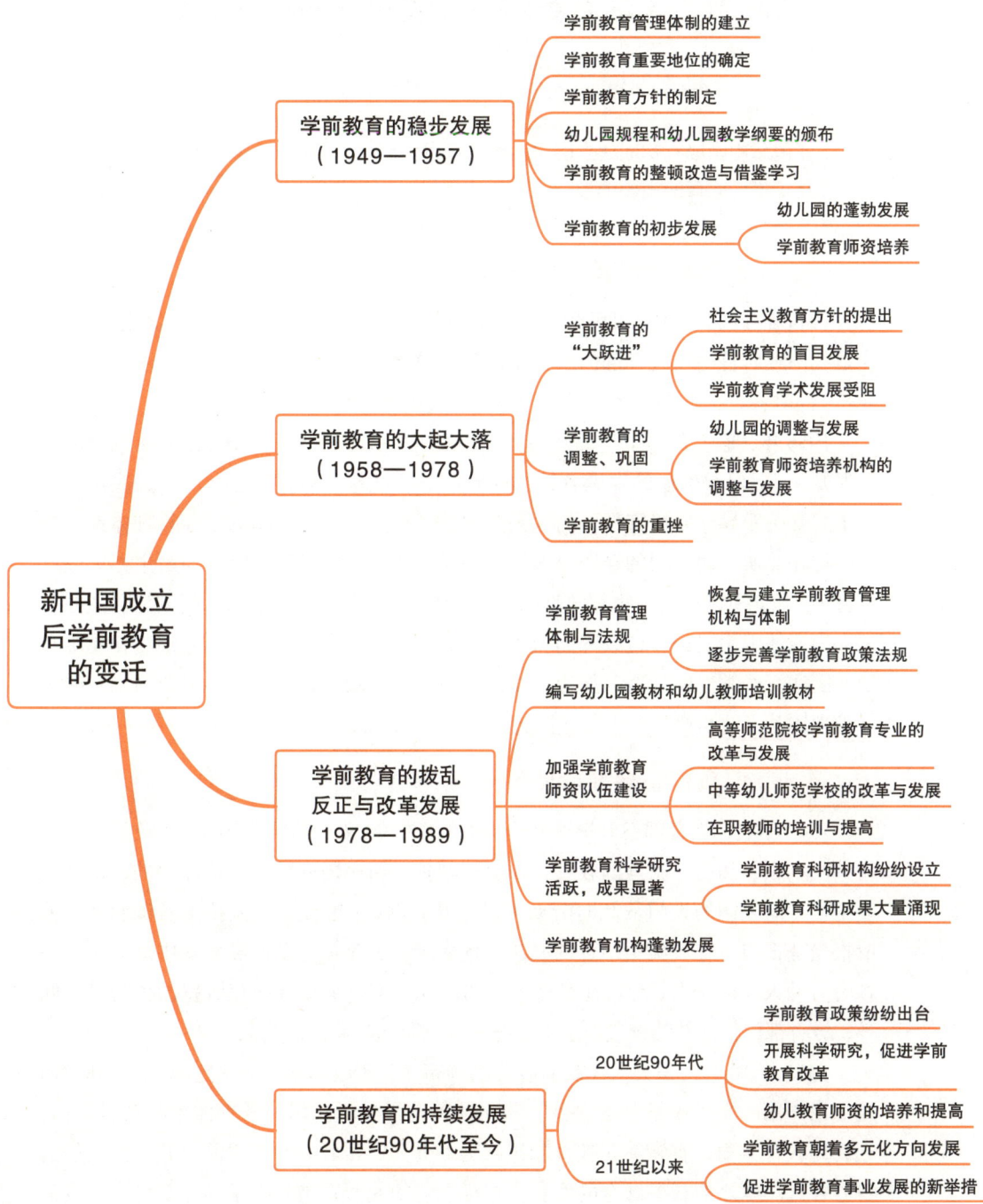

🔴 思维导图

- **新中国成立后学前教育的变迁**
  - **学前教育的稳步发展（1949—1957）**
    - 学前教育管理体制的建立
    - 学前教育重要地位的确定
    - 学前教育方针的制定
    - 幼儿园规程和幼儿园教学纲要的颁布
    - 学前教育的整顿改造与借鉴学习
    - 学前教育的初步发展
      - 幼儿园的蓬勃发展
      - 学前教育师资培养
  - **学前教育的大起大落（1958—1978）**
    - 学前教育的"大跃进"
      - 社会主义教育方针的提出
      - 学前教育的盲目发展
      - 学前教育学术发展受阻
    - 学前教育的调整、巩固
      - 幼儿园的调整与发展
      - 学前教育师资培养机构的调整与发展
    - 学前教育的重挫
  - **学前教育的拨乱反正与改革发展（1978—1989）**
    - 学前教育管理体制与法规
      - 恢复与建立学前教育管理机构与体制
      - 逐步完善学前教育政策法规
    - 编写幼儿园教材和幼儿教师培训教材
    - 加强学前教育师资队伍建设
      - 高等师范院校学前教育专业的改革与发展
      - 中等幼儿师范学校的改革与发展
      - 在职教师的培训与提高
    - 学前教育科学研究活跃，成果显著
      - 学前教育科研机构纷纷设立
      - 学前教育科研成果大量涌现
    - 学前教育机构蓬勃发展
  - **学前教育的持续发展（20世纪90年代至今）**
    - 20世纪90年代
      - 学前教育政策纷纷出台
      - 开展科学研究，促进学前教育改革
      - 幼儿教育师资的培养和提高
    - 21世纪以来
      - 学前教育朝着多元化方向发展
      - 促进学前教育事业发展的新举措

第一节　学前教育的稳步发展（1949—1957）

☞ **学习目标**

1. 了解新中国成立初期建立的学前教育管理体制。
2. 认识学前教育的重要地位。

一、学前教育管理体制的建立

1949 年 11 月，中央人民政府教育部成立，在初等教育司内设置了幼儿教育处，这是我国政府首次在教育部门中为学前教育设立专门的行政管理机构，由张逸园任处长；同时各省、市教育厅、局设幼教科、组或者设专人主管幼儿教育。

1956 年，教育部、卫生部和内务部颁发了《关于托儿所、幼儿园几个问题的联合通知》，对保教事业的发展方针、领导关系及培养干部等问题做出相关决定，确立了"统一领导、分级管理"的原则，明确了托儿所和幼儿园的领导管理体系。规定各类托儿所、幼儿园的经费、人事、房屋设备和日常行政事宜，均由主办单位负责管理；托儿所统一由卫生行政部门领导；幼儿园统一由教育行政部门领导。主办单位应向当地卫生或教育行政部门报告工作，卫生、教育行政部门应分别对托儿所和幼儿园实行经常性的检查与指导。至此，新中国的幼儿教育开始有了全国统一的领导管理体系，幼儿教育事业迅速发展。

二、学前教育重要地位的确定

1949 年底，教育部召开第一次全国教育工作会议。根据《中国人民政治协商会议共同纲领》和第一次全国教育工作会议精神，新中国开始了学前教育的改造和建设工作，幼儿园的大门从此向劳动人民敞开。例如：废除幼儿园招生考试制度，采取报名登记与审查核实相结合的办法，优先录取因参加劳动而导致家中幼儿无人照顾的劳动人民的子女；对家庭经济困难的幼儿，实行免费或减免收费的优待等。此外，教育部门扶持并陆续接办了一部分私立幼稚园，将之改为公立。

1951 年 10 月，中央人民政府政务院颁布《关于改革学制的决定》，这是新中国成立以来第一个关于学制的文件。该文件规定了当时我国的教育体系与教育结构，在幼儿教育方面，实施幼儿教育的组织为幼儿园，接收 3～7 岁的幼儿，使他们的身心在入小学之前获得健全的发育。这标志着幼儿教育被列入学制体系之中，成为小学教育的基础。1922 年壬戌学制定名的、沿用了 30 年的"幼稚园"从此改称为"幼儿园"。

课堂互动

讨论学前教育管理体制的建立对幼儿教育事业发展的影响。

三、学前教育方针的制定

1951年8月至9月，教育部召开第一次全国初等教育会议和第一次全国师范教育会议。会议对幼儿教育工作方针、师资培训、幼儿教育发展的途径、教育行政部门的领导等进行阐述，提出当时幼儿教育的工作方针是根据各个地区的不同情况、城乡差异，有计划、有步骤地在整顿中提高，在巩固的基础上适当地发展；积极培养幼儿教育师资；在三五年内着重短期训练和在职学习；根据幼儿园教养纲要，解决教材问题。近期发展的重点首先应该放在工业地区企业部门，其次是机关、学校及郊区农村，主要解决工农劳动妇女对幼儿的教养问题。鼓励私人办幼儿园并加强领导，做到公私兼顾办园。另外，必须重视依靠群众团体来推动和开展幼儿教育，教育行政部门要加强对幼儿教育的领导。

1952年，中央人民政府颁布的《幼儿园暂行规程（草案）》（以下简称《暂行规程》）规定："幼儿园的任务是：根据新民主主义的方针教养幼儿，使他们的身心在入小学前获得健全的发育；同时减轻母亲对幼儿的负担，以便母亲有时间参加政治生活、生产劳动、文化教育活动等。"据此，新中国幼儿园承担起抚育幼儿身心发展和便利妇女参加社会建设的双重任务。

《幼儿园暂行规程》

学无止境

关于尿裤子的三幅画面

尿裤子这个问题在小班常常出现，不同时代老师的处理方式是不一样的。

第一幅画面：20世纪70年代末，遇到孩子尿裤子，老师会带着一些指责的神情，很不高兴地走到孩子面前。在拿一条干裤子给孩子换上后，抱怨地对孩子说："瞧你，喝点水就尿，漏斗似的。"老师的横眉冷对让受了指责的孩子忐忑不安。

第二幅画面：20世纪80年代中期，倡导职业道德，要求老师像妈妈一样，甚至比妈妈还要热爱孩子。遇到孩子尿裤子了，老师就会像春姑娘一样拿着一条干净的裤子走到孩子面前，并且热情洋溢地说："呀，宝贝，你尿裤子了，没关系，老师给你换上吧！"老师固然很热情，孩子则会疑惑老师为什么当着大家的面把自己的裤子扒下来，因而感到恐惧和一些尴尬。

第三幅画面：1989年《幼儿园工作规程（试行）》颁布之后，老师知道要尊重孩子的人格。老师看到孩子尿裤子了，就会静悄悄地走到孩子的身边，静悄悄地牵着孩子的小手到卫生间等没人的地方帮孩子处理好，并且对孩子进行心理安抚，让孩子在生理上舒服了的同时，心理上也得到了保护。

四、幼儿园规程和幼儿园教学纲要的颁布

为切实改革幼儿教育，1951 年教育部制定《暂行规程》和《幼儿园暂行教学纲要（草案）》（以下简称《暂行纲要》），并于 1952 年 3 月颁布试行。这是新中国发展幼儿教育的具体纲领。

《暂行规程》中规定了幼儿园关于幼儿教养工作的相关标准，明确了幼儿园的培养目标：①培养幼儿基本的卫生习惯，注意其营养，锻炼其体格，保证幼儿身体的正常发育和健康；②培养幼儿正确运用感官和语言的基本能力，增进其对于环境的认识，以发展幼儿的智力；③培养幼儿的爱国思想、国民公德和诚实、勇敢、团结、友爱、守纪律、有礼貌等优良品质和习惯；④培养幼儿爱美的观念和兴趣，增进其想象力和创造力。

幼儿园的教养原则：①使幼儿全面发展；②使教养内容和幼儿生活实际相结合；③使幼儿有独立活动完成简单任务的机会；④使幼儿习惯于集体生活；⑤使必修作业、选修作业以及户外活动配合进行；⑥使幼儿家庭教育和幼儿园教育密切配合。

幼儿园的教养活动项目：体育、语言、认识环境、图画与手工、音乐、计算等。

幼儿园的学制：①实施幼儿教育的组织为幼儿园。自此，从 1922 年开始沿用了 30 年的"幼稚园"，被"幼儿园"代替；②幼儿园招收 3 足岁到 7 足岁的幼儿，使他们的身心在入小学前获得健全的发育；③幼儿园应在有条件的城市首先设立，然后逐步推广。新学制的颁布，以法令的形式明确建立起新中国自己的学校系统，标志着中国人民教育事业走上了有计划、有系统的发展阶段。

《暂行纲要》由幼儿园教学暂行总则和各科教学纲要两大部分组成。总则明确了新中国幼儿教育的政治特性及有别于学校教育的特征、原则，并强调了教师的关键作用及家长教育的重要性。教学纲要主要明确了每科的目标，均包括教学目标、教学大纲、教学要点和设备等四个方面，并根据小班、中班、大班幼儿的年龄特点和教育特点实施。

《暂行规程》和《暂行纲要》的制定与试行，明确了幼儿教育的双重任务和保教并重的方针，为全面改革旧教育，建立社会主义学前教育体系奠定了理论基础。

五、学前教育的整顿改造与借鉴学习

新中国成立以后，本着教育独立自主的原则，收回了被帝国主义掠夺的教育主权。1950 年 12 月，政务院颁布《关于处理接受美国津贴的文化教育救济机关及宗教团体的方针的决定》。此后，我国各地接管了美国和其他资本主义国家在我国开办的幼稚园、孤儿院、育婴堂、慈幼院等 200 余所机构，收回了儿童教育、儿童福利事业的主权，全面结束了 100 余年以来帝国主义对中国学前教育事业特权的掠夺。

新中国成立初期，为加快社会主义建设步伐，中央发出了全面向苏联学习的号召，在教育上，也积极学习苏联的经验，进行教育改革。1950 年，苏联教育专家戈

林娜被聘为教育部幼儿教育顾问，1954年由马努依连柯继任。苏联专家定期参与教育部对全国幼儿教育情况分析工作，赴上海、天津、南京等地对幼儿师范学校和幼儿园工作进行考察指导，并在北京师范大学开设讲座。在苏联专家的指导下，教育部幼儿教育处于1954年10月召开新中国成立以来第一次幼儿教育经验交流会——"北京、天津两市幼儿园教养员工作经验交流会"。会后教育部发出《关于组织幼儿教育工作者收集和总结经验的通知》。自此，各地幼儿教育工作者普遍开展了总结经验的活动。苏联幼教理论在我国得到系统而广泛的传播，并注意与中国实际相结合，在指导我国幼儿园总结经验、提高教育质量方面起了很大的促进作用。

笔记栏

六、学前教育的初步发展

新中国成立后的最初几年，幼教发展方针积极稳妥，符合国情、切合实际，并与我国当时的经济发展步调相适应，因而幼儿园及各级各类幼教专业学校发展速度逐年稳步上升。

（一）幼儿园的蓬勃发展

1952年，全国已有幼儿园6531所，比1946年的1263所增加了4倍多；入园幼儿42.4万人，比1946年的11.3万人增加了近3倍。1957年，全国幼儿园1.64万所，比1952年增加了1.52倍；入园幼儿108.8万人，增加了1.56倍。办园的形式也灵活多样，有整日制、半日制、寄宿制、季节制和临时性的幼儿园等。幼儿园的发展对新中国经济发展和妇女解放起到了积极作用。

（二）学前教育师资培养

师资是发展幼教事业的前提和关键，新中国成立后，各级教育行政部门对幼教师资和幼教干部队伍的培养和培训十分重视。

1952年7月，教育部颁布的《师范学校暂行规程（草案）》规定：师范学校附设幼儿师范科、师范速成班、短期师资训练班等。中级师范学校招收30岁以下的初中毕业生或具有同等学力者，修业年限为3年。初级师范学校招收25岁以下的小学毕业生或具有同等学力者，修业年限为3～4年。正规幼儿师范将承担培养幼儿园新教师和在职保教人员的双重任务。

同年，教育部颁布的《关于高等师范学校的规定（草案）》指出：高等师范学校设置的教育系应分设学前教育组，培养中等师范学校的专业课教师。根据教育部有关高等学校院系调整的精神，将分散于一些高校的有关专业适当合并，南京大学师范学院幼儿教育系、北京师范大学教育系、西南师范学院教育系、甘肃师范大学教育系学前专业相继成立，担负起为全国培养幼儿师范学校师资力量的任务。

1956年2月，教育部颁布了《师范学院教育系幼儿教育专业暂行教学计划》，规定开设幼儿教育学等20多门必修课和选修课，确定了教育见习、教育实习的学时数等。这一时期，除了通过正规的幼儿师范学校培养师资，还通过多种渠道、采用多种形式培训在职教师。如 1954 年 6 月，教育部发出了《关于举办小学教师轮训班的指示》（包括幼儿园教养员）；1956 年，教育部又在《关于大力培养小学教员和幼儿园教养员的指示》中指出：一方面，大力发展幼儿师范学校；另一方面，采取短期训练的措施，补充师资。由于政府对幼儿园师资培养的重视及切合实际需要的各种政策的颁布，正规幼儿师范学校与各种培训相结合的手段产生了良好的社会效益，造就了一批幼儿教育的主力军，为我国幼儿教育的起步和发展奠定了基础。

思考提升

思考新中国成立初期学前教育的改革与实施要点。

第二节　学前教育的大起大落（1958—1978）

学习目标

1. 了解学前教育大起大落的发展时期。
2. 了解"大跃进"时期学前教育的调整和发展。

一、学前教育的"大跃进"

（一）社会主义教育方针的提出

1957 年 2 月，毛泽东在《如何处理人民内部的矛盾》的报告中提出了社会主义教育方针：应该使受教育者在德育、智育、体育几方面都得到发展，成为有社会主义觉悟的有文化的劳动者。1958 年 9 月，中共中央、国务院发出《关于教育工作的指示》，明确、系统地提出党的教育工作的方针：教育为无产阶级的政治服务，教育与生产劳动结合；为了实现这个方针，教育工作必须由党来领导。

这两条方针，前者指出了培养目标，后者确定了教育工作的方向。学前教育也必须贯彻党和国家的教育方针。在学前教育的培养目标上，坚定了学前教育应结合幼儿特点的体、智、德、美全面发展的方针；在工作方向上，普遍加强了为生产服务的措施和对幼儿的劳动教育。在贯彻教育方针的过程中，既有积极的方面，如想方设法为家长服务；也存在消极的一面，如思想品德教育的成人化，脱离了幼儿的年龄特点等。

（二）学前教育的盲目发展

1958 年 5 月，中国共产党第八届人民代表大会第二次会议通过了"鼓足干劲、力争上游、多快好省地建设社会主义"的总路线。随后发动了"大跃进"和人民公社化运动，使得以"高标准、瞎指挥、浮夸风和'共产风'"为主要标志的"左"倾错误在全国泛滥开来。

第一，在学前教育机构发展方面，"大跃进"主要表现在园所数量迅猛增多和"以寄宿制为主"的办园方针上，在社会经济条件还不成熟的情况下提出学前教育全托化。1957年，全国幼教机构16400所，1958年猛增至695300所。在当时强调数量发展的形势下，"三天托儿化""一天托儿化""实行寄宿制，消灭三大差别"等口号和行动在农村纷纷出现，农村幼儿教育出现了只顾将幼儿集中同吃同住而不顾教育质量的局面。这样的发展速度和状况大大超越了我国当时农村经济发展水平，违背了幼教事业发展的客观规律。

第二，在幼儿师资培养培训方面，"大跃进"主要表现为幼儿师范学校、高师学前教育专业点及各级各类培训班的大量涌现。自1955年教育部决定由地方教育行政部门设立的幼儿师范学负责培养幼儿师资以来，在全国范围内增加了中初级幼儿师范学校，增加了幼儿园教师的培养基地，而在"大跃进"时期，幼儿师范学校出现畸形迅猛发展。这一时期绝大多数幼儿园教师并非幼师毕业，许多教师仅受过短期培训，这说明当时幼儿教师教育的发展远远未能满足托幼机构迅猛发展的师资需求。

（三）学前教育学术发展受阻

1958年出现的"左"倾错误不仅使学前教育事业规模和速度盲目扩大，还把矛头指向各科教学及知识分子。口号是"插红旗，拔白旗"，造成了理论上、思想上和教育实际工作上的极度混乱。

1958年8月，教育部主办的《学前教育》《教师报》《人民教育》同时停刊。一些人还发起了对《幼儿园教育工作指南（初稿）》（以下简称《指南》）的批判。先将《指南》定位为"资产阶级方向""一面彻头彻尾、彻里彻外的大白旗"予以彻底否定，再加以"篡改党的教育方针""否定党的领导""反动的幼儿中心主义""资产阶级情调与资产阶级生活方式""丑化劳动人民"等莫须有的罪名横加批判，影响很快波及全国，导致幼儿教育理论和实践的极度混乱。1961—1962年，虽然对《指南》重新做了评价，认为应该重新认识根据儿童年龄特点进行教育的必要性，但批判时所出现的大量口号化、形式化、成人化的错误，对幼儿教育学术研究的影响则是长远的。在批判中还错误地牵连、伤害了一批优秀教师。比如，陈鹤琴先生被强扣上"文化买办"冒牌学者的帽子，其儿童教育思想被全盘否定，1959年他不得不离开了自己长期从事且深深热爱的幼儿教育事业。

20世纪50年代末60年代初的错误评判，混淆了政治和学术的界限，对我国学前教育事业的发展造成了不小的危害。

课堂互动

对于学前教育的大起大落，我们应该从中吸取哪些经验？

🐤 **学无止境**

凯洛夫的《教育学》在中国的影响

凯洛夫（1893—1978），苏联教育家。他的教育理论代表着苏联教育理论发展的一个重要阶段，反映了从20世纪30年代后期到50年代后期这一历史阶段苏联教育理论的水平和特点。

20世纪50年代，凯洛夫的《教育学》在中国教育界广为流传，中国教育工作者，包括师范院校的学生，几乎人手一册，逐章逐节地进行学习，因此形成了所谓的"凯洛夫教育理论体系"。其中关于教师中心、教科书中心和课堂教学中心的"三中心论"，教学过程由"准备、复习旧课、教授新课、巩固练习、布置家庭作业"组成的"五环节说"，教学本质"特殊认识论"的基本哲学立场，教学中要贯彻学生自觉性、积极性、直观性、理论与实际相结合、系统性和连贯性、巩固性、可接受性等的"六大原则"，以讲授法为核心的"九大教学方法"等，当时几乎每个教师都知道，而且，"老"带"新"、集体备课、观摩教学等方式流传至今。

凯洛夫的教育理论体系影响了我国教育理论达半个世纪之久，成为传统教育观的权威代表，而且至今仍有它的影子。它强化了教师在课堂中的中心角色和简单的操作需要，封杀了教师在理论和创造意义上探索教学工作的需要。事实上，苏联凯洛夫的《教育学》受到来自赞可夫等的挑战。新课程的推行必须突破传统教学观念，其实主要就是凯洛夫的理论和实践形态，因此，随着新课程改革的深入，凯洛夫教育理论受到越来越多的批判。但凯洛夫的《教育学》作为最早贯彻马克思主义观点的系统、全面的教育学著作，有时间回顾一下，读一读，它的经验和教训也是能给我们许多启迪的。

二、学前教育的调整、巩固

1960年12月15日，时任教育部部长杨秀峰在全国文教工作会议上发言，在谈到1961年教育事业计划问题时指出"要继续重视和加强幼儿教育"。1961年1月，中共八届九中全会决定对国民经济实行"调整、巩固、充实、提高"的方针。在此方针指引下，幼儿教育机构根据经济、师资等实际条件采取了保留、撤销、充实等手段，向着巩固和提高的目标逐步恢复正常发展秩序。

（一）幼儿园的调整与发展

教育部提出："幼儿园的发展，宁可慢些、少些，但要好些。城市的幼儿园要以提高质量为主，条件不成熟的民办园要调整、收缩。"经过切实的调整，1961年，全国幼儿园数量由1960年的785000所减至60300所，其中教育部门主办的幼儿园减少并不显著，大量减少的是其他部门主办及民办集体类型幼儿园。在中央"八字方针"指引下，农村幼儿园的发展逐步趋于正常和稳定。

（二）学前教育师资培养机构的调整与发展

笔记栏

1962 年 1 月，《教育部党组关于全国师范教育会议的报告》明确指出，要重视幼儿园师资培养，三年制的幼儿师范主要是培养大、中城市重点幼儿园的教养员，目前不能多办。应该多办初级幼儿师范，招收相当于高小毕业程度的青年，培养成为城镇和农村幼儿园的教养员，学习时间的长短，可以因地制宜。经过调整和整顿，1963—1965 年，重点幼儿师范学校稳定在 19 所，年在校人数 5000 人左右，从此幼儿师资培养走上了有序发展的轨道，培养质量也开始得到明显的提升。

三、学前教育的重挫

"文化大革命"开始后，学前教育不可避免地卷入了这场风暴。体、智、德、美等方面的教育方针脱离了幼儿的生理和心理特点，学前教育体系的各项管理制度被粗暴地废除，幼教工作者遭到迫害，幼儿师范学校的设施被挪用或破坏，我国的学前教育事业发展陷入停滞状态。

🔖 思考提升

1. 学前教育的调整重点工作在哪两个方面？
2. 学前教育"大跃进"主要表现在哪几个方面？

第三节　学前教育的拨乱反正与改革发展（1978—1989）

👉 学习目标

1. 了解当时学前教育管理体制与法规。
2. 了解当时学前教育的师资建设和学前教育机构的发展。

一、学前教育管理体制与法规

党的十一届三中全会的召开和改革开放给中国学前教育事业带来了百花齐放的春天。学前教育事业肩负起"使幼儿获得体、智、德、美全面发展""使每个幼儿都有更好未来"的历史使命。

1978 年、1982 年，全国人大二次、四次会议的政府工作报告指出：要十分重视发展托儿所、幼儿园；要培养大批合格的幼儿教师，使更多的学龄前幼儿进入幼儿园，并且能够受到符合他们身心特点的教育。中共中央、国务院也于 1983 年 5 月下发《关于加强和改革农村学校教育若干问题的通知》，明确提出"积极发展幼儿教育"的要求。1985 年 5 月，中共中央发出《关于教育体制改革的决定》，提出"要努力发展幼儿教育"。1987 年 10 月，经国务院批准，国家教委还专门召开了全国幼儿教育工作会议。党和政府为大力加强对学前教育的领导和管理，采取了一系列行之有效的措施。

（一）恢复与建立学前教育管理机构与体制

1978 年，教育部恢复了幼儿教育处，各省、自治区教育厅（局）也陆续恢复或新建幼教领导机构，明确职责分工，逐步形成了由上而下的统一领导、分级管理的领导体制。1979 年，国务院设立"托幼工作小组"，由教育部、卫生部等 13 个相关部委和群众团体组成。

1987 年 10 月，国家教委召开了全国幼儿教育工作会议，讨论了幼儿教育事业的发展方针、指导思想、师资队伍及加强领导和管理等问题，明确提出幼儿教育是社会主义教育事业的重要组成部分，是学校教育的预备阶段，同时又是一项社会福利事业，各级政府都应重视，必须由政府、单位、个人、社会共同投资，协力办好。这次会议是教育部门召开的第一次有关幼儿教育改革的专门会议，对于理顺关系、明确分工、加强领导、积极发展幼儿教育具有极为重要的意义。

（二）逐步完善学前教育政策法规

党的十一届三中全会以来，党和政府及时、有力地采取了各种措施，制定了一系列的法规、纲要和条例等，保证了我国学前教育的健康发展。

1979 年，教育部颁布了《城市幼儿园工作条例（试行草案）》，用以指导城市幼儿园工作走向正规化、规范化。1980 年，卫生部、教育部联合颁布了《托儿所、幼儿园卫生保健制度（草案）》，1985 年卫生部对其进行修订。该制度就托儿所、幼儿园合理的生活制度、饮食营养、体格锻炼、健康检查、卫生消毒与隔离、疾病预防、安全制度、儿童健康记录、基于家长进行卫生保健联系等多项工作做出了详尽、明确的规定。这一条例突出了托幼机构的保健工作标准与工作要求，在很大程度上使托幼机构的卫生保健工作有章可循，从制度上确保了幼儿的健康与安全。

1981 年 10 月，教育部颁布了《幼儿园教育纲要（试行草案）》（以下简称《纲要》），要求在全国试行。《纲要》由年龄特点与教育任务、教育内容与要求（包括生活卫生习惯、体育活动、思想品德、语言、常识、计算、音乐、美工等）、教育手段及注意事项三大部分组成。《纲要》在全国的推行，较好地解决了拨乱反正的问题，使幼儿园教育有章可循，为各地幼儿园所普遍采用，同时掀起了钻研业务、提高教育质量的群众性热潮。

1983 年 9 月，教育部下发《关于发展农村幼儿教育的几点意见》，强调发展农村幼儿教育工作的重要性。提出要积极发展农村幼儿教育，逐步创造条件接收 3～5 岁幼儿入园（班）；建立一支稳定、合格的幼儿教师队伍，提高保教质量；采用多种办法逐步改善办园（班）条件。此后，农村学前班广泛建立，对农村幼教事业的发展起了很大的促进作用。1986 年 6 月，国家教委发布《关于进一步办好幼儿学前班的意见》，就管理学前班提出意见：①反对以创收为办班目的，以及学前教育小学化的做法；②规定须按《纲要》确定各项教育活动内容；③学前班教师须在任职前接受一定时间的专业培训，并加强在职进修；④设有学前班的学校须专辟幼儿活动室，须添置必要的设施、教具、玩具、读物等；⑤教育行政部门须定期检查学前班的办理情况，并负指导责任。这一文件对规范农村学前班的建立具有重要意义。

　　1989 年 6 月，国家教委颁布《幼儿园工作规程（试行）》。此规程是幼儿园内部工作的法规，对各级各类幼儿园均有效。它包括总则，幼儿园的招生、编班，幼儿园的卫生保健，幼儿园的教育，幼儿园的园舍、设备，幼儿园的工作人员，幼儿园的经费，幼儿园与幼儿家庭，幼儿园的管理工作，以及附则等。这既是对 1952 年颁行的《师范学校暂行规程（草案）》的全面修订，又是改革开放以来幼教相关法规的总汇。

💬 **课堂互动**

　　社会主义发展新时期对学前教育改革有什么影响？

二、编写幼儿园教材和幼儿教师培训教材

　　《纲要》颁布以后，为配合贯彻实施，教育部组织全国幼儿园优秀教师和幼教理论工作者编写幼儿教师用书一套，共七种，由体育、语言、常识、计算、音乐、美术、游戏组成。这样重视和有计划地出版幼儿园教材及有关教学用书，在新中国成立后还是首次。

　　针对农村幼儿教师多数未接受系统专业培训的实际情况，1984 年教育部组织有关力量编写了一套 12 种 13 册的农村幼儿教师培训教材，包括幼儿教育学、幼儿教育心理、幼儿卫生、语言教学法、常识教学法、计算教学法、体育教学法、音乐教学法、美术教学法、幼儿园玩具教具制作、音乐基础知识、幼儿园舞蹈和歌曲，1987 年后陆续出版。

三、加强学前教育师资队伍建设

（一）高等师范院校学前教育专业的改革与发展

　　1978 年 10 月，教育部发出《关于加强和发展师范教育的意见》，指出："原有学前教育专业的师范院校应积极办好这个专业，扩大招生名额，为各地培养幼师师资。"

　　据此，各地纷纷创办幼儿师范学校。1979 年，全国设立了幼儿师范学校 22 所，1989 年增至 63 所，1994 年又增至 67 所。为了保证幼儿师范学校的培养质量，1986 年，国家教委颁布修订后的《中等师范学校规程（试行草案）》，对幼儿师范学校的办学方针、任务、学制、办学条件、领导管理等进行了规范。同年 10 月，又颁布了《幼儿师范学校教学计划》，重新规范了幼师的课程设置，突出了专业知识和技能的

✏ **笔记栏**

核心地位。1995年，国家教委颁布《三年制中等幼儿师范学校教学方案（试行）》，对幼儿师范学校的教学进一步规范，将课程分设必修、选修、教育实践和课外活动四类，对每类课程的课时都做出了具体的规定。

（二）中等幼儿师范学校的改革与发展

为了培养高层次的学前教育人才，北京师范大学、南京师范学院、西北师范大学、西南师范学院、东北师范大学等五所学校逐步恢复招收学前教育专业学生。华东师范大学、华中师范大学、华南师范大学、湖南师范大学等校增设了学前教育专业。截至1987年，全国设学前教育专业的高等师范学校已达22个。1985年，上海市还设立上海幼儿师范专科学校，试行了幼师（三年制）和幼专（两年制）这种新的幼师培养模式。通过这些途径，新时期中国学前教育师资力量逐渐增强。

（三）在职教师的培训与提高

由于幼儿园发展迅速，新师资的培养跟不上发展的需要，幼教师资和干部队伍在数量及水平上急需增补与提高。1986年，国家教委要求不具备国家规定的合格学历的幼儿园教师参加"教材教法合格证书"和"专业合格证书"的考试。在这种情况下，教育部门及其他部门采取了短期培训、脱产进修、夜校、函授、刊授、广播、电视等形式，以提升幼儿园教师的文化和业务水平。

通过各方面努力，幼儿教师队伍逐年扩大，学历层次不断提高，大批幼儿教师与干部获得培养和提高，并向着更高层次迈进。

四、学前教育科学研究活跃，成果显著

（一）学前教育科研机构纷纷设立

1978年10月，中央教育科学研究所重建，设置了幼儿教育研究室，这是我国第一个国家级幼儿教育研究机构。随后，各省区市也陆续在教育科学研究所内设置幼儿教研机构或者专职科研人员，开展了大量幼儿教育专题研究。在相关高等师范院校和幼儿师范学校内，也设立了幼儿教育研究室，推动了幼儿教育科研的深入开展。

1979年11月初，中国教育学会幼儿教育研究会在南京成立。陈鹤琴被推举为名誉理事长，左淑东为首任理事长。1992年，该会成为国家教委下属的国家一级学会——中国学前教育研究会，以组织学前教育科学研究队伍，探索学前教育规律，推动学前教育改革，研究解决学前教育的理论和实际问题，发展和繁荣学前教育，为建立具有中国特色的社会主义学前教育科学体系为宗旨。之后，这一学术团体分设学前儿童健康教育专业委员会、游戏与玩具专业委员会、学前教育管理研究专业委员会、幼儿园课程与教学专业委员会、学前社会教育专业委员会等五个专业委员会，积极推动着广大学前教育工作者改革学前教育。与此同时，各省市的教育学会也纷纷下设了学前教育专业研究会，或独立设置了省级学前教育学会。这些研究团

体的建立为开展多个层次学前教育研究和学前教育的国际交流提供了条件。

（二）学前教育科研成果大量涌现

经过不断努力，20世纪70—80年代，学前教育研究成果开始大量涌现。

一是关于幼儿教育历史经验的研究。中央教科所幼教研究室于1979年开始新中国成立以来幼儿教育的历史经验和教训的课题研究，1982年公布成果，总结如下：幼教事业的发展必须与经济发展、经济基础相适应；按幼儿年龄特征进行教育是幼教质量的重要保证；加强领导是幼教事业发展的前提；开展幼教学术研究必须坚持历史唯物主义和辩证唯物主义观点等。北京师范大学、南京师范大学、陕西师范大学学前教育研究室对我国幼儿教育经历的曲折道路也进行了历史性研究，并汇集成《中国学前教育史资料选》，于1989年正式出版。

二是关于农村幼儿教育的研究。南京师范大学主持的"农村幼儿教育研究"是被列入全国教育科研"七五"规划的第一个农村幼教研究课题，制定了我国第一个农村幼儿教育大纲。

三是对幼儿素质教育的研究。中央教科所幼教研究室开展"适应我国国情，提高幼儿素质的调查研究"，并被列为"七五"规划国家教委重点项目，从经济、地理、文化三个维度，以幼儿园内城市和农村幼儿为样本总体范围，试图为改善幼儿当时的生活环境寻找科学依据。

四是对幼儿园课程结构的实验研究。1983年起，南京、北京、上海等地先后开始课程改革的实验研究，旨在克服当时幼儿园课程结构上重知识轻能力、各科割裂、重教轻学等弊端，努力探索新的课程结构，逐渐树立起新的教育观念，如整体观、发展观、主体观、活动观等，涌现出了综合教育课程、活动教育课程、游戏课程、情感教育课程等，使幼儿身心得到发展。

五、学前教育机构蓬勃发展

随着经济发展和经济体制改革的不断推进，各地政府动员和依靠各方面力量，有计划、有步骤，多种渠道、多种形式、多种规格地促进了学前教育事业的发展。1978—1989年，全国幼儿园数量各年均有增长，在园幼儿数亦明显增多。

🔼 思考提升

1.十年"文革"造成了幼儿教师与幼师师资的严重不足，对幼教事业的恢复和发展带来极大困难。为此，我国大力发展幼儿师范教育，加强新师资培养和在职教师的培训工作。经过努力，我国的幼教干部和师资培训有了较大发展，主要表现在哪几个方面？

2.经过不断努力，20世纪70—80年代，学前教育研究成果开始大量涌现，主要表现在哪些方面？

◆ 笔记栏

第四节　学前教育的持续发展（20 世纪 90 年代至今）

👉 学习目标

1. 了解 20 世纪 90 年代的学前教育政策。
2. 了解学前教育的当前发展方向和实行措施。

一、20 世纪 90 年代

（一）学前教育政策纷纷出台

1990 年 9 月 30 日，联合国在纽约召开了世界儿童问题首脑会议，会议通过了《儿童生存、保护和发展世界宣言》和《执行九十年代儿童生存、保护和发展世界宣言行动计划》，1991 年李鹏总理代表中国政府签署了上述两个文件，同年全国人大常务委员会通过了《中华人民共和国未成年人保护法》。

1992 年 2 月，国务院下达《九十年代中国儿童发展规划纲要》。其内容包括 20 世纪 90 年代我国儿童生存、保护和发展的主要目标、策略与措施、领导与监测等。该纲要还提出城市入园（班）率达到 70%，农村学前一年幼儿入园（班）率达到 60% 的目标。这些目标虽然未能如期实现，但对促进当时的幼教事业发展产生了积极作用。1993 年 2 月，中共中央、国务院印发《中国教育改革和发展纲要》，规定幼儿教育的发展目标是"大中城市基本满足幼儿接受教育的要求，广大农村积极发展学前一年教育"。1995 年 3 月，全国人大通过《中华人民共和国教育法》，在"教育基本制度"章节中规定："国家实行学前教育、初等教育、中等教育、高等教育的学校教育制度。"以上这些法律、文件的颁布，将儿童的生存、保护和发展与人类之间的关系提到了"人口素质基础"和"未来发展的先决条件"的高度。

国家教委、国家计委、全国妇联等七部门于 1995 年 9 月 19 日联合颁布了《关于企业办幼儿园的若干意见》，指出"有条件的企业应继续办好幼儿园；在城市规划建设中安排好幼儿园规划和建设；加强社区对幼儿教育的扶持与管理"。该文件的颁布，使企业办园得到了有效的发展。

1996 年 3 月，国家教委颁布了《幼儿园工作规程》，确定了"幼儿园是对 3 周岁以上学龄前幼儿实施保育和教育的机构，是基础教育的有机组成部分，是学校教育制度的基础阶段"。为了更好地贯彻落实《全国教育事业"九五"计划和 2010 年发展规划》关于幼儿教育事业发展目标，促使幼儿教育事业的发展与当地经济和社会发展以及普及九年义务教育工作相协调，国家教委拟定了《全国幼儿教育事业"九五"发展目标实施意见》。

1998 年 12 月，教育部制定《面向 21 世纪教育振兴行动计划》，提出"实施素质教育，要从幼儿阶段抓起，要用科学的方法启迪和开发幼儿的智力，培养幼儿健康的体质、良好的生活习惯、活泼开朗的性格与求知的欲望"。为了全面推进素质教育，提高教育质量，保证教育又快又好的发展，1999 年 6 月，中共中央、国务院颁布《关于深化教育改革，全面推进素质教育的决定》，指出"实施素质教育应当贯穿于幼儿教育、中小学教育、职业教育、成人教育、高等教育等各级各类教育，应当贯穿于学校教育、家庭教育和社会教育等各个方面"，强调"积极发展以社区为依托的、公办与民办相结合的幼儿教育"，提出了"建设全面推进素质教育的高质量的教师队伍"的要求。

（二）开展科学研究，促进学前教育改革

在世界全民教育的大背景下，经我国全国教育科学研究规划组批准的幼教科研课题，项目数量不断增加。研究领域从幼教机构扩展至家庭，从城市扩展至农村，从幼儿发展扩展至幼儿教师水平提高；研究内容从单一走向综合；研究方法从侧重调查研究到以实验研究为主；研究结论的获取从重视定量发展到定量与定性分析兼顾；研究主持者从专职研究人员发展到各层面幼教工作者，从以中老年为主转变为以中青年占多数。

各地根据地区特点确立研究项目。例如：北京市教育科学"九五"规划重点研究课题"北京市幼儿园课程方案实验研究"，为指导北京市幼教界贯彻《幼儿园工作规程》的基本精神，提供了具有本地区特色的指导教育实践活动的依据。

依据何东昌 1985 年在全国中小学师资工作会议上的讲话精神——"高等师范学校的所谓'师范性'，与'学术性'应当是统一的""高等师范学校的教育科学研究必须面向实际……面向基础教育的实践，注重调查，开展实验"，全国高等师范学校主持的部委级以上的科研项目有所增加。例如，赵寄石主持的"农村幼儿教育课程研究"，陈帼眉主持的"我国幼儿家庭教育研究"等。除全国科研规划项目，高等师范学校学前教育专业教师为建立我国幼教体系，将教研与科研相结合，效果颇为明显。

通过群众学术团体推动幼儿教育科学研究。全国幼教研究会的研究工作主要从以下几个方面不断强化和深化：一是紧密结合政府出台的有关规章制度，发挥研究会在建设有中国特色的社会主义幼教体系中的作用；二是紧密配合幼教科研队伍；三是在研究会专门课题小组领导下，对幼儿园课程模式、幼儿园语言教学等，进行了较长时间的、有计划的研究；四是通过国际交流，提高广大幼教工作者科学研究的主动性；五是挖掘历史财富，推动现代幼教事业，如陈鹤琴教育思想研究会、徐特立教育思想研究会的研究活动，均对幼教改革产生了良好的影响；六是通过传播媒介，推广研究成果，调动群众进行研究的积极性。

（三）幼儿教育师资的培养和提高

1. 颁布政策性文件保证幼儿师资素质的提高

1993 年国务院颁布的《中国教育改革和发展纲要》指出，"振兴民族的希望在

教育，振兴教育的希望在教师。建设一支具有良好的政治业务素质、结构合理、相对稳定的教师队伍，是教育改革和发展的根本大计"。同年 10 月，第八届全国人民代表大会常务委员会第九次会议通过了《中华人民共和国教师法》，对幼儿园教师资格做出明确规定。1995 年 1 月，国家教委发布《三年制中等幼儿师范学校教学方案（试行）》，提出了幼儿师范学校的培养目标与规格。

1996 年 1 月 25 日，国家教委颁布《关于开展幼儿园园长岗位培训工作的意见》，要求"采取多种形式开展培训工作，争取用五年左右的时间将全国幼儿园园长轮训一遍"。1 月 26 日，又颁布《全国幼儿园园长任职资格、职责和岗位要求（试行）》的通知。2 月，国家教委印发《关于师范教育改革和发展的若干意见》。1997年，国家教委颁布《全国幼儿教育事业"九五"发展目标实施意见》，提出："到2000 年，全部在职园长（副园长）都应接受一次岗位培训，达到国家规定的任职资格要求，做到持证上岗。"

2. 重视提高幼儿园教师的学历

1993 年颁布的《中华人民共和国教师法》规定："取得幼儿园教师资格，应当具备幼儿师范学校毕业及其以上学历。"幼教师资水平的提高被纳入了一个新的台阶。为了提高幼儿教师的培养素质，教育部三次调整三年制幼儿师范学校的教学计划。20 世纪 90 年代后期，高等幼儿教师教育获得较快发展，一些综合大学也设置学前教育专业，学前教育专业呈现出多样化的培养目标和课程设置。20 世纪 80 年代初，高师学前教育专业的研究生教育也开始发展。1994 年，经国务院学位委员会批准，我国第一个幼儿教育学博士学位授予点在南京师范大学诞生。

在相应政策的影响下，我国幼儿教师的学历水平不断提高。1998 年，全国幼儿园园长和专任教师中，师范专业的人数较多，约占总人数的 63.61%。在师范专业中，又以中师毕业的占大多数，其次是职业高中幼教专业毕业的，最后为师范院校本专科毕业的。园长和专任教师中，取得"专业合格证书"的约占总人数的11.65%。同 1996 年相比，幼教师资水平又有了很大程度的提高。

3. 重视农村幼儿教师队伍的建设

长期以来，农村幼儿教师不能评定职称，工资待遇较低，致使队伍不断流失，严重影响了农村幼儿教育质量。

在 1995 年颁布的《教育法》中，即明确规定幼儿园教师享受与中小学教师同样的政治和经济待遇。教育部在《全国幼儿教育事业"九五"发展目标实施意见》中指出，"要根据农村幼儿教师的实际制定相应的办法，保证农村幼儿教师队伍的稳定"，以及"各级政府和主办单位要妥善解决幼儿教师的工资、教师职务评定、医疗和住房等问题"。但遗憾的是，在实际中，由于经济条件与人为的诸多因素的影响，我国幼儿教师的待遇仍普遍偏低，幼儿教师培训、学习的机会和条件未能得到很好的保障。

笔记栏

聚焦二十大

重视农村幼儿教育质量

党的二十大报告指出，必须坚持系统观念。万事万物是相互联系、相互依存的。只有用普遍联系的、全面系统的、发展变化的观点观察事物，才能把握事物发展规律。幼儿教育高质量发展的实现，既要确保幼儿教育资源的供给，加强对幼儿教育的投入，又要注重对幼儿教育的管理和引导；既要重视城市幼儿教育质量，又要重视农村幼儿教育质量。

课堂互动

讨论幼儿教育师资的培养和提高能给当前学前教育发展带来什么影响。

二、21 世纪以来

21 世纪以来，中国的学前教育取得长足发展，普及程度逐步提高。在从教育大国向教育强国、从人力资源大国向人力资源强国迈进的关键阶段，迎来了学前教育改革与发展的大好时机，具备了许多前所未有的有利条件。

中国学前教育
现状与展望

（一）学前教育朝着多元化方向发展

1. 学前教育机构类型多元化发展

首先，半日制、全日制、寄宿制幼儿园并存，公办园、民办园互相补充。立足社区、服务社区的社区幼儿园应运而生。

其次，除传统的少年宫，各种教育机构也百花齐放，纷纷推出各种各样的课程，吸引家长和幼儿的注意，发展迅速。

最后，针对特殊儿童的特殊教育机构也有了一定程度的发展。

2. 民办教育发展迅速，办园体制多元化

《关于儿童教育改革与发展的指导意见》颁布以后，2003 年全国基本形成了民办幼儿园与公办、集体办幼儿园平分天下的办园格局。近几年来，我国民办幼儿园数量上升速度更加迅速，2019 年已经占到全国幼儿园总数的 61.61%。应该说，民办幼儿园在一定程度上弥补了我国学前教育资源的不足，在满足人民群众接受学前教育需求上发挥了积极作用。

民办幼儿园办园模式多样化，有公办民助、民办公助、公办转制、协议承办、私人办园、中外合作办园等。民办幼儿园的办园形式比较灵活。一些民办幼儿园采取了延长幼儿在园时间，允许幼儿临时在园留宿等形式，即延时服务、全托服务、特殊护理等，大大方便了家长。其形式有全托制、半托制、全托与半托混合制等。同时，还出现了专门针对 0～3 岁儿童的社会教育机构——民办亲子园。这些亲子

园大多办在社区内，其宗旨是指导父母科学育儿、组织亲子游戏，以及提供健康发展方面的咨询等。这些民办亲子园也受到了家长的欢迎。

3.学前教育课程模式多元化

自 20 世纪 80 年代初启动学前课程改革以来，学前教育工作者以不同的理论为指导，不断尝试不同的课程模式，如综合课程、活动课程、游戏课程、领域课程等课程模式，形成了多元化的课程格局。

（二）促进学前教育事业发展的新举措

1.《幼儿园教育指导纲要（试行）》

自 1981 年 10 月颁布《幼儿园教育指导纲要（试行草案）》，20 年时间里我国学前教育的发展取得了长足的进步，也出现了一些亟待解决的新情况、新问题。2001 年，为进一步贯彻第三次全国教育工作会议和全国基础教育工作会议精神，落实国务院《关于基础教育改革与发展的决定》，推进幼儿园实施教育改革，全面提高幼儿园教育质量，指导幼儿园深入实施素质教育，教育部于当年 9 月颁布实施《幼儿园教育指导纲要（试行）》。

《幼儿园教育指导纲要（试行）》是遵循我国宪法和教育基本法律的精神，根据党的教育方针和《幼儿园工作规程》而制定的对全国幼儿园教育进行宏观管理和指导的单行法规文件。该纲要包括总则、教育内容与要求、组织与实施、教育评价等方面，将教育内容相对划分为健康、语言、社会、科学、艺术等五大领域，强调要有机联系、相互渗透。它本着"指导幼儿园深入实施素质教育"的宗旨，对我国幼儿园教育的性质、地位、指导思想及其组织、实施和评价等各方面提出了基本的要求与原则性的规定，同时，该纲要更是向广大幼教工作者传达了一种先进的、科学的教育理念。

《幼儿园教育指导纲要（试行）》

2.《关于当前发展学前教育的若干意见》

21 世纪，党中央、国务院高度重视学前教育，要求把积极发展学前教育、着力解决"入园难"作为贯彻落实《国家中长期教育改革和发展规划纲要（2010—2020 年）》（以下简称《教育规划纲要》）的突破口和紧迫任务。

2010 年 11 月 21 日，国务院颁布《关于当前发展学前教育的若干意见》（以下简称学前教育'国十条'"），着力解决"入园难"问题，满足适龄幼儿入园需求，促进学前教育事业科学发展。这是在新的历史时期，为全面贯彻落实全国教育工作会议精神和《教育规划纲要》而制定的。

学前教育"国十条"

学前教育"国十条"强调，"发展学前教育，必须坚持公益性和普惠性，努力构建覆盖城乡、布局合理的学前教育公共服务体系，保障适龄儿童接受基本的、有质量的学前教育；必须坚持政府主导，社会参与，公办民办并举，落实各级政府责任，充分调动各方面积极性；必须坚持改革创新，着力破除制约学前教育科学发展的体制机制障碍；必须坚持因地制宜，从实际出发，为幼儿和家长提供方便就近、灵活多样、多种层次的学前教育服务；必须坚持科学育儿，遵循幼儿身心发展规律，促进幼儿健康快乐成长"。

笔记栏

3.《幼儿园教师专业标准（试行）》

要实现幼儿园教育基本普及的战略目标，满足人民群众对学前教育的热切需求，不仅仅意味着入园率的提高，更重要的是学前教育质量的提升，而其中的关键与核心便是教师队伍质量的提升。2012年，教育部颁布了《幼儿园教师专业标准（试行）》，它是国家对合格幼儿园教师专业素质的基本要求，是幼儿园教师开展保教活动的基本规范，是引领幼儿园教师专业发展的基本准则，是幼儿园教师培养、准入、培训、考核等工作的重要依据。

《幼儿园教师专业标准（试行）》

4.《关于规范幼儿园保育教育工作，防止和纠正"小学化"现象的通知》

为规范幼儿园办园行为，防止和纠正"小学化"现象，保障幼儿健康快乐成长，2011年教育部下发了《关于规范幼儿园保育教育工作，防止和纠正"小学化"现象的通知》。

学前教育"小学化"纠偏

5.《3～6岁儿童学习与发展指南》

为深入贯彻《教育规划纲要》和学前教育"国十条"，指导幼儿园和家庭实施科学的保育和教育，促进幼儿身心全面和谐发展，2012年10月9日，教育部制定了《3～6岁儿童学习与发展指南》（以下简称《指南》）。

在学前教育跨越式发展的历史新阶段，研究制定《指南》，是贯彻落实教育规划纲要和学前教育"国十条"的重要举措。《教育规划纲要》明确提出："遵循幼儿身心发展规律，坚持科学保教方法，保障幼儿快乐健康成长。"根据学前教育"国十条"的要求，即"2010年国家颁布幼儿学习与发展指南"，《指南》的印发对于有效转变公众的教育观念，提高广大幼儿园教师的专业素质和家长的科学育儿能力，防止和克服"小学化"倾向，全面提高学前教育质量具有重要意义。

儿童学习与发展

聚焦二十大

学前教育发展趋势

党的二十大报告指出，坚持以人民为中心发展教育，加快建设高质量教育体系，发展素质教育，促进教育公平。这是对教育事业发展的基本要求。学前教育是高质量教育体系中最基础的和起始的环节，在高质量体系建设中，不能缺席，不能掉队，要充分发挥奠基性和持续性的作用和影响。学前教育的高质量发展最核心的标志是儿童的全面和谐发展。学前教育应真正为儿童的后继学习和终身发展奠定坚实的素质基础。

◆ 笔记栏

思政小课堂

年始九岁，便丁荼蓼，家涂离散，百口索然。慈兄鞠养，苦辛备至；有仁无威，导示不切。虽读《礼》《传》，微爱属文，颇为凡人之所陶染，肆欲轻言，不修边幅。年十八九，少知砥砺，习若自然，卒难洗荡。

——〔南北朝〕颜之推《颜氏家训·序致篇》

解析：

我刚满九岁，就失去了双亲，从此家道衰落，一家百余口零落离散。慈爱的兄长抚养我长大，历尽千辛万苦。兄长仁慈但没有威严，对我监督教导不够严厉。我虽然读过《礼记》《左传》，有点喜欢写作文章，但是，由于受到世俗风气的熏染，放纵自己，不修边幅。到了十八九岁，我才稍微懂得磨炼节操德行。但习惯成自然，终是难以根除。

此文虽短，却道出了幼教的重要性。"冰冻三尺非一日之寒"，人的习惯一旦养成，要想彻底改变，很不容易。同时，此文也道出了人生自律的重要性及浓浓的兄弟情怀。

✏ **章节检测**

一、填空题

1. 1949 年 11 月，中华人民共和国教育部成立，并首次在初等教育司下设_____。

2. 1951 年，新中国第一个学制产生，规定实施幼儿教育的组织改称为_____，不再沿用 30 年来的名称_____。

3. "大跃进"运动中，我国过早地实行学前教育的社会化和全托化，结果盲目发展起来的幼儿园又不得不纷纷解散，这种_____的教训是深刻的。

4. 1989 年 6 月，国家教委颁布的_____是改革开放以来幼教相关法规的总汇。

5. 2001 年 9 月，教育部颁布《幼儿园教育指导纲要（试行）》。该纲要将教育内容相对划分为_____五大领域，强调要有机联系、相互渗透。

6. 国务院《关于当前发展学前教育的若干意见》着力解决_____问题，满足适龄幼儿入园需求，促进学前教育事业科学发展。

二、简答题

1. 简述 1951 年我国《幼儿园暂行规程（草案）》和《幼儿园暂行教学纲要（草案）》所规定的幼儿园的培养目标。

2. 简述 1981 年我国教育部颁发的《幼儿园教育指导纲要（试行草案）》。

3. 实施《3～6 岁儿童学习与发展指南》应注意把握哪些内容？

4. 请你根据 21 世纪以来学前教育的发展历程，展望我国学前教育改革的发展趋势。

5. 我国 1978—1989 年学前教育科学研究活跃、成果显著表现在哪两个方面？

习题答案

在线测试

下 篇
外国学前教育简史

第六章
古代东方国家与古代西方国家的学前教育

故事导入

古埃及体罚

古埃及盛行体罚教育，当时有谚语说"幼儿的耳朵是长在背上的，只有打他，他才听""学神把教鞭送给人间"。有文献记载，新王国时期，一位王子曾说："我每天挨打，如同吃饭一样地习惯和有规律。"

你觉得古代埃及的学前教育方法正确吗？

公元前 3000 年左右，埃及、巴比伦、印度和中国等古代东方国家，相继进入人类第一个阶级社会形态，形成奴隶制国家，历史上常称这些国家为"世界文明古国"。它们是人类文明的发祥地，也是教育事业最早得到发展的地区。而靠近东方国家的希腊半岛和地中海东北部沿岸地区是西方文明的发祥地，它孕育着古希腊文明。古希腊奴隶制文化在西方文化发展史上起到了一个重要的奠基作用。正如恩格斯在《反杜林论》中所述："没有奴隶制，就没有希腊国家，就没有希腊的艺术和科学；没有奴隶制，就没有罗马帝国。没有希腊文化和罗马帝国所奠定的基础，也就没有现代的欧洲。"古希腊是西方奴隶制教育发展的高峰，是西方古代教育完整而典型的代表。古罗马是继古希腊之后西方的另一种类型的奴隶制国家。古罗马的教育是古希腊教育的延续和发展，后者通过古罗马的继承与传播，影响整个欧洲文化艺术的复兴甚至是现代欧美教育的发展。

教学建议

1. 课时建议：2 课时。
2. 学习重难点：
（1）古希腊的学前教育实践与教育思想。
（2）古罗马时期的教育思想。

⊙ 本章目标

▶ **知识目标**

1. 理解古代东方国家与西方国家的学前教育状况。
2. 掌握古希腊、古罗马的学前教育特点。

▶ **能力目标**

能整体把握古代东方国家与古代西方国家学前教育发展的历史背景与历程。

▶ **素质目标**

1. 开阔视野，提高历史与教育素养。
2. 以积极发展的眼光看待古代学前教育思想。

▶ **思政目标**

审视古代学前儿童道德教育，形成正确的道德观。

⊙ 思维导图

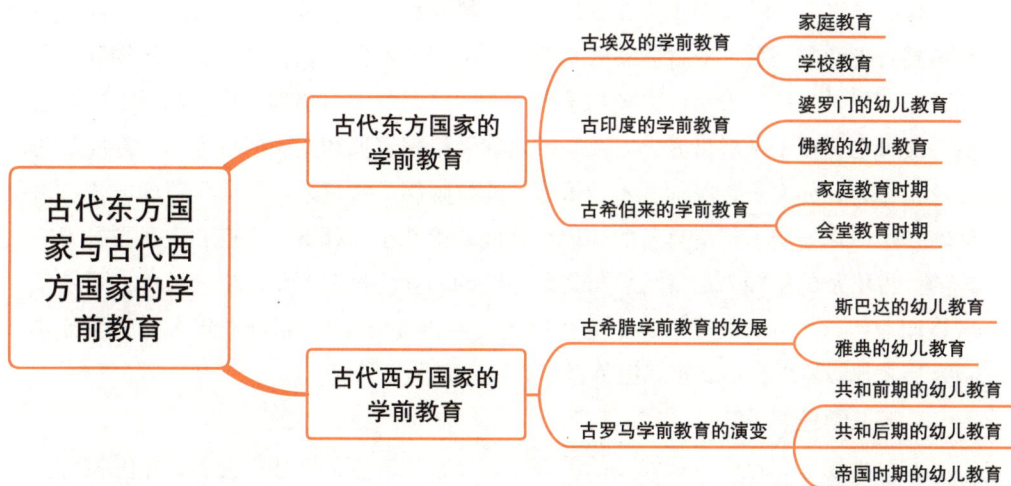

第一节　古代东方国家的学前教育

学习目标

1.了解古代埃及幼儿教育的内容、形式和特点。

2.了解古代印度婆罗门及佛教的幼儿教育。

3.了解古代希伯来的幼儿观及幼儿教育实施情况。

一、古埃及的学前教育

古代埃及位于非洲东北部（今中东地区），那里土地肥沃，气候温暖，雨水充足，畜牧业和农业发达。古埃及人民利用这得天独厚的地理条件，勤劳耕作，创建了世界上最早的文明古国。

据考古学家证实，早在公元前 4000 年，埃及人就开始使用象形文字，他们在天文、艺术、数学、医学、雕塑、建筑等方面都获得了很大的发展。要培养这些专门从事文化科学事业的人才，必须通过教育来实现。到了古王国时期，埃及的文化教育事业得到了很大的发展。

（一）家庭教育

古埃及以家庭为教育子女的场所。家庭教育包括普通生活知识、能力及道德品质的培养，甚至还可包括职业技能及专业知识的传授。自由民的幼儿主要由母亲承担抚育教导之责，子女们主要在日常生活中接受教育，并常以玩具做游戏。这些玩具包括带毒牙的鳄鱼、双臂能动的木偶、由两三个木偶合作舂米的复杂玩物等。女孩跟母亲学做家务或农活，男孩则子承父业，先是学习简单的事情，然后干更重的活。父母也让孩子了解世界，以及宗教信仰、伦理道德和正确的行为等。古埃及的专业工作者，如文士、医师、木乃伊师、建筑师等，每每采用师徒传习的方式。由父亲在生产作业中，把应具备的知识和技能教给儿子。教育、生产和生活是融为一体的。古埃及的年轻人通常从事与父亲相同的职业。这并不是严格的继承，而是父辈将职业传给子孙。儿子被界定为"年老父亲的接班人"，帮助老年人完成任务并最终接替他。所以，不少家庭担负着专业教育的重要职责。

（二）学校教育

与其他国家相比，古代埃及的教育比较发达，教育制度比较完善，家庭教育内容、学校教育类型也多种多样。在古王国时期，古埃及陆续产生了宫廷学校、僧侣学校（寺庙学校）、职官学校和文士学校等机构类型。

宫廷学校大约始建于公元前 2500 年，是古埃及有历史记载的最古老的教育机构。此类学校设置在宫廷内部，其教育对象主要是王子王孙和极少数大臣子弟。学校邀请有经验的僧侣、官吏、学者等任教，有时国王（法老）也亲自授课。在古埃及，奴隶主贵族与大臣以王宫为活动中心，其五六岁及以上年龄的子弟可以出入宫廷与法老子孙共同活动和学习，有时法老也和他们以游戏为乐，并派官员进行教育，这样宫廷学校便逐渐发展和完善起来。在宫廷学校，幼儿主要学习简单的知识，进行抄写练习，以及模仿成人的宫廷礼仪，以便养成未来统治者所应具备的言行举止。除此之外，幼儿还经常被灌输敬畏日神、忠于国君的说教，会进行简单的游戏、听故事等活动。在教育方法上，教师经常对幼儿施行体罚，在古埃及人看来，体罚是合理的行为。

课堂互动

你认为体罚幼儿的思想正确吗？原因是什么？

僧侣学校是在中王国时期出现的设在寺庙中的学校，因此也称寺庙学校。古埃及的寺庙，既是宗教活动的场所，也是替法老办理天文、建筑等专业领域事务的机构，因此，当时的寺庙也间接承担了为以上专业领域培养接班人的任务。僧侣学校的教学内容一般以较高深的天文学、数学、医学等为主，因此少数祭司、医学、建筑等职业家庭的男幼儿在进入僧侣学校之前，首先需要在家庭中接受父辈们的教育和熏陶，到了一定的年龄才进入僧侣学校继续学习。

职官学校是埃及中王国时期官办的具有职业教育性质的学校。由于中王国时期古埃及日益强盛，宫廷学校已不能满足社会对人才培养的需要，就出现了在政府机关内附设职官学校，以担负培养本机关所需要的官吏的任务。职官学校出现并发展后，宫廷学校便逐渐衰落。在职官学校中，学习内容除基础知识，主要进行与政务工作有密切联系的业务训练。这类学校的教师大多由学校所在政府机关的官吏充任，幼儿从五岁便开始接受普通文化课程和专门的职业教育。

文士学校在古埃及的学校教育机构中，是最主要也是最重要的学校，同时也是一种相对比较低级的教育机构。古埃及公私事务均注重书写，各级官吏又由文士充任，很多文士遂私人招生授课。教育史上将这种私立学校称文士学校，也叫书吏学校。此类学校主要用以培养能从事书写和计算工作的人，它们对学生的出身限制较前三类学校少，因此招收的学生人数也相对较多。

综上所述，整个古代埃及的学前教育只是处于萌芽阶段，其学前教育内容都相对简单，教育方法粗暴，水平较低。但是其对学前教育的关注，以及办学形式的多样化，学习内容的广泛实用，在当时来说都是非常不容易的，它在世界学前教育史上写下了闪光的一页，为世界各国学前教育事业的产生和发展奠定了基础。

二、古印度的学前教育

自 20 世纪 20 年代起，在印度河谷先后发现几个古代城市遗址，著名的有哈拉巴和摩享佐·达罗，统称为哈拉巴文化。哈拉巴文化开始于公元前 4000 年左右。历史学家一般都认为，哈拉巴文化的创造者，是印度的原始居民达罗毗荼人。

古代印度人被分为四个种姓：婆罗门、刹帝利、吠舍和首陀罗。婆罗门是祭司贵族，掌握神权，占卜祸福，垄断文化和报道农时季节，在社会中地位是最高的。刹帝利是雅利安人的军事贵族，包括国王以下的各级官吏，掌握国家的除神权之外的一切权力。吠舍是古代印度社会中的普通劳动者，也就是雅利安人的中下阶层，包括农民、手工业者和商人，他们必须向国家缴纳赋税。首陀罗是指那些失去土地的自由民和被征服的达罗毗荼人，处于奴隶的地位。各个种姓职业世袭，互不通婚，以保持严格的界限。不同种姓的男女所生的子女被看成贱民，或叫"不可接触者"，贱民不包括在四个种姓之内，最受鄙视。

总之，印度的种姓制度实质上是一种阶级制度。种姓制度及婆罗门的权力高于一切，古印度的意识形态、教育发展等无不打上这一烙印，婆罗门教与佛教的形成和传播，正是为此目的而服务的。古代印度的幼儿教育也不可避免地为维系种姓压迫和培养宗教意识而展开。

（一）婆罗门的幼儿教育

作为第一等级的婆罗门，在社会上有首脑之尊。其他各等级包括国王在内的刹帝利，对婆罗门都应敬重礼让。婆罗门由主管宗教祭祀的氏族贵族组成，主要掌管宗教祭祀，充任不同层级的祭司。作为最高级的种姓，其子弟所受的教育体系相对比较完备。3～5 岁经过剃度礼，开始接受家庭教育，内容除了传授生活知识、基本技能、行为规范和风俗习惯，最重要的是记诵《吠陀经》。它由梵文写成，词义晦涩难懂，传授时不许儿童抄写笔录，不准提问，全凭口耳相传，死记硬背，神学色彩极浓。

🐦 学无止境

《吠陀经》是古印度最古老的文献材料和文体形式，主要文体是赞美诗、祈祷文和咒语，是古代印度人世代口耳相传、长年累月结集而成的。"吠陀"是"知识""启示"的意思。"吠陀"用古梵文写成，是古代印度宗教、哲学及文学的基础，是婆罗门教和现代印度教最重要和最根本的经典。

（二）佛教的幼儿教育

从公元前 6 世纪到公元前 5 世纪，古印度四大种姓中的刹帝利和吠舍，分别因为掌握的军事力量和上层大商人地位而日益崛起，婆罗门的特权地位被削弱。在这种背景下，佛教应运而生。佛教主张善恶报应、生死轮回；反对婆罗门教的特权地位，强调信仰平等、普度众生，追求大彻大悟。

随着公元前 3 世纪佛教的广泛发展，佛教教育也随之发展起来。佛教在教育方面的改革主要表现为：主张四种姓平等，传播众生接受初等教育的愿望；强调用方言代替梵文进行教学。

佛教的幼儿教育一般在家庭中进行，也有信仰虔诚者在子女五六岁时把他们提前送入寺/庵中修行。入寺/庵修行的幼儿要参加一次专门的入学仪式才能成为僧/尼徒，之后的教育内容除了道德品格和言行举止的训练，主要是学习佛教经典。普通家庭的幼儿从懂事起就在父母的言传身教和日常生活中接受早期的教育。比如：信仰方面要求幼儿对佛祖释迦牟尼虔敬崇拜，定期跟随父母参加宗教仪式，诵读简易经文；公德方面要求幼儿坚持慈悲为怀、积德行善、普渡众生、悲天悯人的做人准则；行为习惯方面要求幼儿勤奋、早起、打坐、洁净、生活俭朴、乐意吃苦，还要有乐意助人、慷慨施舍的心态。这都是为了实现在信仰、公德意识的养成和良好行为习惯的培养等方面的教育目的而提出的要求。经过 12 年的学习训练，经检验合格者，可留在寺庙/庵当比丘（和尚）、比丘尼（尼姑）。在家修行的僧/尼被称为优婆塞/优婆夷。

总之，古代印度的幼儿教育是与种姓制度和宗教神学密切相关的，不论是婆罗门教育还是佛教教育，都主张培养幼儿的宗教意识。婆罗门教育以维系种族压迫为核心目的；佛教教育则以主张吃苦修行、消极厌世、追求来生为基本特征。

三、古希伯来的学前教育

古代希伯来历史大致可分为两个时期：第一时期为从摩西带领希伯来人逃离埃及（前 14—前 13 世纪）到公元前 586 年犹太国亡于巴比伦；第二时期为从公元前 538 年希伯来人返回家园，至 1 世纪被罗马帝国吞并。古代希伯来幼儿教育的发展也因为这两个历史时期的不同而具有不同的特点。第一历史时期的主要教育形式为家庭教育，第二历史时期的主要教育形式是会堂教育。

（一）家庭教育时期

在古希伯来人看来，国家的兴旺以家庭的幸福为基础，子女受到良好教育方能保证父母的幸福。教导子女既是父权也是父职，同时，母亲也有不可推卸的责任。为了督促子女学习，父亲可以采取各种手段，包括体罚和暴力。家庭教育的目标是把子女锤炼成延绵不断的链条中牢不可破的环节，从而使先辈们留下来的宗教遗产得以完好无损地传给后代。

当时学校尚未出现，培养儿童的主要场所是家庭。婴儿自出生之日起就进入了接受家庭教育的程序。父亲是一家之长、家庭的祭司，理所当然地负责儿童的教育。对子女来说，父亲就是老师，父训就是法律，一切言行举止必须听命于父亲。父辈时刻不忘对子女进行宗教神学的灌输，在日常生活中言传身教，使每个希伯来家庭都变成一个牢固的信仰基地。

学无止境

古希伯来的儿童宗教教育

古希伯来人对儿童的宗教教育常以诵读经典和参加宗教节日来进行。平时在家里父亲会召集子女们，自己先念一句，子女们跟着念一句，多同背诵《律法》书，并反复强调经文是上帝的体现，子民无权更改，必须牢牢记住。同时，也鼓励孩子提出有关上帝、圣书、教义等方面的问题，父亲则要给予耐心的解释。有的还努力按照典籍上的教诲改进自己的教育态度。这就促使古希伯来的父母在家庭教育中比较注意尊重儿童，倾听他们的意见，给古希伯来严酷的家长制增添了一些温和的色彩，并让儿童在家庭中也占有一席之地。除此之外，在犹太教的经典中还多处提到母亲在家庭教育中的重要地位，明确强调女儿的抚育应操持于母亲之手，在敬仰上帝、遵守律规和勤劳持家方面做出榜样，这是每一个母亲应尽的职责。同样，经典中也要求每个子女从小就逐步养成遵奉教规、服从父母的习惯。这一时期的幼儿教育除了以家庭为主要形式，还常常利用名目繁多的宗教节目活动对儿童进行宗教道德意识的教育，也可以使他们从中获得一些有关社会、民族、风俗习惯和生活常规方面的知识。这种耳濡目染、模仿参与的做法更能使儿童激起兴趣和加深印象。

（二）会堂教育时期

在公元前586—前538年的巴比伦流放时期，古希伯来人开始接触古代巴比伦文化，这在一定程度上推动了希伯来文明的进步，但希伯来文明也面临着被外族文化吞并的危险。于是，流放中的希伯来人在居住地周围建起犹太会堂，不论大人幼儿，必须经常在那里聚会或者做礼拜，倾听教士宣读圣经，聆听上帝的教诲，以提醒所有希伯来人铭记故乡和祖先。起初，会堂只是进行祈祷的场所，慢慢地成为讲述律法知识、在安息日和周末举行礼拜祷神的地方。逐渐地，会堂便肩负起教育的任务，能胜任这项任务的人，称为文士，他们具备良好的学术修养，能够解说经典。会堂和文士的出现，为学校的产生提供了客观条件。

公元前538年，古希伯来人归国后，这种肩负教育职责的会堂式学校越来越多，并开始出现从会堂独立出来的学校。它们非常重视早期教育。希伯来有句谚语是这样的："恰如一块小木可以燃烧一块大木一样，幼儿也可使年长儿童学得聪明；恰如一块铁可磨砺另一块铁一样，一个儿童也可使另一个儿童变得敏慧。"不过，对于古希伯来人来说，教育就意味着严酷的纪律，只有纪律才能保证家庭和宗教教育的成功。民间有这样的寓言，"鞭子是抽劣马的，笼头是套笨驴的，棍子是打蠢人的""愚蠢在小孩子心中，只有棍棒才能把它赶走"。儿童从小在家庭或会堂中接受严格的教育，学习背诵祈祷词、圣诗、格言、谚语、圣经和圣歌，了解犹太民族宗教节庆和习俗惯例，崇尚自己的父辈和信仰。这些东西在一定程度上来说，把一个王国的民族紧紧地联结在一起，并创造出新的未来。不论是在民族史上还是在教育史上，它都堪称奇迹。

✿ 思考提升

1.古埃及的"宫廷学校"和"僧侣学校"有何区别？

2.古希伯来人如何进行家庭教育？

第二节　古代西方国家的学前教育

☞ 学习目标

1.了解古罗马不同时期幼儿教育发展的特点及原因。

2.掌握斯巴达与雅典的学前教育思想，能够说出两者的区别与联系。

一、古希腊学前教育的发展

斯巴达和雅典由于具体的政治、经济、地理条件各不相同，在教育目的、教育内容、教育形式、教育方法等方面都有巨大的差异，形成了两种风格迥异的奴隶制教育模式。

古希腊的学前教育

（一）斯巴达的幼儿教育

斯巴达位于伯罗奔尼撒半岛东南部的拉哥尼亚平原，这里土地肥沃，有发展农业的良好条件，是古希腊最大的农业城邦，但因其周围群山环绕，故交通十分闭塞。斯巴达封闭的地理条件，对其经济和教育的发展都有一定的影响。

在斯巴达，为确保新生一代体质的强健，国家只允许身体和情绪正常的成年男女结婚生育，且婴儿出生后，其生命权和抚养权并不取决于父母的意志。幼儿属于国家所有，斯巴达人对新出生的婴儿实行严格的体格检查制度。只有那些检验合格、体格健壮的新生儿，才被允许生存下来。父母用烈酒给婴儿洗澡，以此来对新生儿的体质进行初步的考验。若孩子经受不了，则证明身体孱弱；身体孱弱或有残疾的新生儿则被弃之荒野。实行体格检查是为了保证人口质量在体质上的"优越性"，以便日后培养出体格强壮的战士。

幼儿由父母在国家的监督下抚养教育，具体工作一般由母亲负责实施，因而斯巴达的母亲以善于抚养、调教幼儿著称。为了方便新生儿四肢的活动，以便迅速增强他们的适应能力，斯巴达的母亲从来不用衣物包裹他们。为了使婴儿长大后不怕

黑暗、不怕独处、不任性、不择食、不哭闹、不顽皮，斯巴达的母亲经常进行专门训练，比如：教育幼儿要善于吃苦，进行体育锻炼，以形成坚定的意志和强健的体魄。在性格养成方面，斯巴达的母亲教导幼儿要知足、忍耐、勇敢，男幼儿还经常被带到成年男子聚会的场所，聆听关于英雄事迹的演讲。斯巴达的女幼儿在体力和道德方面也会受到同样的教育，以便在男子出征时担负起保家卫国的职责。

总之，斯巴达教育的总特征为单纯的军事体育训练和性格教育。其教育目的是培养性格坚强、英勇善战的军人。

（二）雅典的幼儿教育

雅典地处阿提卡半岛，境内多山，不宜耕作，但其三面环海，有优良的海运条件，加上有丰富的矿产，为海外贸易和工商业的发展提供了有利的条件。新兴的工商业奴隶主和保守的农业奴隶主为了各自的利益，都想把广大的自由民众吸引到自己的阵营。斗争的结果为雅典政治生活增添了民主的色彩，例如："将军"之外的所有公职向全体公民开放，公职津贴用以资助贫穷公民参加城邦的政治生活和文化生活等。这种奴隶主民主政治的实施，为雅典经济、文化的繁荣和教育的发展奠定了坚实的基础，并且对后世西方教育产生了深远的影响。当然，雅典的奴隶主民主政治，仍然只是公民范围内的民主，教育对象仅限于享有政治权利的公民子弟。

> **学无止境**
>
> #### 雅典奴隶主民主制度的由来
>
> 公元前 683 年，雅典结束了王政时代，向奴隶制社会迈进，并逐步形成了城邦。在早期，雅典和斯巴达一样，也实行贵族统治。经过公元前 594—前 593 年梭伦（Solon）改革和公元前 508—前 507 年的克利斯提尼（Cleisthenes）改革，雅典逐步向奴隶民主制度过渡。这对雅典文化和教育的发展，具有非常深刻的影响。

由于政治、经济、文化背景的差异，雅典的教育又具有与斯巴达教育完全不同的特点。雅典的教育目标是多方面的，不仅要求把幼儿培养成为能征善战的军人，更要求把他们培养成社会、政治、经济和文化方面的优秀人才。因此，雅典人注重对幼儿进行音乐、文学、宗教、道德等多方面的教育。这种德、智、体、美和谐发展的教育，促进了雅典公民素质的提高，推动了雅典民主政治的发展和文化经济的繁荣。

综上所述，古希腊的学前教育主要有以下几个特点：①国家对儿童的体质都非常重视，采取优选法筛选健壮的儿童；②教育都是在家庭中进行的；③对儿童从小就进行道德行为的熏陶，灌输奴隶主阶级思想意识；④整个学前教育还处在自发式的萌芽状态。

课堂互动

你更认同斯巴达的教育，还是雅典的教育？为什么？

二、古罗马学前教育的演变

古罗马是古希腊之后又一个典型的西方奴隶制国家，它最初为意大利中部台伯河畔的一个小城邦，由于战争得利而迅速扩张为一个地跨欧、亚、非三洲的大帝国。古罗马的历史可以分为三个时期：①王政时期（前753—前509），这时的罗马已经成为一个阶级社会，但还保留着许多氏族社会生活的痕迹，实际上属于"军事民主制"；②共和时期（前509—前30），这时的罗马完全进入奴隶制社会；③帝国时期（前30—476），这一时期的罗马内部矛盾激烈，并于公元395年分裂为东、西两个帝国。这里简要介绍共和时期（细分为共和前期与共和后期）及帝国时期的幼儿教育演变。

（一）共和前期的幼儿教育

公元前6世纪，古罗马建立了共和政体，实行的是家长农奴制。经过200多年的斗争，旧的氏族贵族的特权逐渐被废除，旧贵族与平民之间的阶级界限逐渐消失，平民获得一定的政治地位。由于共和前期的古罗马对外军事活动不断，对内坚持农业生产以保证军民供给，因而此时的罗马教育实施一种"农夫—军人"式的家庭教育。

古罗马以父权的家长制著称。7岁前的儿童由母亲在家庭中不分性别地进行教育。7岁以后，女孩子继续由母亲进行教育；男孩子则主要由父亲进行教育，学习干各种农活，参加各种社会或军事活动，养成敬畏神明、孝敬父母、忠勇爱国的品性。古罗马学前教育的主要内容是有关礼貌及宗教色彩的知识，这致使儿童生活单调，性格多严酷、忍耐、守纪、保守和迷信。

（二）共和后期的幼儿教育

公元前3世纪，古罗马进入共和后期，由于经济的发展、国力的雄厚，古罗马先后征服意大利、马其顿、希腊，一步步独霸地中海。随着政治、经济的发展，古罗马的教育也得到了相应的发展。受希腊文化的不断影响，希腊语成为贵族、商人及一切受教育者的语言，许多希腊教师投奔罗马，一种希腊方式的教育体系便应运而生。以前是由父母自己教育子女，而现在，随着国家的强大，古罗马奴隶主贵族渐渐养成鄙视体力劳动、重视精神享乐的习惯。教育内容和性质也随之发生变化。教育任务的承担者由父母转变为保姆、教仆，他们多数为被俘虏的希腊人，教育内容由农业、军事转变为希腊文、拉丁文和故事等。

儿童从7岁到12岁，在小学主要学习读、写、算的基本知识和技能，接受道德教育。不过许多奴隶主贵族为了避免自己的孩子与平民孩子接触，即使孩子到了上学年龄，也不把他们送到初等学校去学习，而是聘请家庭教师进行初等教育，让孩子学习阅读、书写、计算、"十二铜表法"等课程和接受思想道德教育。

（三）帝国时期的幼儿教育

这里所说的帝国时期的幼儿教育，是指罗马帝国分裂以前的教育。

公元前30年，古罗马进入帝国时期。古罗马统治者为了有效而牢固地控制广大的领土和被征服的民族，已经不再满足于培养有教养的雄辩家，教育成为巩固政权的重要手段，教育目的变为培养效忠帝国的官吏和顺民。

帝国时期的学前教育变成一种忠实执行皇帝意志的工具。他们对不同阶级的儿童灌输不同的教育思想。奴隶主贵族子弟从小被培养成贪图享乐、好逸恶劳的未来统治者；而劳动人民的后代则被训练成麻木不仁、唯命是从的顺民。这也可以说是双轨制教育模式的开端。

古罗马学前教育的特点是学前教育普遍由家庭负责，为实现教育目的奠定基础。

📖 思考提升

1.古希腊学前教育的特点是什么？

2.比较斯巴达和雅典学前教育特点的不同之处。

思政小课堂

弟子入则孝，出则悌，谨而信，泛爱众，而亲仁。行有余力，则以学文。

——〔战国〕《论语·学而》

解析：

孔子说："年轻人在父母跟前，要孝顺父母；出门在外，要顺从师长，言行要谨慎，要诚实可信，寡言少语，要广泛地去爱众人，亲近那些有仁德的人。这样躬行实践之后，还有余力的话，就再去学习文化知识。"

✏️ 章节检测

一、选择题

1.斯巴达幼儿教育的特点是重视（　　）。

A.军事体育　　　B.生活常规　　　C.道德教育　　　D.知识教育

2.古印度种姓制度中最高级别的种姓是（　　）。

A.婆罗门　　　B.刹帝利　　　C.吠舍　　　D.首陀罗

3.古罗马学前教育的特点是学前教育普遍由（　　）负责。

A.国家　　　B.社会　　　C.家庭　　　D.学校

二、填空题

1.与其他古代国家相比，_____的教育比较发达，教育制度比较完善，家庭教育内容、学校教育类型也多种多样。

2.古埃及学前教育的方法是家长制加_____。

3.古代社会幼儿教育完全为培养宗教意识而展开的国家是_____。

三、简答题

1.请简述古罗马共和前期的幼儿教育。

2.请简述婆罗门的幼儿教育。

习题答案

在线测试

第七章
古代外国学前教育思想的代表人物

📽 故事导入

昆体良禁止体罚

昆体良认为,对幼儿的体罚必须禁止。他大声疾呼:"对于如此纤弱、如此无力抗拒虐待的幼年,任何人都不允许滥用权威。"在昆体良看来,体罚造成众多不幸儿童的身体和心灵的创伤,对儿童施行体罚实际上有百害而无一利。昆体良还专门给体罚列举了五大罪状:一是体罚事实上是一种凌辱,是一种残忍行为;二是盛行体罚会使儿童对它习以为常,教育就难以起作用;三是儿童在幼年时期遭受体罚,长大以后往往更难以驾驭;四是体罚只能造就奴隶的性格,而不能培养雄辩之才;五是体罚必然使儿童心情沮丧压抑和感到抑郁,甚至产生恐惧心理。

资料来源:杜成宪,单中惠.幼儿教育思想史[M].2版.北京:人民教育出版社,2010:213.

读完上述内容你有何感想?

在古代外国学前教育发展过程中,许多思想家和教育家从不同的阶级立场出发论述过学前教育的目的、意义、内容、方法,这些教育思想是他们在长期的教育实践中,根据当时的政治、经济、文化的需要所提出来的。虽然有的比较主观,甚至片面,但是在当时的条件下能提出这样的观点已实属不易,具有宝贵的历史价值,其中不少精辟的见解和经典著作,已成为人类的文化教育财富。

✏ 教学建议

1.课时建议:2课时。
2.学习重难点:
对柏拉图、亚里士多德、昆体良的学前教育思想进行客观的评价。

本章目标

▶ **知识目标**

1. 认识古代外国学前教育思想产生的历史文化背景。
2. 了解柏拉图、亚里士多德、昆体良的学前教育思想。

▶ **能力目标**

能够客观评价柏拉图等教育家的学前教育思想，能用他们的一些观点来分析现实学前教育问题。

▶ **素质目标**

汲取古代外国学前教育思想的精华，打下正确的学前教育思想理论基础。

▶ **思政目标**

体会古代外国学前教育思想中和谐发展的内涵，重视幼儿德育的重要性。

思维导图

古代外国学前教育思想的代表人物

- 柏拉图的学前教育思想
  - 生平和代表作
  - 学前教育思想
    - 论教育的作用
    - 儿童优生思想
    - 幼儿教育的任务与阶段
    - 幼儿教育的内容
    - 幼儿教育的方法

- 亚里士多德的学前教育思想
  - 生平和教育实践
  - 教育是国家的事业
  - 和谐发展的教育
  - 儿童优生思想
  - 学前教育思想

- 昆体良的学前教育思想
  - 生平和教育著作
  - 教育的作用与目的
    - 论教育的作用
    - 论教育的目的
  - 重视早期教育
  - 幼儿教育的内容
    - 语言发展
    - 道德训练
    - 音乐素养
    - 记忆力和创造力培养
  - 幼儿教育的方法
    - 游戏
    - 反对娇生惯养
    - 注重榜样

第一节　柏拉图的学前教育思想

☞ **学习目标**

1. 了解柏拉图的教育实践。
2. 掌握柏拉图的幼儿教育内容与幼儿教育方法。

一、生平和代表作

柏拉图（Plato，前427—前347）是古希腊著名的思想家、哲学家和教育家。他出生于雅典的一个奴隶主贵族家庭，从小就受到良好的教育。20岁时师从苏格拉底，受教8年，是苏格拉底最得意的弟子之一。苏格拉底被判死刑后，柏拉图被迫流亡国外，游说各国，宣传他的政治主张，但屡遭挫折。公元前387年，他回到雅典并致力于教育事业，创办了一个学园，取名为阿卡德米学园。

《理想国》

二、学前教育思想

（一）论教育的作用

在柏拉图看来，教育的作用主要在于四个方面：一是教育可以培养事理通达的人，能遵循互相友爱的原则处理所有的事情，能使社会中人与人的关系融洽，从而使国家秩序得以稳定。二是教育可以不断改善国家公民的素质，从而使国家能以越来越快的速度前进。三是教育可以养成人们守法的精神，以及良好的行为举止，从而保持社会秩序的稳定。四是教育可以培养智慧、勇敢、节制和正义四种美德，使之成为良好政治秩序的基础，从而维持国家的政治秩序。

基于教育是国家的重要职责，柏拉图提出了按能力而不是按出身来选拔和培养人才的筛选制度，构想了一个从优生到优育的教育思想体系。幼儿教育就是这个教育思想体系的一个重要组成部分。

（二）儿童优生思想

在西方教育史上，柏拉图最早论述了儿童的优生问题并倡导儿童的优生。从实现理想国的目的出发，柏拉图认为，婚姻的目的是生育优秀的后代。因此，任何人都要过集体的公共生活，并使婚姻成为庄严神圣的事业；任何人没有婚姻自主权，而由当政者来选择配偶。此外，结婚人数的多寡也由当政者斟酌决定，以保持适当的公民人口，尽量使国家不至于过大或过小。

柏拉图还认为，国家应该只允许身体健壮的男女结婚。他甚至对男女的婚龄做了严格的规定，男子为25~55岁，女子为20~40岁。因为在他看来，这是男女在身心两方面精力都旺盛的时期，可使得新的一代比老的一代更优秀，从而对国家更有益。对于优秀人物，结婚的机会应该多多益善，以便他们尽可能多生孩子。凡是不符合健康标准和婚龄规定的婚姻，其所生子女不能享受国家公民的一切权利。

（三）幼儿教育的任务与阶段

1. 幼儿教育的主要任务

柏拉图认为，幼儿教育的主要任务是对儿童进行道德熏陶，使他们养成良好的习惯和品格。例如，敬畏神明、推崇正义、有进取心、豁达大度、宁死不屈等。在柏拉图看来，忌恶从善是人的本性，但对于个人来说关键是要具有辨别善恶的能力。这就需要通过教育，把对善和恶的认识的最初种子播种到儿童的心灵中去。

2. 幼儿教育的阶段

柏拉图认为，儿童从出生到 6 岁是幼儿教育期。其中，出生到 3 岁为第一阶段，3～6 岁为第二阶段。

第一阶段：儿童出生后，就交给国家设立的育儿院，由奶妈来监管抚养，并用摇篮曲和儿歌来施加教育的影响。

第二阶段：儿童 3 岁后，就集中到由国家附设在村庄寺庙的儿童场，由保姆来教育。担任保姆的人必须能够很好地承担国家的托付，尽心使所有的儿童四肢健全无病，同时根据他们的自然天赋进行教育。

（四）幼儿教育的内容

柏拉图提出，幼儿教育的内容应该包括讲故事、音乐、绘画、体育、游戏等。

1. 讲故事

柏拉图认为，对于儿童发展来说，讲故事有利于培养良好的品德。这是对他们有道德影响的最好的教育。他强调说："母亲和保姆给孩子们讲那些已经审定的故事，用这些故事铸造他们的心灵，比用手去塑造他们的身体还要仔细。"

2. 音乐

柏拉图认为，音乐对于儿童的发展是十分重要的，合适的音乐乐律和曲调能使儿童的身心得到陶冶，使他们在情绪上感到欢乐。在这个意义上，音乐的教育是至高无上的。在他看来，儿童能从音乐中感受其鼓舞，并从中汲取营养，使自己的心灵成长得既美且善。

3. 绘画

柏拉图认为，绘画对儿童的发展也有作用。因为绘画作品所表现的美好的东西总是与明智和美好的品格相近，所以儿童时期的文艺教育是至关重要的。正因如此，柏拉图坚决反对在绘画作品中描绘邪恶、放荡、卑鄙等丑恶形象。

4. 体育

柏拉图认为，一个人从童年起就要接受体育训练，因为体育对于儿童的发展也是十分重要的。体育是为增强体质而进行的运动，其目的在于使儿童身体健康，从而有利于培养美好的心灵。如果儿童身体虚弱，那就会牵制其心灵的发展。但是，儿童的体育训练要朴质而适当。在柏拉图看来，儿童如果适当加以训练就可能成为勇者，如果训练过头就可能变得粗暴。

5.游戏

柏拉图重视游戏在儿童发展中的作用。他认为，游戏是一种符合儿童身心特点的活动，因为一个人在幼小的时候总是爱动，忽而呼喊，忽而跳跃，喜欢尽情欢乐，"其本性是需要游戏的"。但是，游戏活动应该简单和自然，并有一定的规则。更重要的是，游戏应有助于对儿童的教育。

课堂互动

你觉得游戏对于幼儿的发展重要吗？

学无止境

游戏与道德

柏拉图认为，游戏也是一个道德教育的过程。因此，游戏的内容应该是正当的，以便使儿童健康成长。儿童必须参加符合法律精神的正当游戏，因为如果游戏是不符合法律精神的游戏，他们就不可能成为品行端正的守法公民。柏拉图还特别强调游戏与国家秩序稳定的关系。他说："如果给儿童安排同样的游戏，采用同样的方式，使其爱好相同的玩具，那么邦国庄严的制度就会稳固并且保持下去，不致被破坏。"在柏拉图看来，如果游戏方式时常有新的变化就会使儿童喜新厌旧，这样会对国家产生最大的危害。

无疑，柏拉图在西方教育史上第一次对游戏进行了理论上的论述。英国教育史学家拉斯克和斯科特兰就指出："儿童对游戏的兴趣和游戏作为教育的一个指导原则在柏拉图那里就已有所阐述。"

资料来源：杜成宪，单中惠.幼儿教育思想史[M].2版.北京：人民教育出版社，2010：200-201.

（五）幼儿教育的方法

在柏拉图看来，儿童从出生到6岁这一阶段被公认为教育最困难的时期。为了使儿童更好地培养良好的品格，为将来成为哲学家打下基础，柏拉图在幼儿教育的方法上进行了论述。

1.音乐与体育结合

柏拉图认为，儿童的发展既要音乐教育，又要体育锻炼。用他的话来讲，就是"教育有两件事：一件是体育，是为身体的；另一件是音乐，是求心灵美善的"，"用体操来训练身体，用音乐来陶冶心灵"。在柏拉图看来，忽视体育或忽视音乐都是不对的，因为只有音乐与体育结合得最好的教育才是一种完美和谐的教育。

2. 提供一个道德的环境

柏拉图认为，一个道德的环境对儿童的发展来说是极为重要的。儿童处在道德的环境中就有了适宜的水土，可以从周围的一切事物中得到益处。相反，如果使儿童在不道德的环境中成长起来，那就好像把羊放在毒草地区，羊每天在那里吃草，久而之久，不知不觉地就在它们的心灵上积累了一大堆的毒素。

3. 注重模仿

柏拉图认为，儿童喜欢模仿。通过连续的模仿，儿童的习惯最后成为第二天性，从而在思想和行动上受到影响。因此，应该使儿童模仿他们适宜模仿的人，模仿那些勇敢、节制、正义和虔诚的人物。

☞ 思考提升

1. 柏拉图的学前教育思想包含哪些内容？
2. 柏拉图是如何论述幼儿教育方法的？

第二节　亚里士多德的学前教育思想

☞ 学习目标

1. 了解亚里士多德的教育实践。
2. 掌握亚里士多德的和谐发展教育观。

一、生平和教育实践

亚里士多德（Aristotle，前 384—前 322）是古希腊哲学家、科学家和教育家。他出生于古代希腊属地色雷斯的一个御医家庭。他从小受过良好的贵族教育。公元前 367 年，亚里士多德来到雅典的阿加德米学园学习，师从柏拉图达 20 年之久。在柏拉图死后，他离开学园周游各地，曾担任过马其顿王子亚历山大的老师。公元前 335 年，亚里士多德返回雅典，在阿波罗神庙旁创办了一所名叫吕克昂的学校。在

亚里士多德教育思想的现代启示

哲学、逻辑学、物理学、生物学、历史学、政治学、伦理学和美育等领域，他都做过深入研究并颇有建树。亚里士多德被马克思誉为"古代最伟大的思想家"。

二、教育是国家的事业

与古希腊哲学家柏拉图一样，亚里士多德也十分重视教育的政治作用，他强调

教育是国家的事业。他在《政治学》一书中明确指出："在我们述及的所有保全政体的措施中，最重要的一条是依照政体的宗旨对公民实施教育……最有益的法律，而且得到了其所辖的全体公民的称道，如果在政体范围内未能形成风尚及通过公民教育深入人心，这样的法律就依然是无用的。"在亚里士多德看来，如果立法者忽视教育，就会对政体产生危害。因此，教育应该是国家的事业，而不应该作为各个家庭的私事，因为儿童长大成人后就是国家的公民。亚里士多德特别赞扬斯巴达人在教育上的做法，因为他们尽最大的努力去教育儿童，并把儿童的教育看作整个城邦的共同责任。

三、和谐发展的教育

亚里士多德认为，人的灵魂分成植物的、动物的和理性的三个部分。由此出发，他主张对儿童实施和谐发展的教育，具体包括体育、德育、智育和美育等。在这一方面，亚里士多德的思想显然是植根于古代希腊雅典教育的。

1. 体育

亚里士多德认为，首先应当关心儿童的身体，对于身体的注意应先于心灵。因此，在儿童的教育中，首先要考虑的是体育。他在《政治学》中强调指出：立法者应该按其意愿培育儿童的体格，使"城邦养育的儿童一开始就具有最健壮的体格"。具体来讲，就是把儿童交给体育教师和角力教师，由他们来训练儿童的体质和培养体育技能。体育的目的就是使儿童具有强健的身体和勇敢的精神，这是城邦公民参加政治生活和战争的基本条件。

但是，亚里士多德也指出，在体育的作用和训练的方式上应该有一致的认识，防止过早的剧烈的训练，以及避免严格的饮食限制和强制性的劳累。

2. 德育

亚里士多德认为，德育在儿童的教育中也是十分重要的。因为儿童尚不成熟，所以，他们的德行显然不只是与他们自己有关，还与成年人及他们的导师有关。在亚里士多德看来，理智、德行大多是由教导而培养起来的，因此，必须注意对儿童的道德教育，使其具有合乎德行的行为。

同时，亚里士多德也指出：美好德行的特点是中庸之道，即处于过度和不足的中间。这样的德行既能使人成为善良的人，又能使人圆满地实现其功能。

3. 智育

亚里士多德认为，对于儿童的智育也应该重视。因为求知是人的本性，人生来就是爱智慧的和无尽地追求知识的。在他看来，正是通过教育，人们获得了知识。儿童在智育上学习的科目主要是读写、体操、音乐和绘画等。

亚里士多德在《政治学》中指出，"应教授儿童那些真正必需的、有用的东西，但并不是教以一切有用的东西"。尤其要注意的是，不要使儿童学习偏狭的和会使他们鄙俗化的知识。

4. 美育

亚里士多德认为，美育有助于儿童心灵的陶冶并影响他们的情绪和性格。他在《政治学》中强调："音乐的教导很适合少年的本性，青少年们由于年龄关系极不情愿忍耐那些缺少快乐的事物，而音乐在本性上就属于令人快乐的事物。而且，音乐的旋律和节奏可以说与人心息息相通，因此，一些有智慧的人说灵魂就是一支旋律，另一些人则说灵魂蕴藏着旋律。"

亚里士多德指出，尽管儿童在学习音乐时应该成为评判者和演奏者，但他们应有一定的限度，不要以追求职业和赚钱为目的。

四、儿童优生思想

亚里士多德和柏拉图一样都重视优生。他认为，要想使理想的城邦有健康的公民，必须有健康的婴孩，而健康的婴孩首先取决于优婚，即婴孩的健康与否与父母的结婚年龄，以及他们的体质、婚嫁时节有关。为此，他反对早婚，认为早婚不仅不利于子嗣，还不利于早嫁的女子，早嫁的女子常夭折，而婚嫁的时节最好选在冬季。

另外，亚里士多德认为妇女在怀孕期间的适度运动、合理营养、避免劳神苦思、保持良好的情绪对体内胎儿的健康发育都十分必要，这也是保证优生的必要手段。在婴幼儿的保育方面，亚里士多德提出了许多宝贵意见。首先，他主张要重视婴幼儿的营养问题。他认为乳类是最适宜身体健康发育的营养物质。其次，及时诱导婴幼儿做适度的运动，训练他们耐寒冷的习惯也是保育的有益经验。

> **课堂互动**
>
> 亚里士多德的优生思想对于今天的我们有什么借鉴意义？

五、学前教育思想

亚里士多德认为婴幼儿教育是十分重要的。因为很多东西从摇篮里就伴随着儿童。这一时期的教育可以分为出生至 5 岁和 5～7 岁两个阶段。

1. 出生至 5 岁的保育

亚里士多德认为，这一阶段的保育应该顺其自然，以儿童的身体发育为主。在他看来，唯有适度才能增进健康。

具体来讲，一是要注意儿童的营养。最适宜儿童的食物是含有丰富的奶成分的，而不能含有酒精成分。二是要及早开始训练儿童抵御寒冷，这有助于儿童健康和坚强。三是运动。成人应该协助儿童做一些适合他们所能掌握的动作而进行的运动，有时可以借助于器械。四是游戏。游戏能给儿童的肢体以充分的活动。因为儿童总是好动的，所以必须有些事情做。但是，游戏不应是鄙俗的、易使人疲倦的或丈夫气的。五是讲故事。儿童所听的故事内容必须经过教育总监的挑选，为他们将来的人生事业做准备。六是允许儿童哭叫。因为哭叫有益于儿童的生长发育，对他们的身体是一种锻炼。儿童哭叫如同深呼吸运动一样，可以增强身体的力量。七是注重模仿。因为人是世界上最善于模仿的动物，模仿既是婴儿开始说母语和开始学习的方式，又能使儿童从中获得乐趣。

在这一阶段，亚里士多德反对让儿童进行课业学习或强制性劳动。在他看来，这会阻碍儿童的身体发育。

2.5～7岁的教育

亚里士多德认为，这一阶段的教育以养成良好的习惯为主。在他看来，人的道德品质形成主要在于天性、习惯和理智三个因素，其中习惯是最重要的。因此，他要求注重儿童习惯的养成。亚里士多德在《政治学》中强调说："道德方面的美德乃是习惯的结果。"他认为，从小就养成这些好习惯不是小事情，相反是比一切都重要的。

对于这一阶段儿童的教育和成长，教育总监负有监督的责任。由于家庭环境对儿童的性格形成和习惯养成极为重要，因此他特别强调要防止家庭环境的不良影响，尤其防止儿童与奴隶在一起。亚里士多德在《政治学》中指出：儿童7岁以前在家中抚养，尽管他们年幼，但"耳闻目睹都很容易使他们染上不良习气。总的说来，立法者务必尽力在全邦杜绝一切污言秽语，把它当成一件大事来办。因为哪怕是轻微的丑话，也会很快产生秽行"。

亚里士多德指出，儿童在这一阶段可以进行适当的学习，在5～7岁这两年时间里，应当观看将来要学习的事情。

🐤 学无止境

教育适应自然

遵从教育"效法自然"的原则，亚里士多德按自然的差异把一个人受教育的年龄划分为三个时期，每一个时期为7年。具体来讲，第一个时期为出生至7岁，婴幼儿教育，主要发展身体；第二个时期为7～14岁，青春期教育，主要进行德育，其教育内容是音乐和体育；第三个时期为14～21岁，理智教育，主要进行智育。亚里士多德认为，合理的教育就应该遵循人的自然过程，他是西方教育史上首次论述教育适应自然原则的教育家。

资料来源：杜成宪，单中惠.幼儿教育思想史[M].2版.北京：人民教育出版社，2010：206-208.

☆ 思考提升

1. 亚里士多德的优生思想体现在哪几个方面？
2. 亚里士多德和谐发展的教育包含哪些内容？

第三节 昆体良的学前教育思想

学习目标

1.了解昆体良的教育实践。

2.掌握昆体良关于幼儿教育内容与方法的论述。

一、生平和教育著作

昆体良（Marcus Fabius Quintilianus，约35—95），出生于西班牙，曾做过10年律师，后来在罗马开办了一所修辞学校并任校长。由于他在修辞学方面的造诣和办学上所取得的卓越成就，很快赢得了社会的盛赞。在接下来的时间里，昆体良担任了20年的雄辩术教师，并成为第一位被罗马皇室聘任的修辞学教授。

昆体良教育
思想

昆体良退休后，用两年时间写成了教育理论专著《雄辩术原理》，又译《演说家的教育》，这是西方第一本专门论述教育问题的系统著作，在教育史上占有极其重要的地位。

二、教育的作用与目的

（一）论教育的作用

昆体良十分强调教育的作用。他认为，除极少数先天有缺陷的人，人人都是能够通过教育培养成人的。昆体良在《雄辩术原理》书中强调指出："大多数人既能敏捷地思考，又能灵敏地学习。因为此种灵敏是与生俱来的。……人生而具有敏慧而聪颖的理解力。"在他看来，儿童接受教育后是大有前途的。对于雄辩家来说，他的雄辩能力和德行都是由教育形成的。如果以后这种希望成了泡影，则其根本原因就在于缺少教育。

（二）论教育的目的

在教育目的上，昆体良明确提出要培养完美的雄辩家。雄辩家教育就是培养最精通各门知识并且最有才能用语言把它们表达出来的人。在当时罗马人的生活中，雄辩家占有十分重要的地位，例如，开展公共讨论、为著名人物作颂词、战前动员鼓励、法庭上慷慨辩解等，都需要雄辩家去施展才华，因而颇受人们的尊重和向往。

三、重视早期教育

昆体良十分重视儿童早期教育，提出教育必须从婴儿还在摇篮时开始。从孩子刚一出生时起，父亲就应该精心地关怀他们的成长。在昆体良看来，未来雄辩家的培养和教育是伴随着儿童的出生而开始的。凡是每个儿童都要学习的东西，就应该及早从咿呀学语开始学习。因为婴儿时期的所得就是青年时期的收获。昆体良告诫人们，不要浪费早期年龄阶段的光阴。

四、幼儿教育的内容

根据培养雄辩家的目的，昆体良结合自己的教育实践对幼儿教育的内容进行了论述。

（一）语言发展

昆体良认为，对于雄辩家教育来说，必须首先发展儿童的语言能力。具体来讲，就是教儿童认识字母、书写和阅读。

（二）道德训练

昆体良在论述雄辩家培养时，特别强调德行是雄辩家的首要品质。在他看来，雄辩家首先应是一个善良的和具有优良品格的人，因此，道德训练自然就成为儿童教育的内容。

（三）音乐素养

昆体良认为，对于雄辩家培养来说，音乐也是必需的。因为音乐是一种助力，乐曲的悦耳之声会给儿童带来欢欣快乐，韵律的节奏会促使儿童语言的发展。例如，摇篮曲就适合于为幼儿催眠。

（四）记忆力和创造力培养

昆体良十分重视幼儿记忆力的培养。他认为，对于每个要成为雄辩家的儿童来说，记忆力是头等重要的。

昆体良还认为，要注意幼儿创造力的培养。儿童应该从小逐步养成渴求知识的意愿，以创造为乐。因此，教师的主要职责在于培养幼儿的求知欲和创造性。

五、幼儿教育的方法

（一）游戏

昆体良十分重视幼儿的游戏。他在《雄辩术原理》中指出，儿童"爱好游戏……那是天性活泼的标志；那种迟钝麻木、没精打采的，甚至对那个年龄所应有的激动也漠然无动于衷的学生，我是不指望他能热心学习的"。在游戏的安排上，昆体良主张寓发展智力和培养德行于游戏之中。游戏既有助于发展儿童的敏锐智力，也有助于培养儿童道德品质。因此，教师应该利用游戏这一儿童喜爱的活动方式，把它变成既是一种娱乐，又是一种学习。

🐥 **学无止境**

学校教育优于家庭教育

在昆体良时代，有人反对学校教育，认为许多学生混杂在一起，儿童易染上恶习。人们对于学校教育和家庭教育孰优孰劣看法不一。昆体良认为，家庭和学校这两种教育场所都有可能产生善德和恶习，不能把家庭理想化。学校教育优于家庭教育之处，在于学校教育可以起到激励学生的作用，因为在学校里，儿童每天都可以看到好的和坏的行为，每天都会听到对德行的赞扬和对错误的批评。好的行为对儿童是一种鞭策，错误的行为对儿童是一种警戒；学校能给儿童提供多方面的知识，还能培养学生适应社会公共生活的习惯和参加社会活动的能力。因此，雄辩家必须在学校中培养。

资料来源：吴式颖.外国教育史教程[M].北京：人民教育出版社，1999：97-98.

（二）反对娇生惯养

昆体良反对娇生惯养。他认为，娇生惯养不仅败坏儿童的道德和精神，而且造成儿童身体力量的衰退。针对当时罗马社会风气不良而造成的不少现象，例如，鲁莽被当作勇敢、挥霍被看作富裕等，昆体良表示深恶痛绝。他指出，由于一些富有之家和无知父母本身的道德败坏状况，那些年幼的孩子变得放纵、娇气，以致说下流话，一旦这些孩子进了学校，就会把这种道德败坏带进学校。

💬 **课堂互动**

请你思考一下中国哪位教育家也提到过对儿童不应该娇生惯养。

（三）注重榜样

昆体良认为，父母应该成为孩子的良好榜样，只做一切应当做的事。通过父母这面镜子，可以培养孩子对恶言恶行的厌恶。他再三希望，父母应该将心思用在培养一切有利于孩子健康成长的习惯上。在昆体良看来，儿童模仿不好的东西就会污染他们的心灵。有些孩子满嘴污秽，这是他们在听成人说话时学会的。

继柏拉图和亚里士多德之后，昆体良详细而深入地探讨了幼儿教育问题。虽然他是从培养雄辩家的目的出发的，但他有关幼儿教育的论述不乏给人启迪的见解。他的《雄辩术原理》一书在文艺复兴运动初期重新被人发现，对许多人文主义者产生直接的影响，并进而对近代西方幼儿教育思想的发展产生了重要的影响。

✿ **思考提升**

1.昆体良对幼儿教师提出了哪些要求？

2.昆体良是如何论述幼儿教育方法的？

◆ 笔记栏

思政小课堂

　　陈忠肃公曰：幼学之士，先要分别人品之上下，何者是圣贤所为之事，何者是下愚所为之事。向善背恶，去彼取此，此幼学所当先也。

——〔宋〕朱熹《小学·嘉言》

解析：

　　这里强调要使儿童能够从具体事物中分辨善恶是非，并确立"向善背恶"的正确方向。古人认为，幼时志气超凡，则成年后必为大器。

✏ 章节检测

一、选择题

1.柏拉图认为，儿童必须参加符合（　　　）精神的正当游戏。

A. 政治　　　　　　B. 法律　　　　　　C. 民族　　　　　　D. 快乐

2.西方教育史上最先论述学前幼儿教育问题的是（　　　）。

A. 柏拉图　　　　B. 亚里士多德　　　C. 昆体良　　　　D. 伊拉斯谟

3.亚里士多德强调"教育应由（　　　）规定"，这是西方教育史上"教育立法"思想的开端。

A. 政治　　　　　　B. 政府　　　　　　C. 国家　　　　　　D. 法律

二、填空题

1.柏拉图的教育思想主要反映在_____和《法律篇》中，其中_____是最早的乌托邦思想的集中反映。

2. _____的教育理论专著《雄辩术原理》，是西方第一本专门论述教育问题的系统著作，在教育史上占有极其重要的地位。

3.亚里士多德的_____系统阐述了灵魂论及其在教育上的意义。

三、简答题

1.简述亚里士多德关于0～5岁幼儿的教育思想。

2.简述昆体良关于幼儿教育内容的叙述。

习题答案

在线测试

第八章

中世纪和文艺复兴时期西欧的学前教育

📹 **故事导入**

旅行教育思想

　　文艺复兴时期的人文主义思想家蒙田认为，旅行是一种重要的教育方法。因为教育将培养一个实干的事业家，所以，儿童必须了解世界和社会，了解其他民族的多彩多姿的不同生活方式，了解各式各样的人，使自己多见世面和避免目光短浅。蒙田强调指出："和人们交谈来往，到国外去旅行，以及观察奇异的式样，都是非常重要的……他们主要应该观察和能够谈谈他们在那些国家所看到的人们的性情、举止和习俗，能够更加知道怎样和别人的机智摩擦一番而使自己的机智犀利起来。"

　　资料来源：杜成宪，单中惠.幼儿教育思想史[M]. 2 版.北京：人民教育出版社，2010：232.

你了解文艺复兴时期的学前教育思想吗？

　　公元 476 年，西罗马帝国在日耳曼人与国内揭竿而起的奴隶的打击下灭亡了，从此西欧进入了封建时代。直到 17 世纪中期英国资产阶级革命为止，欧洲的封建社会持续了 1200 多年。其发展过程大致经历了三个阶段：5 世纪至 11 世纪为封建社会的产生和形成时期；11 世纪至 14 世纪上半叶是封建社会的发展时期；14 世纪下半叶至 17 世纪，封建社会走向解体，资本主义开始萌芽，即由封建社会向资本主义社会过渡的时期。在世界历史上习惯把前两个时期称为"中世纪"，意思是处于古典文化时期与文艺复兴时期之间；把最后一个时期称为"文艺复兴时期"。

　　中世纪的西欧，基督教会垄断了教育，其提倡的"原罪说""禁欲主义"对学前教育产生了重要影响。向幼儿灌输宗教思想，使幼儿虔信上帝，成为服从上帝的"圣童"，是中世纪学前教育的全部。14 世纪至 16 世纪文艺复兴时期的教育家强烈批判了性恶论的幼儿观，反对"原罪说"，提出幼儿身心和谐发展的教育理念，强调尊重幼儿天性，主张培养幼儿的个性，重视兴趣引导。

教学建议

1. 课时建议：2课时。

2. 学习重难点：

文艺复兴时期人文主义教育家的学前教育思想及其影响。

本章目标

▶ **知识目标**

1. 了解中世纪和文艺复兴时期西欧学前教育发展状况。

2. 了解文艺复兴时期人文主义教育家的学前教育思想及其影响。

▶ **能力目标**

能够独立探寻中世纪学前教育的历史问题，用历史的眼光看待与评价教育家的主张。

▶ **素质目标**

开阔视野，提高历史与教育素养，形成勇于探索的学风。

▶ **思政目标**

对比中世纪与文艺复兴时期的学前教育思想，充分认识人的价值，形成积极进取的精神。

思维导图

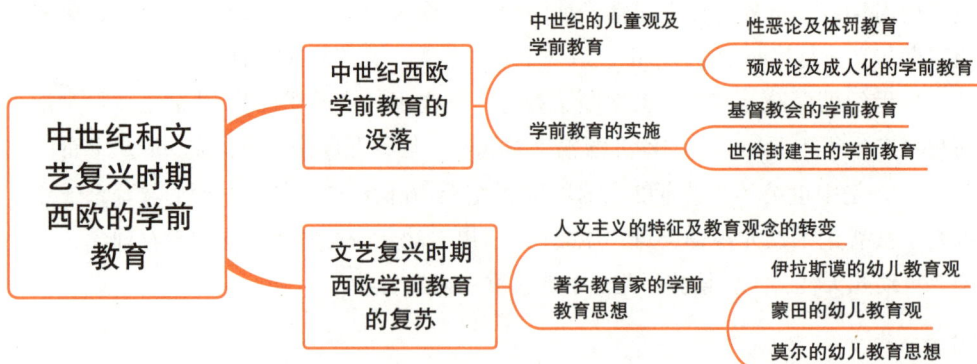

第一节　中世纪西欧学前教育的没落

学习目标

了解中世纪的儿童观及学前教育思想。

一、中世纪的儿童观及学前教育

中世纪西欧封建社会政治、经济及社会生活的特点，决定了当时的教育带有浓烈的宗教性和明显的等级性，其教育目的在于培养教会的僧侣、封建官吏和骑士。基督教提倡的"原罪说""禁欲主义"对学前教育产生了重要影响。中世纪的教会和封建主都把儿童看作赎罪的羔羊，摧残他们的身心，向儿童灌输宗教意识，麻醉和禁锢儿童的头脑。使儿童虔信上帝，成为服从上帝的"圣童"是中世纪学前教育的全部内容。

（一）性恶论及体罚教育

在中世纪的西欧，基督教会地位独尊，控制了精神、思想和文化，并获得了对教育的绝对垄断权。基督教会大肆渲染神学理论家奥古斯丁的"原罪论"及性恶论的儿童观，鼓吹儿童是带着"原罪"来到人世的，故儿童生来性恶，要想控制儿童邪恶的本性使其成为高尚的人，就必须惩罚他们的肉体，压制他们的欲望。

以性恶论及禁欲主义为依据，教会要求摧残肉体以使灵魂得救，声称"不可不管教孩童，你要用杖打他，就可以救他的灵魂免下阴间"。从幼年起教会就抑制儿童嬉笑欢闹、游戏娱乐的愿望，并采取严厉的措施来制止这类表现，戒尺、棍棒成为中世纪学校不可缺少的工具。对儿童的约束与惩戒成为中世纪学前教育的重要特征。在教育中推行畏神禁欲的教育，全部是宗教内容；禁止游戏，体罚盛行，取消体育；父母、老师有绝对权威。总之，这段时期学前教育的特点是忽视儿童的身心特点，否认儿童的爱好，对儿童的要求整齐划一，方法简单粗暴，对崇尚和谐发展的雅典文化教育持敌视态度。

课堂互动

你认为对儿童的约束与惩戒成为中世纪学前教育的重要特征的原因是什么？

（二）预成论及成人化的学前教育

在中世纪，与"性恶论"相并存的另一种儿童观叫作"预成论"。预成论认为，当妇女受孕时，一个极小的、完全成形的人就被植于精子或卵子中，人在创造的一瞬间就形成了。儿童（或新生婴儿）是作为一个已经被制造好了的小型成年人降生到世界上来的，儿童与成人的区别仅是身体大小及知识多少的不同而已。他们一旦能行走和说话，就可以加入成人社会。儿童与成人不应有重要区别，从幼儿开始，儿童的身体和个性已经成人化了，儿童就是"小大人"或"小妇人"。

预成论否认了儿童与成人在身心特点上的差异，也否认了儿童身心发展的节律性、阶段性。这种儿童观对儿童教育产生了不良影响，表现在忽视儿童的身心特点，忽视儿童的需要，对儿童的要求整齐划一，方法简单粗暴，严重影响了儿童的健康发展。

二、学前教育的实施

中世纪既是基督教垄断的年代，也是帝王贵族进行封建统治的年代。基督教会对民众的思想欺骗成为维护封建统治的精神支柱，而封建贵族对民众的政治控制、经济掠夺又成为基督教会的社会保障。

（一）基督教会的学前教育

1. 学前教育的目的

基督教作为罗马帝国的国教，成为统治者奴役国民精神的工具。在教育中，基督教居于垄断地位。教堂是唯一珍藏知识的地方，教士是掌握知识的人，真理都来自《圣经》。因此，教育的目的是使幼儿信仰上帝、做合格的基督徒。

2. 学前教育的内容和方法

基督教的学前教育通过幼儿参加众多的圣事礼仪和节日活动来实施。教导幼儿：人生来是有罪的，要忍受痛苦、逆来顺受；每个人都是上帝的子民；上帝是仁慈的、全能的；只要虔诚地敬仰上帝，死后灵魂就可得救；参加教会规定的宗教仪式和圣事活动，是终生的职责。幼儿出生后第一件事就是参加由神父主持的"洗礼"或"浸礼"。此后，幼儿要参加各种宗教节日，如圣诞节、复活节、万圣节等，从中萌生对宗教的好感，确信人的最大幸福就是爱上帝。此外，幼儿还要参加教会组织的圣事活动，如祈祷、读经、唱诗等。

（二）世俗封建主的学前教育

封建贵族的幼儿教育一般按等级划分为两部分。

1. 宫廷学校的教育

宫廷学校的教育专门针对王室幼儿，比如，皇室中的王子、王孙、公主，以及少数机要大臣的子弟。在中世纪初期，西欧最具实力的法兰克王国的统治者就意识到了发展文化教育的重要性，于是在宫廷设立了以王室和贵族子弟为对象的学校，进而广揽知名学者，使宫廷学校成为欧洲重要的世俗教育形式，其教育方法多采用问答法。

学无止境

查理曼大帝的宫廷学校

加洛林王朝的宫廷学校在马特尔时代就已经建立，并一直是权贵子弟教育的中心。查理曼执政后，把提高宫廷的知识水平作为文化复兴的第一步，并把宫廷学校的改革和管理委托给英格兰学者阿尔琴。在阿尔琴的领导下，加强自由学科教育，宫廷学校的教育水平得到了提高。

宫廷学校的重要活动是在学者指导下进行对话和辩论。宫廷学校的学生包括查理曼本人、他的妻子和儿女、他的秘书、高级贵族及其子女，以及那些将要被培养成皇帝差役的年轻人，甚至还有才智优异的平民子弟。"查理曼是所有人中最用功的一个，他勤于求知就好像他以前专于国事一般；他读修辞学、辩证法、天文学；他非常努力地去学写作，爱因哈德说：'他经常在枕头下放一石板，以便在闲暇时习字；但因他开始太晚，故成绩不佳。'他狂习拉丁文，但在宫廷中仍说日耳曼语；他编辑一本日耳曼语文法，并收集早期日耳曼诗歌的杰作。"鉴于当时缺乏合适的教学材料，阿尔琴亲自动手编写教材，包括《开发年轻人智慧的问题》《论正字》《丕平与教师的对话》《论文法》《论美德》《论灵魂的本质》《论修辞和美德》《论辩证法》等。这些著作结构简单，有的是用问答的形式写成，有的则是两个或更多人之间的对话，其内容和风格主要受中世纪史学家西塞罗和比德的影响。

资料来源：张斌贤.外国教育史[M].2版.北京：教育科学出版社，2015：123.

2.骑士早期教育

骑士教育是中世纪西欧封建社会一种特殊的世俗教育形式，是封建等级制度的产物。在西欧社会的封建等级制度中，国家的最高统治者是国王，按照分封的次第及权力地位，以下贵族依次为公、侯、伯、子、男爵，处于贵族底层的是骑士。骑士制度在发展过程中，不仅成为封建等级制度的重要组成部分，而且成为一个独立的社会阶层，并拥有了一套独特的行为方式、荣誉观和道德准则。骑士教育正是在骑士制度的基础上形成和发展的。骑士教育并无专设的教育机构，也没有专职的教育人员。它主要是在骑士生活和社交活动中进行，采取家庭教育的形式。骑士教育的培养目标是使未来的骑士具有剽悍勇猛、虔敬上帝、忠君爱国、宠媚贵妇等品质。

思考提升

1.简述中世纪基督教会的学前教育。

2.骑士早期教育包含哪些内容？

第二节 文艺复兴时期西欧学前教育的复苏

学习目标

了解文艺复兴时期人文主义教育家的学前教育思想及其影响。

一、人文主义的特征及教育观念的转变

文艺复兴首先产生于意大利，在学术思想上它涉及艺术、文学、教育、哲学各个方面，其指导思想是人文主义。人文主义是一种崇尚现实、崇拜人生，反对来世观念，以世俗的人为中心的世界观；提倡以"人性"反对"神性"，以"人权"反对"神权"，以"人道"反对"神道"；主张个性解放、个性自由、个人幸福。尊重人的价值，反对禁欲主义，反对压抑；宣扬个人是生活的创造者与享受者。显然它是和中世纪基督教对立的一种世界观。

人文主义的新教育强烈批判了"性恶论"的儿童观，反对"原罪说"，提出儿童身心和谐发展的教育理想，强调尊重儿童个性，主张培养儿童的个性。重视兴趣引导，提出儿童是正在成长和发展的新人，父母要热爱儿童，为儿童创造良好的家庭教育环境，让儿童自然、愉快、健康地成长；强调通过智育、体育、美育和道德教育来培养儿童的完美精神和高尚情操。在教育原则和教育方法方面，人文主义强调环境的陶冶作用，主张建立优美的校舍，变基督教阴森的学府为舒适的学习乐园；强调尊重儿童天性，顺应儿童身心发展的特征，考虑儿童的个别差异；强调教师的言传身教和以身作则，师生之间保持自然协调的关系；主张教学运用直观教具，向大自然学习；反对压抑个性，主张减少体罚，甚至取消体罚；注重兴趣引导，提倡体育、美育和游戏的重要意义。以上这些思想，相对于中世纪前期的教育无疑是一个重大进步，并深刻影响到后来的教育。

课堂互动

你了解文艺复兴的发展历程吗？

二、著名教育家的学前教育思想

（一）伊拉斯谟的幼儿教育观

被誉为"人文主义之父"的尼德兰（今荷兰）人文主义者伊拉斯谟（Desiderius Erasmus，约1466—1536）出生于鹿特丹的一个教士家庭。伊拉斯谟的主要教育著作有：《愚人颂》（1509年）、《论基督教君主的教育》（1516年）和《论儿童早期的自由教育》（1929年）。在这

伊拉斯谟幼儿
礼仪教育

些著作中，他也对幼儿教育问题进行了论述。

1. 教育的重要性

伊拉斯谟认为，影响人的发展有三个因素，即天性、教育和实践。其中，最重要的是教育。他指出："如果没有精心设计的教育，人的天性必定是不完美的；而实践如果没有教育所提供的方法，那必定会导致毫无希望的混乱。"从君主的职责及对君主的要求出发，伊拉斯谟十分重视君主的教育。对于"当君主都是天生就会，而无须后天培养"的说法，他是持反对态度的。在伊拉斯谟看来，君主的教育是至关重要的。君主必须接受教育，学习治理国家的原则及那些有助于国家治理的技能。一个君主不仅需要生具良质，而且更需要通过教育来防止生具良质者堕落腐化或者对不是生具良质者加以改进。

2. 教育应该从小抓起

在伊拉斯谟看来，教育从小抓起的理由主要在于以下几个方面。

（1）儿童早期教育有助于人的终身发展。

伊拉斯谟指出："王储的心智必须从襁褓始，当其仍保持开放、未经发育之时，即灌输以健康的思想。从那时开始，就必须在他那尚为婴儿的灵魂的处子地里播撒上道德的种子，以期随着年事渐长，阅历日丰，这些种子会逐渐地发芽、成熟，一经播下，便可以深植于君主内心，伴其终生。"

（2）儿童早期教育给人的印象最为深刻。

伊拉斯谟认为，再没有什么能够像人生最初几年所留下的印象那样，给人刻下如此根深蒂固和难以磨灭的印记。而且，稚嫩年纪的儿童对他喜欢的任何训练都会有积极的反应，并从中吸收养料。

（3）儿童早期教育有助于习惯成自然。

伊拉斯谟认为，智慧和德行自有其婴幼期。有很多至关重要的东西需要在幼儿时期进行灌输，特别是德行的培养。

3. 论幼儿教育的内容与方法

伊拉斯谟认为，幼儿教育既包括德行的培养，也包括智慧的培养。因此，幼儿教育的内容有游戏、格言、寓言、故事等。

在幼儿教育的方法上，伊拉斯谟提出四种方法：一是不要把儿童看成小大人；二是寓教于游戏和讲故事中；三是树立榜样；四是对儿童和蔼可亲。

（二）蒙田的幼儿教育观

蒙田（Michel de Montaigne，1533—1592）是 16 世纪法国人文主义者、思想家、散文作家及教育家，贵族出身，受过良好的教育，曾从事过多年的法律工作。他出生于法国波尔多市的一个富商家庭，曾在人文主义者开办的居耶纳学校接受人文主义教育。著有《散文集》3卷。其中有一些随笔是论及儿童教育问题的，如《论学究气》《论儿童

蒙田的幼儿
教育思想

教育》等，对西方幼儿教育思想的发展产生了较大的影响。

1. 教育目的

蒙田认为，教育的目的不是培养文法学家，也不是培养逻辑学家，而是培养完全的绅士。"完全的绅士"是身心两方面和谐发展的人，不仅具有强健的身体和优美的体态，而且具有健全的心智；"完全的绅士"是兼有知识和判断力的人，不仅具有广博的知识，而且更具有判断力；"完全的绅士"是实干的事业家。

2. 论儿童教育的内容

（1）身体训练。

蒙田认为，生命就是运动。因此，他反对娇养溺爱儿童。如果儿童体质柔弱，那么他的心智得不到体力的支持，心智活动就会成为一个沉重的负担。

（2）德行养成。

蒙田认为，通过德行养成使儿童具有勇敢、坚定、诚实、谦虚、崇尚理性、服从真理等良好品质。同时，还要使儿童具有良好的礼仪、优雅的言谈等。

（3）知识传授。

蒙田认为，对儿童传授的知识应该能教他们怎样生活，对他们是有用的。蒙田认为，应该传授的知识包括语言、诗歌、修辞学、逻辑学、历史、法学、哲学、几何学、数学、物理学、医学等。在他看来，学习历史可以使儿童熟悉历史上许多全盛时代的最可尊敬的人，并养成美德和判断力；学习哲学可以使儿童养成自己的智慧，并使其行为正直。

3. 论儿童教育的方法

（1）发展思考力。

蒙田认为，一个人要成为明哲，只有凭借自己的智慧。尽管知识也很重要，但发展儿童的思考力更为重要。儿童应该能够把他们所学的东西用很多不同的形式表达出来，并且在很多不同的情况中去应用它，从而使所学的东西成为他们自己的东西。

（2）注重观察和经验。

蒙田认为，不要把儿童束缚起来，因为让他们从自己的经历、遭遇和错误中来认识自己并获得知识是重要的，这是生活中一个很有用的规则。

（3）养成良好习惯。

蒙田认为，儿童的很多恶习都萌芽于幼年时期，因此要使他们从小就养成良好的习惯。对于儿童教育来说，宽恕年幼儿童的不良倾向是极其危险的。

（4）事物学习和实际练习。

蒙田认为，事物的学习应该先于语言文字的学习。文字是为事物服务的，而不是事物为文字服务。因此，他主张使文字适合事物，反对从外边找来事物去适合文字。蒙田还认为，儿童应在行动中复习功课，因为只有通过使用知识才能更好地领会知识。对学习知识和发展判断力来说，实际练习是十分重要的。

（5）宽严结合。

蒙田认为，在教育方法上要宽严结合，而不要以恐怖和冷酷对待学生。他反对一切粗暴行为，反对体罚，因为他认为独断和压制只能生长出奴性。

（三）莫尔的幼儿教育思想

托马斯·莫尔（Thomas More，1478—1535）是文艺复兴时期英国思想家和早期空想社会主义者。他出生于英国伦敦的一个法官家庭。1516年，莫尔以对话形式写成了《乌托邦》一书，描绘了他所设想的一个理想社会，阐述了他的早期空想社会主义思想和幼儿教育思想。

1. 论普及教育

莫尔提出，教育是国家的事业，国家应该通过立法来实行公共教育制度，使每个儿童都受到全面的教育。在莫尔看来，在乌托邦中，"一切都在国家控制下……国家从来不强迫人民做无谓的劳动，因为国家经济的主要目的是尽可能使每个人摆脱体力重活而享受闲暇时间，只要社会需求允许的话。如此，每个人都可以开发智力。这才是生活的秘诀"。只有通过普及教育，乌托邦的居民才能够成为有文化教养的人。

2. 年幼儿童的教育

（1）婴儿的抚育。

莫尔认为，婴儿最好由母亲自己哺乳。如果不行的话，那就要为其物色一个保姆。担任保姆职务的人，不仅因其慈爱而受到人们的赞扬，而且她自己也十分乐意。

（2）幼儿教育的内容。

一是身体健康。莫尔认为，身体上享受的快乐与健康居第一位，因为一个身体健康的人肯定是享有快乐的。在他看来，乌托邦人所爱好和重视的是美观、有力和敏捷。几乎每个乌托邦人都认为健康是至上的快乐，是一切快乐的根本。只要有健康，生活就安静如意；没有健康，就完全谈不上快乐了。为此，就要使儿童从小针对寒暑的不测，饮食有度，增强自己的抵抗力。

二是知识学习。莫尔认为，乌托邦人都喜爱学习，自小就具有致力于有用知识的聪明才能。凡是儿童都要学习，而大多数国民也总是把工作后剩余的时间用在学习上。在他看来，耳之于声、目之于色、鼻之于味，这些都是自然赐予人类的，也是人类所得天独厚的地方。莫尔还认为，要重视使儿童用祖国语言进行阅读。因为祖国语言词汇丰富，音调悦耳，比用别的语言更能正确地表达意义。

三是道德精神。莫尔认为，道德精神培养是十分重要的。他指出："乌托邦人特别不肯放过精神的快乐，以其为一切快乐中第一位的、最重要的。他们认为，主要的精神之乐来自德行的实践以及高尚生活的自我意识。"在莫尔看来，道德精神上的正确观点，例如，珍惜生命的价值、厌恶珍珠宝石的装饰、具有高尚勇敢的品质等，都是从小为教育和优良的国家制度所鼓舞而培养的。

四是职业手艺。莫尔认为，每个乌托邦人都要从事农业，并学习毛织业、纺麻业、泥水业、冶炼业和木工业等方面的一种手艺作为专门职业。因此，儿童从小就学习农业，他们被带到田里就仿佛被带去游戏。他们不但在田里看，而且也去操作。

（3）幼儿教育的方法。

莫尔主张，第一，对儿童要相亲相爱，但又不要把他们娇养坏了。第二，任何活动只要对儿童没有害处，就不应该禁止。第三，应该使儿童快乐，既有精神方面的，又有身体方面的。第四，禁止对儿童体罚。

🐤 学无止境

康帕内拉的《太阳城》

在《太阳城》中，康帕内拉构想了一个在一切公有的基础上的理想社会制度，每个公民都是社会的公仆。与此相适应，他认为，生育后代和教育后代不是个人的事情，而是国家的事情。因此，教育事业是国家领导人的职责，这是因为教育关系到国家的繁荣和利益。根据康帕内拉的设想，太阳城的教育事业是由国家管理的，三位领导人之一的"爱"来掌握有关儿童生育和抚育的事务。在他的指挥下，许多男女教师负责这一工作。国家对太阳城儿童的抚养教育一直到他们成年为止。因此，在太阳城中，不仅男女具有平等的受教育权利，而且在从事研究工作上不分性别。在女子教育上，康帕内拉同意古希腊哲学家柏拉图的观点，而反对亚里士多德的观点。

资料来源：杜成宪，单中惠.幼儿教育思想史[M].2版.北京：人民教育出版社，2010：237.

✿ 思考提升

1.简述文艺复兴时期的教育观。

2.思考伊拉斯谟学前教育的内容和方法。

3.蒙田认为幼儿教育的内容有哪些？

☁ 思政小课堂

路漫漫其修远兮，吾将上下而求索。

——〔战国〕屈原《离骚》

解析：

此句原文的意思是即便道路又窄又长、无边无际，我也要上天下地寻找心中的太阳，表达了屈原"趁天未全黑探路前行"的积极求进心态，现在一般引申为在追寻真理方面，前方的道路还很漫长，但我将百折不挠，不遗余力地去追求和探索。

✎ 章节检测

一、选择题

1.中世纪西欧的学前教育具有等级性和（　　　）的特点。

A.贵族性　　　　　B.平民性　　　　　C.神学性　　　　　D.人文性

2.文艺复兴首先产生于（　　　），从学术思想上它涉及艺术、文学、教育、哲学各个方面，其指导思想是人文主义。

A.英国　　　　　B.意大利　　　　　C.法国　　　　　D.德国

3.蒙田认为，教育的目的不是培养文法学家，也不是培养逻辑学家，而是培养完全的（　　　）。

A.人　　　　　B.国王　　　　　C.官员　　　　　D.绅士

二、填空题

1.＿＿＿＿＿＿是著名的人文主义思想家，主要作品有《愚人颂》《一个基督教王子的教育》《幼儿教育论》，其中对幼儿教育问题有诸多论述。

2.蒙田认为，在幼儿的教育和成长过程中，＿＿＿＿＿＿有着非常重要的作用，还对学前教师提出了具体的要求。

3.在中世纪的西欧，＿＿＿＿＿＿成为基督教的重要教义之一，这一学说大肆鼓吹幼儿生来性恶，只有惩罚肉体、压制欲望，才能把他们培养成高尚的人。

三、简答题

1.简述骑士教育。

2.简述伊拉斯谟认为教育应该从小抓起的原因。

习题答案

在线测试

第九章
近现代六国的学前教育实践

故事导入

美国第一所公立幼儿园

1873年，美国第一所公立幼儿园在密苏里州的圣路易斯市建立。这是一所附设于公立小学的幼儿园，创建者是威廉·哈里斯，聘请苏珊·布洛女士担任第一任教师。在哈里斯与布洛女士的努力下，这所幼儿园取得了很大的成功，并促进了公立幼儿园的迅速普及和推广。同时，一些私立幼儿园和慈善幼儿园被逐步纳入公立学校系统。1878年，圣路易斯市已有53所公立幼儿园。

你了解近现代英国、法国、德国、俄国、美国、日本的学前教育发展历史吗？

1640—1688年，英国通过资产阶级革命确立了资本主义制度，这也标志着世界近代史的开始。资本主义的发展必然要求建立与之相适应的教育制度，这些国家几乎都在这一历史阶段建立了资本主义教育体制，学前教育的发展于是进入了一个新的历史时期。

但由于社会条件和教育传统的差异，各国在创办学前教育机构的方法、形式、内容、速度和特点等方面也有所不同。

教学建议

1. 课时建议：4课时。

2. 学习重难点：

（1）近现代英国、法国、德国、俄国、美国、日本学前教育的发生与发展过程。

（2）英国、法国、德国、俄国、美国、日本在学前教育的内容、方法、教育机构类型等方面存在的差异。

本章目标

▶ **知识目标**

1. 认识近现代六国学前教育发展的历史背景。
2. 总结分析近现代西方学前教育发展的主要阶段及一般特征。

▶ **能力目标**

能够总结近现代六国学前教育发展的理论经验与实践经验，对当今我国的学前教育提出反思性建议。

▶ **素质目标**

形成分析与比拟学前教育历史发展过程的素养。

▶ **思政目标**

以积极发展的眼光看待近现代六国的学前教育发展史，增加对学前教育发展史的关注意识。

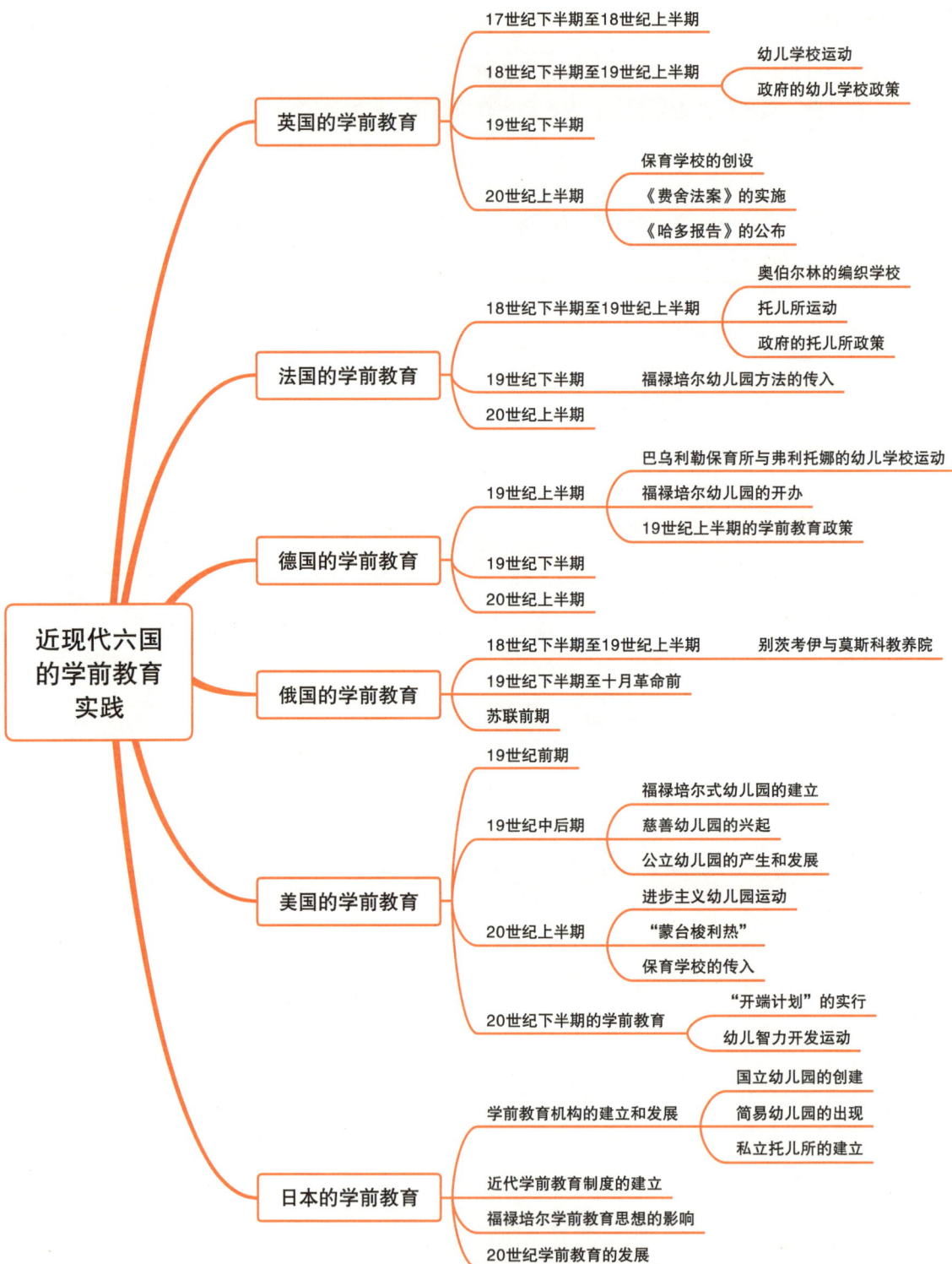

🔴 思维导图

近现代六国的学前教育实践

英国的学前教育
- 17世纪下半期至18世纪上半期
- 18世纪下半期至19世纪上半期
  - 幼儿学校运动
  - 政府的幼儿学校政策
- 19世纪下半期
- 20世纪上半期
  - 保育学校的创设
  - 《费舍法案》的实施
  - 《哈多报告》的公布

法国的学前教育
- 18世纪下半期至19世纪上半期
  - 奥伯尔林的编织学校
  - 托儿所运动
  - 政府的托儿所政策
- 19世纪下半期
  - 福禄培尔幼儿园方法的传入
- 20世纪上半期

德国的学前教育
- 19世纪上半期
  - 巴乌利勒保育所与弗利托娜的幼儿学校运动
  - 福禄培尔幼儿园的开办
  - 19世纪上半期的学前教育政策
- 19世纪下半期
- 20世纪上半期

俄国的学前教育
- 18世纪下半期至19世纪上半期
  - 别茨考伊与莫斯科教养院
- 19世纪下半期至十月革命前
- 苏联前期

美国的学前教育
- 19世纪前期
- 19世纪中后期
  - 福禄培尔式幼儿园的建立
  - 慈善幼儿园的兴起
  - 公立幼儿园的产生和发展
- 20世纪上半期
  - 进步主义幼儿园运动
  - "蒙台梭利热"
  - 保育学校的传入
- 20世纪下半期的学前教育
  - "开端计划"的实行
  - 幼儿智力开发运动

日本的学前教育
- 学前教育机构的建立和发展
  - 国立幼儿园的创建
  - 简易幼儿园的出现
  - 私立托儿所的建立
- 近代学前教育制度的建立
- 福禄培尔学前教育思想的影响
- 20世纪学前教育的发展

第一节　英国的学前教育

👉 **学习目标**

1. 把握英国学前教育的发生与发展过程。
2. 了解英国的学前教育机构类型及相关的政府政策。

一、17 世纪下半期至 18 世纪上半期

17 世纪下半期，英国开始了持续百年之久的圈地运动，大批零散农民不得不离开家园聚集于城市，成为在大工厂靠出卖劳动力谋取生存的工人。由此，对生活在城市的工人子女的保护和教育也慢慢被纳入国家管理范畴。18 世纪初，出现了为贫民儿童建立的救济性质的慈善学校。这种发端于英国的、作为贫民政策的幼儿保护和养育设施是近代欧洲幼儿教育设施的胚胎。

二、18 世纪下半期至 19 世纪上半期

（一）幼儿学校运动

英国幼儿学校的开端也是世界幼儿学校的开端。18 世纪 60 年代，英国率先开始了以蒸汽机的诞生为标志的第一次工业革命。随后，大机器工业逐渐替代了手工业，生产力得到了巨大的发展。大机器工业生产不仅极大地解放了英国的生产力，同时还引起了生产关系和社会阶级结构的大变动。无产阶级登上了历史舞台，由此也拉开了无产阶级和资产阶级斗争的序幕。资产阶级为了发展生产力，疯狂地从劳动人民身上榨取财富，使得低工资的女工和童工数量急剧增加。随着这种情况的普遍化，幼儿问题日趋严重，劳动阶级的家庭生活普遍贫困，所以其子女往往得不到必需的营养品和合适的居住环境而大量死亡；由于童工的广泛使用，广大劳动人民的子女很少有受教育的机会，而工业革命不断地向前发展又要求劳动者掌握一定的文化技术知识，因此需要将初等教育的内容提前到幼儿阶段；劳动阶级普遍工作时间长，无暇照顾子女，所以被疏于照顾的孩子极易受到坏人引诱，导致道德堕落，引发严重的社会问题。出于对这些社会问题的关心和对穷苦幼儿的同情，19 世纪初，慈善家、热心之士及教会人士开始建立幼儿学校，来保护和教育贫苦幼儿，其中特别有影响的幼儿学校有罗伯特·欧文于 1816 年创办的新兰纳克幼儿学校，以及怀尔德斯平于 1820 年创办的幼儿学校。

💬 **课堂互动**

你认为英国幼儿学校运动的动力是什么？

1. 欧文的幼儿学校

罗伯特·欧文（Robert Owen，1771—1858）是 19 世纪英国空想社会主义思想家和教育家，他于 1816 年创办的新兰纳克幼儿学校是英国，也是世界上最早的学前教育机构。

学前教育的先驱——欧文

欧文创办幼儿学校的主要目的是使工人的孩子摆脱不良的生活环境，培养他们良好的性格。欧文的幼儿学校招收 1 ～ 6 岁的幼儿。欧文的幼儿学校体现了保教结合的幼儿教育理念，他试图通过幼儿学校来形成一种能促进幼儿全面发展的新的教育体系，培养出智、德、体、美全面发展的新人。欧文重视早期教育及儿童全面教育的思想在其创立的幼儿学校中的运用。他的幼儿学校不仅重视道德教育和智育，还开展音乐、舞蹈和军事训练活动。欧文认为，舞蹈、音乐和军事训练能使孩子们精神愉悦、身体健康，培养他们对美的感受并形成服从和守秩序的习惯，养成良好的性格。在教育方法方面，欧文要求幼儿教师以人道主义的态度对待儿童。他特别反对责骂或惩罚儿童，要求教师始终如一地尊重儿童。他还强调通过集体合作的游戏、实物教学等教育形式和手段，促进幼儿良好性格的形成。欧文的幼儿学校及其学前教育思想在世界学前教育史上占有重要的地位，它紧紧地与当时的科学实践、教育实践相联系，促成了 19 世纪上半期英国幼儿学校运动的兴起，对英国学前教育体制的完善产生了深远的影响。

2. 怀尔德斯平的幼儿学校

萨缪尔·怀尔德斯平（Samuel Wilderspin，1792—1866）是 19 世纪英国幼儿学校的积极创办者，是 19 世纪上半期英国幼儿学校的著名领导人。在欧文的影响下，他着手创办幼儿学校并积极投身于幼儿学校的普及与推广工作。1825 年，伦敦幼儿学校协会成立后，其他幼儿学校协会也相继成立，幼儿学校在其他支持者的推动下逐渐发展成为一种全国性的运动。

怀尔德斯平创办的幼儿学校以贫民、工人阶级的幼儿为对象，以保证幼儿的安全和健康为目的。怀尔德斯平幼儿学校重视对幼儿的智育和德育。智育内容主要有算术、国语、自然、社会、音乐、宗教等。在智育方法上，怀尔德斯平反对传统的灌输知识和"鹦鹉学舌"的教育方法，主张培养儿童独立思考的能力和独立获得知识的能力。他提出了开发教育方法：一是激发好奇心；二是通过感觉教学；三是从已知到未知；四是让孩子们独立思考；五是把教学和娱乐结合起来。

怀尔德斯平一生致力于发展学前教育事业。他把毕生精力都献给了贫民幼儿的教育事业，在普及幼儿学校、改进幼儿教学工作等方面都做出了卓越的贡献。他极力主张教师要研究儿童的智育，并对 19 世纪欧美各国的幼儿学校运动产生了广泛的影响，但过于注重智育内容，在教学中重视记忆而忽略了儿童的理解能力，这是违背幼儿身心发展规律的。

（二）政府的幼儿学校政策

英国自 1833 年开始实行从国库拨款的教育补助政策。1840 年 8 月，枢密院教育委员会视学官首次发出关于幼儿学校检查项目的训令，对学校设备、娱乐和身体练习、劳动、艺术模仿、学习音标、自然常识、阶梯教室的教学和纪律等方面进行检查。视学官提出的这些项目可以看作对当时大多数幼儿学校特点的总结，同时也表明了英国政府对于幼儿学校的设施、设备，以及教育内容和方法的态度。政府通过派遣视学官对幼儿学校进行检查（以确定补助额），以及控制师范学校（即教员）等方式，加强了对幼儿学校的管理。欲接受国库补助的幼儿学校，必须接受政府的监督和控制。19 世纪 50 年代末，英国幼儿学校的就学率达到贫民子女的 12% 左右。

学无止境

国家干预教育

至 19 世纪中期，尽管教会、部分政客、资本家及思想家出于各自利益的考虑反对政府承担管理教育的责任，但随着形势的发展，要求国家管理教育的呼声越来越强烈。国家干预教育，使工人阶级子女接受教育符合资产阶级的整体利益，这是资产阶级政府参与教育管理的根本原因。广大工人阶级也越来越认识到接受教育的重要性；一些有远见的政治家和思想家主张确保国民接受教育以保证国家的长治久安与繁荣。这些思想成为英国政府此后颁布教育改革方案及设立教育管理机构的认识基础。

二、19 世纪下半期

英国是除德国外世界上最早推广福禄培尔幼儿园的国家。19 世纪下半期，英国幼儿教育的发展主要受福禄培尔幼儿园的影响。最早把福禄培尔幼儿园引入英国的是德国法兰克福联邦议会的议员约翰内斯·伦吉（Johannes Ronge）。他因遭反动势力的迫害，流亡到英国伦敦。1851 年，伦吉及其夫人柏莎在英设立德语幼儿园，1854 年又设立英语幼儿园，招收英国儿童，并开始改用英语教学，从而引起英国人的注意。同年，在伦敦举办了一次教育博览会，福禄培尔的学生别劳夫人发表了演讲并展出了福禄培尔的"恩物"，引起了强烈反响。伦吉夫妇的幼儿园和福禄培尔的"恩物"受到了英国教育行政部门的重视。1855 年 4 月，伦吉夫妇还开办了堪称"幼儿园延伸"的福禄培尔主义初等学校。该校打破传统的小学课程，重视发展儿童个性，倡导创造性教育，增加游戏的时间，突出了学前教育的特点。1874 年，伦敦福禄培尔协会宣告成立。翌年，协会开设幼儿园教师培训所及幼儿园。1876 年，又实行了幼儿园教师资格考试。20 世纪 70 年代后，福氏运动及福氏教育方法已全面影响英国幼儿教育或渗透到英国幼儿教育之中。

三、20 世纪上半期

第二次世界大战前，英国学前教育的发展主要表现为保育学校的创设、《费舍法案》的实施和《哈多报告》的公布。

（一）保育学校的创设

保育学校的创设人是麦克米伦姐妹。1908 年，麦克米伦姐妹在博乌开设实验诊疗所，1910 年改名为"德普特福特学校治疗中心"。在此基础上，1913 年发展成为"野外保育学校"，招收 5 岁以下贫民和工人的孩子。麦克米伦姐妹开设的保育学校，明确提出了为幼儿提供适宜的环境、增进学龄前儿童身心健康发展的办学宗旨；借鉴福禄培尔和蒙台梭利的教学方法，注重幼儿的手工教育、言语教育、感觉训练、家政活动和自由游戏；强调儿童的个性发展、反对拘谨的形式主义教学，让儿童在自然环境中自由地成长。麦克米伦姐妹创办的保育学校得到了社会的拥护，自此保育学校在英国各地不断地涌现。

（二）《费舍法案》的实施

1918 年，英国国会通过了《费舍法案》。该法案的目的是建立一个包括保育学校、小学、中学和专科学校在内的公共学校系统。该法案正式将保育学校纳入国民教育制度中，规定除伙食费和医疗费，对保育学校实行免费入学。并且承认了 13 所保育学校，决定对这 13 所保育学校实行国库补助。该法案还规定将义务教育年限提高到 5～14 岁，把小学分为 5～7 岁和 7～11 岁两个阶段，教学中注重贯彻"儿童中心"原则，但由于受战后经济危机的影响，政府采取了通货收缩政策，教育经费被压缩到最低限度。这也使得扶持保育学校的经费问题没有得到解决，有关扶持保育学校的规定执行得很差。1919—1929 年间，英国保育学校仅增加了 15 所。

（三）《哈多报告》的公布

1926—1933 年，以哈多（W.H. Hadow）为主席的教育调查委员会在对英国初等教育进行调查后，发表了三份有关青少年教育的白皮书，其中《关于幼儿学校与保育学校的报告》（以下简称《哈多报告》），是推动幼儿教育理论和实践发展的极为重要的文献。该报告认为：①良好的家庭是 5 岁以下儿童的最佳环境，保育学校对城市儿童智力的发展具有重要作用；②建议将保育学校作为"国民教育制度中理想的附属机构"，成立以 7 岁以下幼儿为对象的独立的幼儿学校；③幼儿学校的教师应遵循保育学校的原理，通过开展体育、游戏、会话、唱歌、舞蹈、手工、国画等活动使 6 岁以下的幼儿获得知识。

《哈多报告》吸收了裴斯泰洛齐、蒙台梭利、福禄培尔和麦克米伦姐妹等人的幼儿教育思想，被认为是英国学前教育史上具有划时代意义的文献。1936 年后，英国保育学校的发展得以出现新的转机。

思考提升

1. 思考欧文的幼儿学校的主要内容。
2. 思考英国《费舍法案》的实施和影响。

第二节　法国的学前教育

学习目标

1. 把握法国的学前教育发生与发展过程。
2. 了解法国的学前教育机构类型及相关的政府政策。

一、18 世纪下半期至 19 世纪上半期

（一）奥伯尔林的编织学校

"编织学校"是由法国新教派的牧师奥伯尔林（Jean Frédéric Oberlin，1740—1826）于 1770 年创设的。这是法国教育史上记载的最早的学前教育机构。奥伯尔林的编织学校招收的对象是 3 岁以上的幼儿，学校有两名指导教师，一名任手工技术指导，另一名任文化和游戏方面的指导。此外还挑选了一些年龄较大的女孩作"助教"。编织学校的教学内容包括标准法语、宗教赞美歌、格言、观察和采集植物、绘画、地理、游戏、童话故事、缝纫及编织方法等。在教学方法上，重视直观教学和实物教学。学校每周只开放两次。

奥伯尔林学前教育实践

由于奥伯尔林创办的编织学校主要是教育而非保育，它不是严格意义上的学前教育机构，还具有小学教育的性质与功能，因而，尽管它的出现比欧文的幼儿学校要早，但它不能被看作世界上最早的学前教育机构，而只能看作世界近代学前教育机构的萌芽。世界上严格意义上的第一所学前教育机构应首推欧文的幼儿学校。19世纪初，欧文在英国创办幼儿学校时，曾从奥氏的编织学校获得过启示。

（二）托儿所运动

19 世纪上半期，法国的主要幼教机构为托儿所及婴儿托儿所。对这一时期学前教育的发展有着重大贡献的是帕斯特莱夫人、柯夏、马尔波等。

1826 年，法国著名妇女运动活动家、慈善家帕斯特莱夫人领导妇女会创办了法国最早的托儿所，收容儿童 80 名，翻开了法国学前教育史新的一页。

柯夏（L. Cochin，1789—1841）是巴黎第 12 区的区长。他非常重视学前教育，积极协助帕斯特莱夫人开展托儿所运动，还曾赴英考察幼儿学校并深受启发。他认为开

办托儿所是非常必要的，指出托儿所是最有效的公共贫民救济设施和儿童教育设施。1828 年，他模仿英国的幼儿学校在巴黎开办了学前教育机构"模范托儿所"，该托儿所的教育内容有宗教、读、写、算、几何、地理、历史、博物、图画等，在方法上使用直观教学，提出人道主义态度，反对体罚。显然，柯夏受欧文、怀尔德斯平思想的影响非常大。他重视教师的人道主义，具有偏重智育、注重知识教育的倾向。

（三）政府的托儿所政策

法国自拿破仑时代开始就形成了一套中央集权的教育领导体制。在制定保护和教育幼儿的设施法令方面，法国早于西欧其他各国。法国是最早制定旨在保护和教育幼儿的法令的国家。1835 年，法国政府颁布法令，设立初等教育，提出视学官对托儿所具有视察和监督的权力，这是国家正式管理托儿所的开端。1836 年 4 月，教育大臣布雷发出传阅文件，明确托儿所是公共教育部领导下的学校，应同其他的初等学校一样，接受市镇村教育委员会和郡教育委员会的领导，这标志着法国的托儿所由面向贫民的慈善救济事业转为面向全体国民的国民教育事业。

二、19 世纪下半期

福禄培尔幼儿园方法的传入

进入 19 世纪下半期，法国幼儿教育呈现出如下主要特点：其一，托儿所于 1881 年正式改名为"母育学校"，这一名称一直沿用至今；其二，福禄培尔幼儿园运动于 19 世纪中叶传入法国，并取得了许多重要成果；其三，法国的幼教机构开始朝双轨制方向发展；其四，法国继续颁布系列法令来指导幼儿教育的发展，确立了近代幼教制度。

> **课堂互动**
>
> 你了解福禄培尔幼儿园吗？

最早将福禄培尔幼儿园引进法国的是别劳夫人，她是福禄培尔的得力助手。为推广福禄培尔的教育理论和实践经验，她于 1855 年来到法国，在这里生活了三年。其间，她一方面系统介绍了福禄培尔的思想，使法国人了解福禄培尔幼儿园的教育方法；另一方面向法国政府申请将福禄培尔教育方法引入法国托儿所，获得批准后，遂以"国际幼儿所保姆培训学校附属托儿所"为试点，通过法国中央集权的教育领导体制，自上而下顺利地把福禄培尔的教育方法引入法国。

与英国一样，福禄培尔幼儿园引入后，对法国学前教育产生了两方面的影响：一方面使法国的学前教育机构明显地形成了双轨制，即劳动阶级的儿童被送往数量较多的、简陋的托儿所，而上层社会的儿童则被送往为数极少的、条件优越的幼儿园；另一方面是将福禄培尔幼儿园的教育内容、方法引入托儿所中，开始注重儿童的游戏和户外运动。这对改革法国托儿所的保育内容和方法起到了一定的积极作用。

三、20 世纪上半期

第二次世界大战以后，法国政府和社会继承了以往重视学前教育的传统，对学前教育的基础作用有非常清醒的认识，因而更加重视发展幼儿学校。法国政府出台了一系列教育改革法令，进行教育改革，如 1947 年的《郎之万—瓦隆教育改革方案》、1959 年的《教育改革法令》、1979 年的《法国学校体制现代化建议》等。其中对学前教育影响较大的是《郎之万—瓦隆教育改革方案》，该方案首次提出了"教育民主化"的思想，强调根据不同儿童的个体差异，根据儿童的年龄、能力和心理来设计学校，因而被称为一个真正的"以儿童为中心"的教育改革计划。在这一方案的影响下，许多母育学校、幼儿班纷纷建立起来。

进入 20 世纪 80 年代中后期，法国政府更加重视学前教育，把发展学前教育看成实现教育机会均等、开发人力资源、加强科技竞争、增强国力的重要因素之一。为了适应学前教育的发展需要，法国采取了中央、省和市镇三级政府分摊经费的办法，保证了学前教育经费稳定、可靠的来源，其中仅 1986 年，中央支付的学前教育经费（用于支付教师工资及教师培训）占全国教育经费预算的 5.1%。

20 世纪 90 年代，法国学前教育的改革与初等教育的改革紧密联系。1990 年政府颁布政令，决定把学前教育与小学教育合为一体，2～11 岁儿童的教育被分为三个连续的学习阶段，每个学习阶段一般由三个学年组成：①初步学习阶段（2～5 岁），包括母育学校的小班和中班；②基础学习阶段（6～8 岁），包括母育学校大班和小学前两年；③深入学习阶段（8～11 岁），包括小学的后三年。每个阶段的教学活动按学生的能力和水平实行同学科、同水平分组教学。学习阶段的实验和改革的意义在于重视学生的个体差异和幼小衔接，并以学生为中心组织教学。

学无止境

法国学前教育发展的趋势

如今的法国越来越重视幼儿教育，其发展趋势有以下几个方面：①为幼儿构建多元文化教育的课程，使幼儿了解自己国家的文化，认识、接受外国文化；②为幼儿创设良好的相互作用的环境，使幼儿有更多的交往、合作机会，以增长知识经验，发展认知能力，提高交往能力；③研究幼儿学习电脑的问题，以更好地了解幼儿的学习过程，挖掘幼儿的潜力，为其入学打好基础；④研究家庭教育问题，以科学地分析父母的教育动机、教育期望、教育态度、教育行为，以及教育活动对幼儿发展的影响，提高父母的教育能力，使幼儿园和家庭更好地协调起来，共同促进幼儿的发展；⑤研究残疾儿童教育的问题，以充分调动社会各方面力量，为残疾儿童的健康成长服务。

☆ 思考提升

1. 请简述 19 世纪下半期法国学前教育发展的特点。

2. 请总结《郎之万—瓦隆教育改革方案》对法国学前教育的影响。

第三节 德国的学前教育

👉 学习目标

1. 把握德国学前教育的发生与发展过程。

2. 了解德国的学前教育机构类型及相关的政府政策。

一、19 世纪上半期

（一）巴乌利勒保育所与弗利托娜的幼儿学校运动

19 世纪初期，德国已经有了一些幼儿教育设施。其中最早出现的是由巴乌利勒侯爵夫人（Pauline，1769—1820）设立的巴乌利勒保育所。巴乌利勒保育所是德国最早出现的幼儿保育和教育设施。它揭开了德国幼儿教育史上光辉的一页。巴乌利勒夫人从人道主义立场出发，致力于贫民救济工作，于 1802 年在多特蒙德设立保育所，作为其救济设施的组成部分。

德国的学前教育发展简史

受英国幼儿学校运动的影响，德国阿尔萨斯州威尔特城新教派牧师西奥多·弗利托娜（Theodor Fliedner，1800—1864）于 1835 年在自己的教区设立了奥伯尔林式的编织学校，一年之后改名为"幼儿学校"，招收贫穷工人的子女。教育目的在于对幼儿进行宗教教化和道德教化，教学内容与方法均借鉴欧文的幼儿学校办学理念，重视游戏。强调教师的人道主义，力图使幼儿养成礼貌、节制、顺从、勤劳和卫生等习惯。

（二）福禄培尔幼儿园的开办

福禄培尔之前的学前教育实施，基本都是贫民救济性设施，还不能算是正规的教育机构。直到 1837 年，福禄培尔在布兰肯堡开办了一所教育机构——"儿童活动学校"，才有了真正的学前教育机构，这是福禄培尔对学前教育发展所做出的巨大贡献。1840 年，他把自己创办的学前教育机构命名为"幼儿园"，招收 3～7 岁儿童，这是世界上第一所以"幼儿园"来命名的学前教育机构。"幼儿园"的意思是：幼儿园是花园，儿童是花朵，教师是园丁。"幼儿园"这一名称因而被世界各国采用。从此，福禄培尔积极地投入学前教育工作中。他重视游戏，创制出一套称作

"恩物"的教学用品，注重幼儿语言发展，为儿童安排多种作业活动，形成了一整套学前教育理论体系，对后来世界各国的幼儿教育产生了深远的影响。

💬 **课堂互动**

你知道"恩物"是什么吗？请举例说明。

（三）19世纪上半期的学前教育政策

受英国幼教政策的影响，类似巴乌利勒保育所的不断建立和弗利托娜幼儿学校运动影响的不断扩大，引起了政府对幼儿学校的重视。1924年，根据国王敕令，免除了托儿所关系团体的印刷税。1827年，普鲁士政府教育部颁布文件，号召各地"迅速建立幼儿学校"。之后，普鲁士政府对以贫民子女为对象的幼儿教育设施采取了一些保护措施。如1838年，承认了为援助柏林托儿所由私人捐款设立的"中央基金"，1843年，免除了托儿所地租。但总的看来，德国各邦对贫民幼儿所采取的教育政策，目的都是维护社会治安和统治秩序，想控制但又不想提供经济援助，这与英法等国的"支持且援助"的政策形成了鲜明的对比。但它毕竟吸收了一些英国幼儿学校的做法，如注重儿童的室外游戏等，这给当时德国沉闷的学前教育带来了一线生机。

二、19世纪下半期

1857年，在柏林成立了"福禄培尔教育理论促进会"，以正确继承和普及福禄培尔理论，以及培养福禄培尔主义游戏领导人。1860年，以别劳夫人为名誉会长的"柏林福禄培尔主义幼儿园促进妇女协会"成立。1863年，别劳夫人又在柏林设立了"家庭教育和民众教育协会"。这两个协会依据福禄培尔的思想，以进行学前教育的全面改革为最终目标。主要工作有设立幼儿园，设立幼儿园女教师养成所，改造托儿所朝民众幼儿园方向发展，设置以福禄培尔方法为指导的男女儿童游戏场所，把福禄培尔的方法引进女子学校等。1874年，两个协会合并成为"柏林福禄培尔协会"，进一步推动了福禄培尔幼儿园运动。1871年，另一位福禄培尔主义幼儿园运动的核心人物哥尔德休特女士在莱比锡成立了"莱比锡家庭教育和民众教育协会"。在这些协会的领导下，德国的福禄培尔幼儿园迅速推向全国各地。

三、20世纪上半期

第一次世界大战以后，德国废除了君主政体，建立了资产阶级的魏玛共和国。魏玛共和国按照民主的原则对教育进行改革，强调德国所有儿童都享有受教育的权利，使他们在身体、精神和社会方面都得到发展，成为有才干的人。同时，决定设立公共儿童保护机构——儿童保护局，负责监督和指导民间儿童福利事业，承担为婴幼儿、学童等提供福利设施的任务，既要设立公立的幼儿园，又要鼓励民间慈善团体和宗教机构开办幼儿教育机构。

笔记栏

1922年，德国政府制定了《儿童福利法》，其中强调建立"白天的幼儿之家"，包括幼儿园、托儿所及幼儿保护机构等。同时，还提出训练修女以承担看护工作，要求加强幼儿教师的培训。此时期，幼儿园发展成为德国学前教育的主流。德国政府还颁布了幼儿园条例，提出建立各种各样的学前教育机构，指出凡招收2～5岁儿童者，均可称为幼儿园。德国政府还规定，一切幼儿园的政府监督，均隶属于教育部和卫生部。幼儿园儿童具体由地方儿童局负责，学校教养儿童均须得到儿童局许可。

1933年，德国希特勒法西斯政府把教育作为侵略政策的工具，建立了中央集权的学校管理制度。各类学校，包括幼儿园，都必须进行所谓的"种族教育"——强调德意志是最优秀的民族。并在各种教科书中宣扬对法西斯的崇拜和盲从，幼儿教育遭到严重破坏。

第二次世界大战以后，1949年9月，在被美国、英国、法国占领的德国西部成立了德意志联邦共和国（以下简称"联邦德国"）。联邦德国实行地方分权制。学前教育由各州自己制订发展计划并加以实施。各州在学前教育指导思想上不完全一致，对幼儿园的日程安排也无统一规定。由于联邦德国的学前教育不属于国家规定的义务教育范围，国家不要求每个儿童入小学前进幼儿园。幼儿园不归教育行政部门管辖，而主要由私人、教会、社会团体举办，州儿童局负责所有公立和私立幼儿园的督察工作。

学无止境

联邦德国幼儿师资的培养

联邦德国虽然也设有专门培训幼儿园教师的学校，招收初中毕业生和具有同等学力者（修业年限为两年），但由于联邦德国的学前教育不属于义务教育范畴，幼儿园教师无论是社会地位还是工资待遇，都不如其他教师。幼儿园教师仅仅是雇员，工资低于小学教师，这引起了幼儿园教师的不满。结果是，幼儿园不仅严重缺乏教师，而且教师的素质也不高，因而阻碍了学前教育的发展。可以说，联邦德国在幼儿师资方面与其他发达国家相比有很大的差距。20世纪80年代以来，培养学前教师的机构主要有三种：第一种是技术学院，这是德国培养幼儿教师的主要机构，主要学习教育学、心理学、卫生学、教学理论与方法、美术、手工、音乐等，要参加实践活动一年；第二种是大学，从大学毕业的学前教师比例很小，大学前三年主要学习教育基本理论，进行专题研究，最后一年去实习，毕业后到学前教育机构执教或做行政管理；第三类是培训学院，主要培养学前教师助手。

思考提升

1.简述福禄培尔幼儿园的开办及影响。

2.福禄培尔幼儿园的教育内容主要包括哪些方面？

第四节 俄国的学前教育

学习目标

1. 把握俄国的学前教育发生与发展过程。
2. 了解俄国的学前教育机构类型及相关的政府政策。

一、18 世纪下半期至 19 世纪上半期

别茨考伊与莫斯科教养院

18 世纪下半期，俄国的封建农奴制开始解体，城市工商业有所发展。一些收容弃婴的慈善教育机构陆续出现，进步教育家伊·别茨考伊（1704—1795）得到俄国女皇叶卡捷琳娜二世（1729—1796）的重用，积极开展教育改革活动。别茨考伊曾旅居法国多年，对医院和慈善机关的事务较熟悉，也曾撰写过儿童教育方面的著作。1763 年，在俄国女皇的批准下，别茨考伊在莫斯科创建了俄国的第一所教养院，并任教养院院长。1770 年，又在彼得堡开设了一所分院，后来，这所分院成为独立的彼得堡教养院。此后，教养院在俄国各地都开办起来。

别茨考伊的教养院既是慈善机构，也是教育机构。主要收容 2～14 岁的弃婴和孤儿，分成三个年龄阶段实施教育：2～7 岁的儿童主要参加适龄的游戏和劳动；7～11 岁的儿童主要学习识字和计算，另外，男孩子还要学习园艺和其他手艺，女孩子要学习编织、纺织和刺绣；11～14 岁的青少年主要学习算术、地理、教义问答和图画等，男孩子还要学习菜园、花园里的工作，女孩子要学习烹饪、缝纫、家政管理等工作。别茨考伊很重视教养院的道德教育，特别注重给儿童灌输"敬畏上帝"的思想，还注意培养他们热爱劳动、勤俭、整洁的良好习惯，力图把他们培养成有礼貌的、富有同情心的新人。在教育方法方面，别茨考伊指出，学习过程对儿童来说应当是愉快的，不能强迫儿童学习知识，而应根据儿童的爱好去进行，他还主张在学习活动中绝对禁止体罚。别茨考伊也很重视儿童的体育锻炼，他主张让儿童多呼吸新鲜空气，多参加有益的娱乐和游戏，以保持心情的愉悦。别茨考伊的这些教育主张不仅在他创办的教养院中得到了实施，也成为其他教养院的指导思想，从而推动了俄国儿童教育事业的发展。

另一所影响较大的示范性教养院，是在 1802 年由彼得堡教养院在彼得堡近郊的葛岑村开办的葛岑教养院。创院的宗旨是降低婴幼儿的死亡率，改善更多儿童的生活环境。自 1808 年起，教养院中 7 岁以下的儿童由保护人看管。鉴于这些孩子的教育无法保证，1832 年，俄国进步教育家古里耶夫和古格里等向教养院领导人提出建议：在教养院内附设幼儿学校。实验幼儿学校建立后，为使各项管理更为规范，古

格里又为幼儿学校制订了培养计划。计划注重对幼儿进行德育与智育，强调培养良好的卫生习惯，组织幼儿游戏与手工，还教幼儿识字、计算和唱歌。要求教师关心幼儿，不准体罚幼儿。

除了以上的教养院，19世纪上半期，俄国的一些进步人士组成的各种慈善团体，也开办了一些孤儿院和收容所等慈善教育机构。后来，沙皇政府把这些儿童慈善教育机构都收归政府管辖。

课堂互动

你了解俄国学前教育发展的背景吗？

二、19世纪下半期至十月革命前

19世纪下半叶，随着俄国资本主义经济的发展，就业妇女日益增多，加上福禄培尔幼儿园运动也波及俄国，幼儿教育得到进一步发展。19世纪60年代，在俄国莫斯科、彼得堡等地建立了第一批幼儿园。1866年，在彼得堡发行了俄国最早的学前教育杂志——《幼儿园》，出版了以宣传福禄培尔的学前教育思想体系为主的教育杂志——《家庭和学校》。1870年，"福禄培尔协会"在彼得堡、基辅等地成立，这些组织一方面宣传福禄培尔的学前教育理论，另一方面负责幼儿师资的培训工作。1872年，彼得堡福禄培尔协会又建立了"福禄培尔学院"，成为专门培训学前教育人员的私立学校。此后，类似的机构在俄国其他一些地方相继成立。它们是当时俄国唯一的培养学前教育人员的机构，为俄国的幼儿教育培养了一批合格的幼儿教师，极大地推动了福禄培尔幼儿园运动的发展。1908年，在基辅福禄培尔协会的领导下，成立了三年制学前教育专科学校，以培养高级幼儿教师为目的，设置了教育学、心理学等课程，并配有实验室，还有供教育实习的幼儿园，这是当时俄国规模最大的一所学前教育师范学校。阿·斯·西蒙洛维奇是当时最好的福禄培尔式幼儿园之一，该园开办舞蹈、音乐、图画、游戏和手工等活动，其办园模式深受福禄培尔教育思想及俄国乌申斯基教育思想的影响，取得了较好的效果，标志着俄国幼儿教育新的发展成就及未来趋势。但总的来说，十月革命之前的俄国学前教育还是相对落后的，幼儿教育的数量与质量较其他国家都还有较大差距。

三、苏联前期

苏联是学前教育发展较早的国家之一。十月革命以后至20世纪末，苏联一直非常重视公共学前教育，强调学前教育机构对学前儿童进行教育的优越性，制定了有关的方针政策并采取各种措施，促进了学前教育的发展。

1917年11月12日，苏联成立了教育人民委员会学前教育局。教育人民委员会发表了关于学前教育的宣言，指出苏维埃共和国的儿童公共免费教育必须从儿童出生时开始；学前教育制度是整个学校制度中的一个组成部分，从而把学前儿童的教育纳入了国民教育体系。1919 年 3 月举行的第八次苏共代表大会通过的党纲，规定了苏联学前教育的两大任务：第一，按照儿童的年龄特征来实现儿童的全面发展和共产主义教育的任务；第二，解放妇女。苏联学前教育机构的这一职能构成了它与西方许多经济发达国家的学前教育机构的本质差别。1938 年，苏联教育人民委员会制定了《幼儿园规程》和《幼儿园教养员工作指南》。1944 年，教育人民委员会制定了《幼儿园规则》。这些规章制度的颁布，对于整顿幼儿园，促进幼儿教学管理的正规化，提高幼儿教育质量具有重要意义。

卫国战争后，苏联学前教育制度建设的主要工作是将托儿所和幼儿园合并成统一的学前教育机构——托儿所（幼儿园）。20 世纪 50 年代以前，苏联学前教育按年龄段分成两个部分：从出生到 3 岁的婴儿入托所，由所在加盟共和国的卫生部领导；3～7 岁的儿童入幼儿园，由所在加盟共和国的教育部管辖。这种政出多门的状况常令学前教育机构负责人无所适从。要消除这种不合理的现象，满足社会需要，就必须将托儿所和幼儿园合并成统一的学前教育机构，并实现一元化的行政领导。在上述背景下，1959 年 5 月 21 日，苏共中央和苏联部长会议公布了关于改革学前教育制度的决定。该决定指出，改革的重点是宣布在全苏联建立将托儿所和幼儿园合并的统一学前教育机构，并将其正式命名为"托儿所—幼儿园"。从这以后，苏联新设的学前教育机构基本上都是"托儿所—幼儿园"，这类机构逐渐占据多数，成为苏联学前教育机构中的主要类型。

1966 年，苏联常设学前教育机构（主要是托儿所—幼儿园）有 9.2 万个，接收儿童 820 万人；1976 年，接收数达 1150 万人；1982 年，则超过 1500 万人。除常设学前教育机构，苏联在全国还因地制宜，设学前儿童教育之家、露天幼儿园、季节性幼儿园，以及招收接近入学年龄儿童的普通学校附属预备班等。20 世纪 70 年代末，在苏联的大城市，接受学前教育的儿童数已达 80%；80 年代后期，早期教育的必要性日益深入人心，苏联政府要求加速学前教育发展的步伐，尽快全面普及学前教育。到 1988 年末，苏联常设学前教育机构有 14.7 万个（在园儿童 1735 万人，占同龄儿童的 58%），但是仍然供不应求，不能满足广大民众送儿童入托的要求。苏联学前教育努力的方向是要使所有的学前儿童都能接受公共学前教育。为此，必须继续不断地发展学前教育机构，扩大学前教育的专业队伍也是此后苏联学前教育的主要任务。

为迎接 20 世纪 90 年代和 21 世纪的到来，针对苏联学前教育的一些主要特点或缺点，1989 年 6 月 16 日，苏联国家教育委员会通过决议，批准了《学前教育构想》。该构想体现了以下改革思路：①在学前教育机构的设置和管理方面，实现法律化、民主化和多样化；②依据新的科研成果，强调学前期在个性形成中的意义；③要求教育工作人道主义化，以"个性定向型相互作用模式"取代以往的"教学—训导型相互作用模式"，保证儿童的生理和心理健康，形成创造型个性的萌芽；④采取家庭和幼儿园相互浸透的原则，实现家庭教育与公共教育的协调一致。

学无止境

十月革命和苏联

1917年3月，俄罗斯帝国爆发二月革命，导致沙皇下台，俄罗斯帝国解体，出现了资产阶级临时政府和工人士兵代表苏维埃并存的局面。最后以列宁为首的俄国社会民主工党左翼（布尔什维克）联合其他极左翼政党在圣彼得堡发动起义，于1917年11月7日从临时政府手中夺取政权，史称"十月革命"。革命后改国名为"俄罗斯苏维埃联邦社会主义共和国"，简称"苏俄"。

1922年12月30日，俄罗斯联邦、南高加索联邦、乌克兰、白俄罗斯成立苏维埃社会主义共和国联盟，简称"苏联"，后扩至15个加盟共和国。1991年12月26日，苏联最高苏维埃共和国院举行最后一次会议，宣布苏联停止存在。至此，苏联解体，俄罗斯独立。

思考提升

1. 别茨考伊的教养院的特点是什么？
2. 《托儿所—幼儿园统一教学大纲》的特点有哪些？

第五节　美国的学前教育

学习目标

1. 把握美国的学前教育发生与发展过程。
2. 了解美国的学前教育机构类型及相关的政府政策。

一、19世纪前期

19世纪前期，美国正式的学前教育在发展之初也深受欧文幼儿学校运动的影响。在欧文幼儿学校引入美国之前，美国流行的是裴斯泰洛齐的家庭学校，这种学校强调运用直观教具和家庭式的爱的环境来影响幼儿，使之不同于文法学校的预备学校。但这种学校并没有完全体现出学前教育的特点，不是严格意义上的学前教育，所以很快被欧文幼儿学校替代。

美国学前教育
的特点及启示

1818年，幼儿学校传入美国。1824年，欧文在美国印第安纳州建立"新和谐村"，从事共产主义公社的活动，开办幼儿学校，以传播欧文的幼儿学校的思想。

此后，多所幼儿学校在美国成立。幼儿学校招收的对象是上层家庭的 4 ～ 8 岁的儿童，在教育上强调幼儿的健康保护和户外活动。这对当时的美国影响很大，有些方法甚至被初等学校借鉴。但好景不长，由于当时美国教育政府把主要精力放在初等教育上，对学前教育重视不够，不愿为幼儿学校提供经费，这使得只靠收费和慈善团体捐助的幼儿学校难以长期维持。再加上后来幼儿学校环境日益恶化，拥挤不堪，教师素质不高等原因，幼儿学校很快就衰落了。家庭学校一度复兴，但也好景不长，随着人们对高质量幼儿教育的追求及受福禄培尔幼儿园运动的影响，无论是家庭学校还是幼儿学校都面临着被逐渐淘汰的命运。

二、19 世纪中后期

（一）福禄培尔式幼儿园的建立

福禄培尔式幼儿园于 19 世纪 50 年代传入美国，开始在美国的幼儿教育领域中占主导地位。美国最早出现的、影响比较大的福禄培尔式幼儿园是德语幼儿园和英语幼儿园。德语幼儿园是由德国移民玛格丽特·舒尔茨（Margarethe Schurz，1832—1876）于 1855 年在美国的威斯康星州瓦特镇创办的。这所幼儿园在她自己家中开办，专门招收移居美国的德国移民的子女。这是一所教授德语会话的幼儿园，也是美国最早的幼儿园，幼儿园采用福禄培尔的教育方法，指导孩子们进行游戏、唱歌和写作业。这种教育方法对当时美国的学前教育产生了很大影响。截至 1870 年，在美国由德国人开设的德语幼儿园已有 10 多所，这些幼儿园实施的都是福禄培尔式的教育。

美国妇女伊丽莎白·皮博迪（Elizabeth Peabody，1840—1894）于 1860 年创办了美国第一所英语幼儿园，由于采用英语教学，美国的学前教育得到了普及和发展，因此，她被美国人尊为美国幼儿园的真正奠基人。

（二）慈善幼儿园的兴起

福禄培尔幼儿园在美国兴起不久，又出现了一种新型幼儿园——慈善幼儿园。这种幼儿园主要是由个人、教会及各种社会团体开办，招收对象主要是贫困家庭儿童，一般免收学费。这类幼儿园之所以兴起，是因为美国工业革命在促进美国经济飞速发展的同时，也加剧了贫富分化，加上大量移民涌入城市，形成了严重的社会问题。面对这种局面，在福禄培尔式幼儿园在美国兴起不久后，美国出现了一种慈善幼儿园（charity kindergarten），并得到迅速发展。到 19 世纪末，几乎所有的大中城市都办起了慈善幼儿园。伦理文化社的费利克斯·阿德勒（Felix Adler）于 1877 年在纽约创办了美国历史上第一所慈善幼儿园。此后，由昆西·肖夫人（Quincy Shaw）资助，组织了慈善幼儿园网，开展了免费幼儿园运动。1879 年，昆西·肖夫人又亲自创建了一所幼儿师范学校。在她的努力下，到 1883 年，建立起了由 30 所免费幼儿园组成的幼儿园网。在她的影响下，美国的慈善幼儿园在各地相继发展起来。

（三）公立幼儿园的产生和发展

公立幼儿园的建立是以该类学校为基础的。随着美国经济的繁荣、社会的进步和文化事业的发展，从 19 世纪 30 年代开始，以新英格兰为中心，在美国掀起了一场规模宏大的、以发展初等教育为目标的公立学校运动，建立了一批由政府开办并提供经费的公立小学。这场公立学校运动也波及学前教育领域。19 世纪 70 年代，公立幼儿园运动在美国的中西部地区兴起，到 19 世纪 90 年代，公立幼儿园运动在美国各地都得到了蓬勃发展。

美国第一所公立幼儿园于 1873 在密苏里州的圣路易斯市，由该市教育局局长威廉·哈里斯（William Harris，1835—1909）建立，这实际上是在一所公立小学里附设的幼儿园。

公立幼儿园运动是美国学前教育史上的一件大事。在该运动的影响下，美国的学前教育有了一些变化：学前教育成为公共教育制度的一部分；公立幼儿园的建立，保证了学前教育的机会均等；一定程度上改变了幼儿园和小学脱节的状况；促进了福禄培尔理论与美国幼儿教育实践的结合，推动了美国学前教育理论的发展。

课堂互动

你觉得美国学前教育迅猛发展的原因是什么？

学无止境

威廉·哈里斯曾任圣路易斯市教育局局长，是公立学校运动积极的支持者，他受到伊丽莎白·皮博迪的影响，崇拜福禄培尔的教育思想，非常关心学前教育的发展，曾向圣路易斯市的教育委员会提交一份报告，要求把学前教育作为学校教育制度的一个组成部分，这一报告最终得到批准。

二、20 世纪上半期

（一）进步主义幼儿园运动

19 世纪末至 20 世纪 30—40 年代，美国开展了进步主义幼儿园运动，强调研究儿童，注重幼儿教育与实际生活的联系，它是具有美国特色的学前教育改革的开始。安娜·布莱恩（Anna Bryan）和帕蒂·史密斯·希尔（Patty Smith Hill）是这场运动的重要倡导人。

一方面，进步主义幼儿园运动强调研究儿童，提倡自由发展，认为兴趣是儿童活动的中心，教师是教育的指导者和儿童发展的研究者，注重幼儿教育与实际生活的联系，开展多方面的实验活动，使幼儿园教育逐渐发展成为一种与小学教育紧密结合的新型机构，还强调家庭和社会的责任，主张对家长、教师进行培训。这些都是值得肯定的。在其影响下，美国的幼儿教育走向了教材多元化、教学方法多样化、对幼儿认识科学化的道路。另一方面，进步主义幼儿园运动也暴露出一些缺陷，主要是过分强调活动，某些解决问题式的教学方法超出了儿童的能力，不利于儿童进一步学习，而且对广大学前教育工作者来说，他们还没有能力将学术上的研究成果完全理解并运用到教育实践中去，往往陷入缺乏科学性和实证性的经验主义泥潭。所以，进步主义幼儿园运动在20世纪30年代后受到了许多非议。

🐤 学无止境

美国的进步主义运动

进步主义运动发生在19世纪末20世纪初，是美国历史上一股很有影响的社会运动和思潮，它由贪婪和腐败的盛行引发，包括政治、经济政策、社会公正和促进道德水准普遍提高等方面的改革。在这场运动中，美国总统西奥多·罗斯福扮演了重要角色。他通过反托拉斯法有力地打击了垄断集团，并通过制定法律保护环境，保障劳工利益，保护食品安全，使美国得以重新焕发活力，进而跻身世界强国之林，其中新闻自由、结社自由、政治竞选、三权独立起到了决定性作用。从广义上看，进步主义运动包括19世纪末以来农民的平民主义和人民党运动，19世纪末20世纪初城市中小资产阶级的揭发丑闻运动和城市改革运动，以及20世纪初城市自由资产阶级老拉福莱特改革运动。城市进步主义运动集中解决：寡头专权问题；经济立法的公正性问题；市政民主化程序问题；共和党人西奥多·罗斯福的完善托拉斯改革运动；以及民主党人伍德罗·威尔逊的"新自由"运动。后两者主要反映了垄断资本中自由派完善垄断统治的愿望。

（二）"蒙台梭利热"

在进步主义幼儿园运动兴起之时，意大利女教育家蒙台梭利在罗马创办"儿童之家"并获得成功。1910年，蒙台梭利的教育方法连同她所设计的教具传入美国。从1912年至1915年，蒙台梭利两次访美，宣传自己的学说，很快在美国引起强烈的反响。数百名美国学前教育工作者读了《蒙台梭利方法》后，兴奋地奔赴罗马拜访这位教育家。1913年，美国蒙台梭利协会成立，蒙台梭利学校纷纷成立。"蒙台梭利热"达到顶峰。《蒙台梭利方法》一书语言通俗易懂，引起了人们对学前教育的普遍重视。蒙台梭利强调"儿童的自由"及"自我活动"，促使人们重新探索福禄培尔的"儿童自动性原则"及"自由作业"的真正含义。她重视感觉训练和智力训练的思想，使人们更加认识到智力开发的重要性。这些都是20世纪后半期"蒙台梭利热"再度升温的原因所在。

（三）保育学校的传入

受英国麦克米伦姐妹创办保育学校的启发，芝加哥大学教授夫人团体自发地以集体经营的形式，于1915年开设了美国第一所保育学校。1919年，美国第一所公立常设保育学校成立。阿比盖尔·埃利奥特（Abigail Eliott）及埃德娜·诺贝尔·怀特

（Edna Noble White）为推动保育学校在美国的传播和普及做出了突出贡献。她们曾赴英国麦克米伦姐妹的保育学校学习办学经验。埃利奥特于 1922 年 1 月在波士顿创办"拉格斯街保育学校"。怀特在底特律梅里尔－帕尔默母亲学校创办了一所附属保育学校，并从麦克米伦中心雇请了部分教员，她们就成为 20 年代美国保育学校运动的主要领导人。1929 年成立了"全国保育协会"，当时美国全国设立的保育学校已达 600 多所，保育学校多作为教育实习或具有研究性质的实验学校。第二次世界大战期间，为确保妇女投身到军事产业中来，联邦政府对保育学校实行经济援助，成立战时紧急保育学校，使保育学校数量猛增。到 1945 年 2 月，美国全国共有 1481 所保育学校，招收幼儿 69000 名。尽管此时的保育学校教师素质不高，但从社会效益看，这种措施还是成功的。

三、20 世纪下半期的学前教育

（一）"开端计划"的实行

1963 年，美国记者麦克尔·哈林顿（Michael Harrington）出版了《另一个美国：美国的贫穷》一书，书中指出：美国当时有四分之一的人生活在贫困线之下，其中 300 万人生活在极度贫困线以下，这些人绝大多数是黑人、印第安人和因纽特人。他们的子女完全得不到适当的早期教育，他们不会说完全的句子，不会握笔，甚至连自己的名字都不知道，他们入学后也难以适应学校的学习生活。此书引起了美国人对贫穷问题的关注，也使人们认识到贫穷与教育缺乏之间的关系。为此，当时的约翰逊总统提出"向贫穷开战"的口号，提出解决贫困线以下儿童的教育问题。1965 年秋，美国联邦教育总署根据 1964 年国会制定的《经济机会法案》，提出"开端计划"（Head Start Program），要求对"处于困境家庭"的子女进行"补偿教育"，并在全国范围内实行。

"开端计划"是美国政府针对学前儿童（尤其是处境不利的学前儿童）及其家庭的国家行动计划，其目的是通过专业教育工作者、社区工作人员、指导顾问和家长的共同努力，使贫困儿童的认知能力得到发展，进而帮助其做好入学准备，以适应公立学校的文化，打破贫穷循环，使贫穷家庭发生根本的改变，实现学前教育的机会均等，促进学前教育民主化。开端计划的设立根据是马丁·多伊奇（Martin Deutsch）、麦克维克·亨特（McVicker Hunter）及布卢姆（B. Bloom）等人的研究结论，即出生后最初几年的学习与成长经验对一个儿童以后的学习能力具有极为重要的影响。

（二）幼儿智力开发运动

1957 年，随着苏联第一颗人造卫星发射上天，美国朝野开始思索本国教育的问题，并于 1958 年颁布《国防教育法》，开始进行大规模的以发展学生智力为目的的教育改革，以适应"知识爆炸"对教育提出的新挑战。

在美国幼儿智力开发运动中，蒙台梭利、布鲁纳、皮亚杰等教育家、心理学家的理论起到了重要的指导和影响作用。20 世纪 60 年代，著名的结构主义心理学家布鲁纳认为，儿童具有极大的智力开发潜力。任何学科都可用某种方式有效地教给任何发展阶段的任何儿童。按照他的主张，只要做到学科教材适合任何儿童发展阶段，并按照儿童理解的方式加以组织和表达，儿童就能接受这一思想。这就进一步强化了美国在 1957 年后所追求的教育要发展儿童智力的目的。此时，美国掀起了旨在提高教育质量的中小学课程和教学方法的改革运动，这自然波及学前教育。同时，伊利诺伊大学教授亨特在 1960 年出版的《智力与经验》一书中指出，婴儿期是决定理性活动差异的重要时期，儿童到 4 岁才进行教育为时已晚，学前教育界、家长及联邦政府当局必须重视幼儿智力开发，强调对幼儿进行科学教育。由此，幼儿智力开发的热潮在美国全国兴起并且得以持续。幼儿智力开发运动模式丰富多彩，佩里学前教育研究计划、蒙台梭利运动的再度兴起和皮亚杰幼儿教育实验可以说是其中的典型案例，幼儿智力开发运动进一步促进了美国政府和民众对学前教育的重视，推动了学前教育的不断发展。

笔记栏

思考提升

1. 简述 19 世纪美国公立幼儿园的产生和发展历程。
2. 进步主义幼儿园运动的影响有哪些？

第六节　日本的学前教育

学习目标

1. 把握日本的学前教育发生与发展过程。
2. 了解日本的学前教育机构类型及相关的政府政策。

一、学前教育机构的建立和发展

（一）国立幼儿园的创建

在明治维新之前的幕府统治时期，日本的富有家庭主要聘请家庭教师为孩子进行入学前的教育，普通平民家庭的子女的学前教育则依靠一个专门为平民子弟开设的叫作"寺子屋"的简易教育机构进行。日本学前教育史上的第一所国立幼儿园是 1876 年成立的东京女子师范学校附属幼儿园。该园还开设保姆培训班，为学前教育培养师资。因此，该所幼儿园不仅是日本学前教育机构的先驱，也是明治维新后培养学前教育师资的一个重要基地。1877 年，文部省为附属幼儿园制定了规则，对幼儿园的目的、入园年龄、保育时间、保育科目和保育费用等方面进行了规定。有些规则被后来在日本各地成立的幼儿园仿效，其影响很深远。这所幼儿园虽然园舍精美华贵，设备完善齐全，但是相应地，入园费也十分昂贵，普通平民子女望而生畏。因此，发展速度相当慢，难以普及。

（二）简易幼儿园的出现

为了扭转幼儿园发展缓慢的局面，特别是为了使贫民子女也能接受学前教育，日本文部省于 1882 年发出建立简易幼儿园的"示谕"，出台了新的办园规定：幼儿园规模不宜过大，提倡设置简易幼儿园，办园一切费用由政府承担。这一政策加速了日本幼儿园的普及，截至 1885 年，日本全国已有简易幼儿园 30 所，入园儿童总数达 1893 人。这种简易幼儿园的特点是：设备简单，节省开支；收费低廉；对儿童的保育实行部分年龄阶段的集体保育，适合乡村和边远地区幼儿园的普及。

（三）私立托儿所的建立

随着资本主义的发展，妇女就业人数激增，简易幼儿园仍不能满足社会的需求。这样，一种新的学前教育机构——托儿所应运而生。日本学前教育史上第一所托儿所是由民间人士赤泽钟美夫妇于 1893 年在新潟市创立的。与幼儿园不同，托儿所不是国立的，是由私人出于慈善动机开办的私立机构，是专门为看管贫民的子女而开设的。这种托儿所的特点是实行常设寄托制，并且收费较低，深受年轻父母的欢迎。受其影响，1894 年，大日本纺织公司也在工厂内附设了托儿所。1896 年，在福冈县还成立了利用民宅建起的邻里托儿所，以照管劳动妇女的子女。正是从赤泽钟美夫妇创办的第一所托儿所开始，日本的学前教育事业走上了一个新的发展轨道。从此日本就存在幼儿园和托儿所两类学前教育机构。这一体制一直延续至今。

二、近代学前教育制度的建立

为了进一步巩固与推进刚刚建立起来的幼儿园和托儿所，建立相应的制度及规定有关的法令已势在必行。1871 年，日本设立文部省负责全国的教育事业。1872 年，文都省公布了日本教育史上非常重要的《学制令》。它的颁布标志着明治维新后教育改革的开始。《学制令》第二篇"学校"第 22 章是有关学前教育的规定：幼稚小学可招收 6 岁以下的男女儿童，实施入小学之前的教育。这是日本有关学前教育机构方面的最早规定，但在当时，明治政府把工作的重点放在创建小学以上的各级各类学校建设上，并不重视幼稚学校的发展，所以《学制令》中有关学前教育的规定只是一纸空文。

日本幼小衔接的启示

1879 年，明治政府新颁布了《教育令》，代替之前的《学制令》。《教育令》的第一条即规定"全国的教育行政由文部卿统辖，学校、幼儿园、图书馆等，不论公立私立都要受文部卿的监督"。这一规定使日本的学前教育从一开始就被置于国家

文部行政管理之下，成为国家教育体制的一部分。1890 年，文部省又颁布了新的《小学校令》，明确规定了市镇村和村镇学校组合可以设置幼儿园。

1899 年，文部省颁布了《幼儿园保育及设备规程》（以下简称《规程》）。这是日本政府制定的第一个有关幼儿园的正式法令。《规程》对幼儿园的建园目的，以及幼儿园的设施、设备、保育内容与保育时间等方面都做出了明确的规定。《规程》的制定，奠定了日本学前教育体制的基础。其主要内容如下：①幼儿园是为年满 3 岁至学龄前儿童开设的保育场所；②每日保育时间为 5 小时，包括吃饭时间；③一所幼儿园可招收 100 名儿童，个别情况可招收 150 名儿童；④一名保姆可保育 40 名以内的儿童；⑤保育内容包括游戏、唱歌、谈话、手工作业，以及纠正幼儿的不良道德仪表；⑥在保育方法方面，应坚持适应幼儿身心发展，难易程度得当，利用幼儿模仿力极强的特点，让他们多接触嘉言懿行；⑦规定了幼儿园所需的设备。《规程》是日本学前教育发展史上的一个里程碑，成为以后日本幼儿园制定新章程的基本依据，是日本学前教育走向制度化的重要开端。

日本学前教育那些令人目瞪口呆的细节

课堂互动

你觉得日本的学前教育较之欧美国家有什么特点？

三、福禄培尔学前教育思想的影响

日本是一个擅长向外国学习的国家。在向欧美学习的热潮中，福禄培尔的学前教育思想对日本影响最大，成为推动日本学前教育发展的强大动力。最早介绍福禄培尔幼儿园的是东京师范学校校长中村正直。1877 年 11 月 24 日，他在日本新闻杂报上发表了《福禄培尔幼儿园理论概要》的文章，他的思想被认为是日本东京女子师范学校附属幼儿园创办的主要理论依据。

随后，日本的关信三、饭岛半十郎等也积极参与传播福禄培尔教育思想。关信三是东京女子师范学校附属幼儿园的监事，是日本明治维新时期的学前教育家。1877 年，他发表了译著《幼儿园记》，1879 年又编写了《幼儿园二十例游戏》，将福禄培尔的"恩物"以 20 种游戏的方式进行了图解说明，并建议幼儿园每天花 3 ～ 4 小时，将这 20 种游戏一一教给儿童。该书曾被作为学前教育的基础教材而广泛应用。饭岛半十郎于 1885 年出版了《幼儿园入门》一书，书中专门探讨了幼儿游戏问题，指出福禄培尔游戏思想的关键是让儿童在集体游戏中去体会集体游戏的乐趣，培养和加强儿童对自然的热爱。

总之，日本的学前教育是在明治维新后资本主义大工业的刺激下，以及向西方学前教育学习的背景下发展起来的。在学习和发展的过程中，曾尝试建立自己的学前教育制度，也曾根据本国国情调整外国的教育内容。这些措施都使日本学前教育在近代有了一定的基础和良好的开端，为日本以后的学前教育打下了坚实的基础。

四、20世纪学前教育的发展

第二次世界大战以后，日本政府采取特殊的保护措施大力恢复和发展教育，推动了幼儿教育的发展。1926年4月，日本文部省颁布了日本第一部较为完整而又独立的学前教育法令——《幼儿园令》及其实施规则。该法令的颁布标志着学前教育逐渐趋于制度化而进入一个新的发展时期。《幼儿园令》规定幼儿园教育为学校教育中的一环，首次明确了幼儿园在日本教育体制中的位置；幼儿园是为父母都从事生产劳动，无暇进行家庭教育阶层的幼儿而设的保育机构；规定幼儿园以保育幼儿身体健康、培养善良性格、辅助家庭教育为目的；将幼儿园招收对象界定为劳动者子女而不是富裕家庭子女，放宽了幼儿入园年龄，招收3岁以下幼儿，将托儿所纳入幼儿园体系。

1945年8月，日本无条件投降。日本随即根据美国等西方国家的要求对国家的各项事业进行民主化改革。学前教育的改革是日本教育改革的重要组成部分。1946年9月，日本公布了《生活保护法》，规定幼保所80%的费用由国库负担，10%由县政府负担。1947年3月，日本通过了战后最重要的教育立法《教育基本法》和《学校教育法》。《教育基本法》鼓励发展学前教育、家庭教育、社会教育；《学校教育法》规定幼儿园是受文部省管辖的正规学校的一种，以招收3岁至入小学前的幼儿为对象，是学校教育体系中的一环。

20世纪60年代以来，日本政府推出了几项振兴学前教育的重要计划。1962年，日本文部省根据政府提出的"培养人才"的政策，制订了《幼儿教育七年计划》，其目标是使1万人以上的市、镇、村学前儿童入园/所率达到60%以上。1972年，文部省又制订了《振兴幼儿教育十年计划》，其目标是实现4~5岁幼儿全部入园/所。为此实行了学前儿童入园奖励制度，即对于将送子女入公立或私立幼儿园的收入微薄的家庭减免保育费。1953年，日本全国学前儿童入园/所率仅为14%，1969年为51.8%，1973年为60.6%。而到1985年时，日本3~4岁学前儿童入园/所率为70%，5岁幼儿入园/所率已达90%。至此，日本学前教育水平已跻身于少数最发达国家之列。1991年，文部省又策划、制订了战后第三份幼儿教育振兴计划，其目标是确保今后10年3~5岁学前儿童有充分的入园/所机会，并划拨了专项资金，供新建或改建幼儿园设施之用。这些计划的实施，使日本学前教育事业发展得更为迅猛。

思考提升

1. 日本1899年《幼儿园保育及设备规程》的主要内容有哪些？
2. 简述福禄培尔学前教育思想在日本的传播与影响。

思政小课堂

> 疑今者察之古，不知来者视之往。
>
> ——〔春秋〕《管子·形势》

解析：

对于现在有所疑问，可以去查看历史，对于未来的事情不了解，也可以去查看过往的史料。

章节检测

一、选择题

1.世界最早的学前教育机构是由欧文创办的（　　　）。

A.新兰纳克幼儿学校　　　　　　B.怀尔德斯平幼儿学校

C.福禄培尔幼儿园　　　　　　　D.幼儿之家

2.英国 19 世纪幼儿学校的积极创办者（　　　）提出的"开发教育方法"，被很多国家的学前教育机构仿效。

A.福禄培尔　　　B.欧文　　　　C.怀尔德斯平　　D.威廉·哈里斯

3.20 世纪美国掀起的长达半个世纪之久的教育革新运动是（　　　）。

A.进步主义教育运动　　　　　　B.永恒主义教育运动

C.要素主义教育运动　　　　　　D.存在主义教育运动

二、填空题

1.第二次世界大战前，英国学前教育的发展主要表现为保育学校的创设，《费舍法案》的实施和_____的公布。

2.编织学校由法国新教派的牧师_____于 1770 年创设，这是法国教育史上最早的学前教育机构。

3.1837 年，福禄培尔在布兰肯堡开办了一所教育机构，他把这所学校命名为_____。

三、简答题

1.请简述奥伯尔林的编制学校。

2.请简述幼儿智力开发运动。

习题答案

在线测试

第十章
外国近现代学前教育思想代表人物

📹 **故事导入**

卢梭与《爱弥儿》

1762年，卢梭创造了《爱弥儿》这部惊世骇俗之作。作为专门的教育论著，《爱弥儿》不仅包含了卢梭此前的革命思想，而且将这些思想运用于教育问题的思考，得出了教育上哥白尼式的革命性结论。但教育历来是欧洲教会势力盘根错节的重要领地，捅了这个马蜂窝立即给卢梭带来了铺天盖地的迫害。巴黎大主教亲自出面，宣布焚烧《爱弥儿》，随后高等法院也下令通缉卢梭，报纸、杂志则推波助澜，甚至一些原来的朋友也与他反目。卢梭以其50岁之身躯，八年之中，先后逃亡于瑞士、普鲁士及英国等欧洲各地，最后隐姓埋名于法国乡村。1770年，卢梭获赦重返巴黎。他仍然坚持自己的理想，声望日著。

资料来源：吴式颖，李明德.外国教育史教程[M]. 3 版. 北京：人民教育出版社，2018：180.

你还了解哪些近现代教育家？

在近现代学前教育体制形成和发展的过程中，许多近现代教育家都提出了各自的学前教育理论，这些理论对世界学前教育事业的发展起到了积极的推动作用。与此同时，各种学前教育理论之间也存在着相互影响、继承和借鉴的关系，在近现代西方教育史上占有重要的地位。

✏️ **教学建议**

1. 课时建议：4 课时。
2. 学习重难点：
对洛克、卢梭等教育家的学前教育思想进行客观的评价。

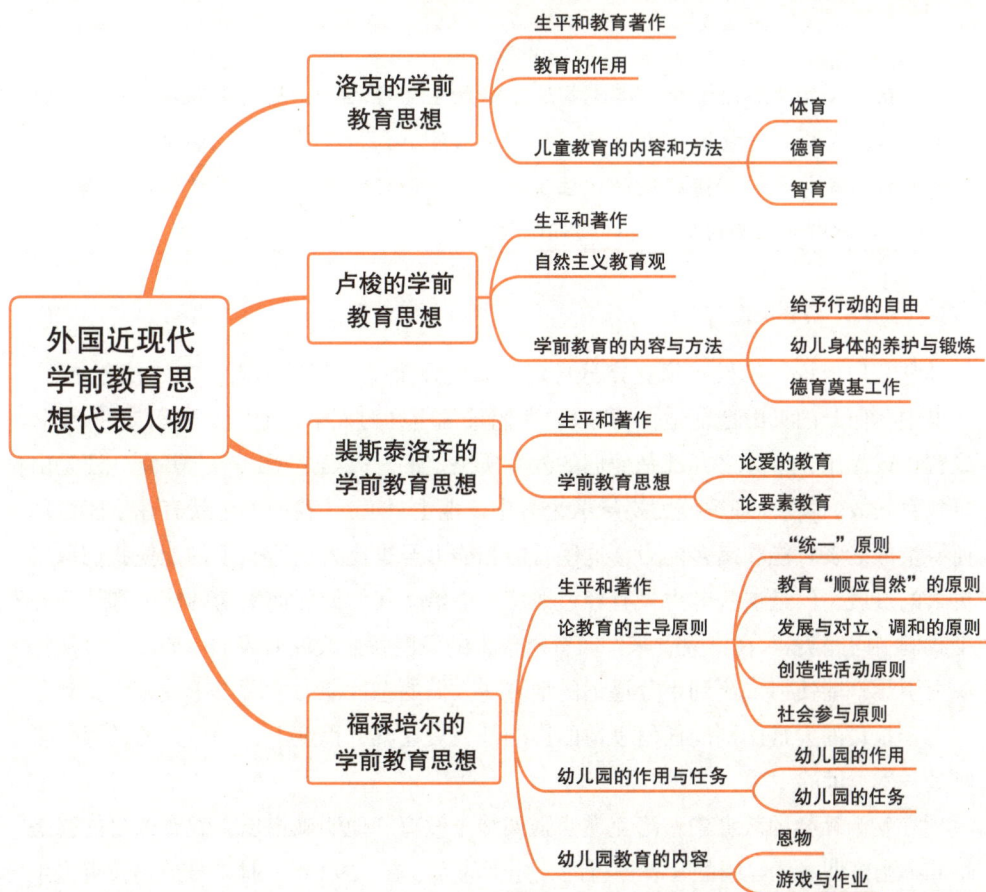

本章目标

▶ **知识目标**

1. 认识近现代学前教育思想产生的历史文化背景。
2. 对洛克、卢梭等近现代教育家的学前教育思想进行客观的评价。

▶ **能力目标**

能够理解近现代教育家的思想内涵，并将其运用于教学实践。

▶ **素质目标**

用批判的眼光审视近现代教育家的学前教育思想，不盲从权威。

▶ **思政目标**

感知教育家们终身致力于发展教育的精神，激发对于学前教育事业的热爱。

思维导图

外国近现代学前教育思想代表人物

- 洛克的学前教育思想
  - 生平和教育著作
  - 教育的作用
  - 儿童教育的内容和方法
    - 体育
    - 德育
    - 智育
- 卢梭的学前教育思想
  - 生平和著作
  - 自然主义教育观
  - 学前教育的内容与方法
    - 给予行动的自由
    - 幼儿身体的养护与锻炼
    - 德育奠基工作
- 裴斯泰洛齐的学前教育思想
  - 生平和著作
  - 学前教育思想
    - 论爱的教育
    - 论要素教育
- 福禄培尔的学前教育思想
  - 生平和著作
  - 论教育的主导原则
    - "统一"原则
    - 教育"顺应自然"的原则
    - 发展与对立、调和的原则
    - 创造性活动原则
    - 社会参与原则
  - 幼儿园的作用与任务
    - 幼儿园的作用
    - 幼儿园的任务
  - 幼儿园教育的内容
    - 恩物
    - 游戏与作业

◆ 笔记栏

第一节 洛克的学前教育思想

学习目标

1. 了解洛克的生平与教育著作。
2. 掌握卢梭关于幼儿教育内容的论述。

一、生平和教育著作

约翰·洛克（John Locke，1632—1704），17 世纪英国著名的哲学家、思想家、教育家。《教育漫话》是洛克在教育方面的代表作，系统阐述了绅士教育理论，描绘了绅士教育的蓝图，表达了新兴资产阶级在教育方面的要求，为资产阶级反对封建意识、争取政治平等和教育民主提供了理论依据。

《教育漫话》

学无止境

白板说

在《人类理解论》中，洛克阐述了唯物主义经验论，反对天赋观念论。洛克认为，人的心灵就像一块白板一样，上面没有任何痕迹，知识和观念起源于感性的经验。人们获得经验的方法有两个：一是对外部世界的感觉，即外部经验；二是对内部心灵的反省，即内部经验。

二、教育的作用

从"白板说"出发，洛克充分肯定和高度评价了教育的作用。在《教育漫话》一书中，他开门见山地写道："我敢说我们日常所见的人中，他们之所以或好或坏，或有用或无用，十分之九都是他们的教育所决定的。人类之所以千差万别，便是由于教育之故。"在《理解能力指导散论》中，他也写道："我们天生就有几乎能做任何事情的诸多官能和诸多能力，这些官能和能力至少比人们所想象的能使我们取得更大的进展，但是这些能力只有经过锻炼才能给予我们做任何事情的能力和技巧并把我们引向完美。"在洛克看来，教育对于人的发展就如改变河流的方向一样，从根源上引导就能使河水流到十分遥远的地方。人们的态度能力之所以千差万别，其原因在于教育的力量比别的任何事情的影响都大。在某种程度上，一个人的教育会影响其一生一世的生活。

在整个社会的教育中，洛克尤为强调绅士教育。他明确提出，教育的目的就是培养绅士，即身体健康的、有德行的、能干的人。在 1692 年 3 月 7 日致葛拉克先生的信中，洛克就这样写道："最应该注意的还是绅士的职业。因为一旦绅士受到教育，上了正轨，其他的人自然就都能走上正轨了。"

课堂互动

你认为卢梭的绅士教育可以普及吗？

学无止境

绅士的标准

洛克认为绅士应该具有七条标准：①身体。绅士应该身体强健，其主要标准是能够忍耐劳苦。因为要能工作、要有幸福，就必须先有健康。②德行。绅士应该有良好的德行。正是因为具有良好的德行，绅士能克制自己的欲望，能不顾自己个人的倾向而顺从理性的指导。③智慧。绅士应该具有智慧。因为智慧使得一个人能干并有远见，能很好地处理他的事务，并对事务专心致志。④礼仪。绅士应该有良好的礼仪。具体是指随人、随时、随地都有适当的举止与礼貌。⑤学问。绅士应该具有必需的学问。因为学问对于德行与智慧是有帮助的。⑥表达。绅士应该能优美地表达，即说话优美和写作优美。其中，说话优美又表现为清晰易懂和推理正确。⑦技艺。绅士应该具有手工的技艺。

三、儿童教育的内容和方法

（一）体育

洛克认为，健康的精神寓于健康的身体，因此，体育是教育的基础。其目标是使幼儿能有健康的身体及强健的体格。在这个意义上，洛克所谓的体育实际上就是健康教育。在他看来，这不是指医生对于生病的、孱弱的身体应该怎么办，而是指在不借助医药的前提下，人们应该如何保护和改进幼儿本来健康的，至少是没有疾病的身体。当幼儿的身体可以适应一切的时候，他们就不会遭受痛苦与危险。

根据自己当过家庭医生和家庭教师的经验，洛克在体育上提出了自己的设想：多吸新鲜空气，多运动，多睡眠；饮食要清淡，酒类或烈性的饮料不可喝，少用药物，最好是不用；衣服不可过暖过紧，尤其头部和足部要保持凉爽，脚应习惯冷水，应与水接触。

（二）德育

洛克认为，德行是人生最重要和最不可缺少的品德，因此，德育是教育的核心。其目标是使幼儿具有良好的德行，并养成良好的礼仪。具体来讲，就是使他们的精神保持正常，使他们的一切行为举止都合乎一个理性动物的高贵美善的身份。在洛克看来，只要方法得当，德育的目标是能够实现的。

具体来讲，幼儿德育的实施应该包括以下几方面。

一是说理。洛克认为，说理是德育的真正方法。无论对应守的德行还是对应戒的过失，都可以用道理来说服他们。即使对他们进行惩罚，也应该使他们觉得这是合理的。

二是及早管教。洛克认为，在德育上应该对儿童及早加以管教。其目的是使他们的欲望接受理智的规范与约束。

三是树立榜样。洛克认为，在德育上必须重视榜样的教育力量，因为每个人尤其是儿童都喜欢模仿别人。

四是道德练习。洛克认为，为了使一些德行成为习惯，必须进行反复的练习。

五是采用奖惩。洛克认为，在德育上应该采用奖励与惩罚，即善有奖、恶有罚，因为这是支配儿童的重要手段。在奖励与惩罚这两种手段中，洛克更倾向于奖励，而反对惩罚，尤其是鞭挞儿童。

六是严宽结合。洛克认为，在德育上应该处理好严格与宽容的关系，使两者结合起来。

七是爱护名誉。洛克认为，在德育上名誉是一种最有力量的刺激，是一种指导和鼓励儿童的正当方法。在洛克看来，爱护名誉会对一个人永远发生作用，使其走上正轨。

（三）智育

洛克认为，相对于体育和德育来说，智育是教育的辅助。其目标是向幼儿传授学问及发展幼儿智力。两者相比，后者更为重要。因此，教育的职责并不在于使学习者精通所有学科，而在于打开和安排他们的心灵，使他们有能力在需要时专心于任何一门学科。

具体来讲，儿童智育的实施应该包括以下方面。

一是鼓励好奇心。洛克认为，应该对儿童的好奇心加以鼓励。

二是强调心智自由。洛克认为，心智自由是十分重要的，因为心智自由将有助于人们深入学习各种知识，并使他们在各式各样的知识宝藏里锻炼自己的理解能力。

三是学习有用的知识。洛克认为，智育并不是培养学究使其无所不知，而是使其学习对于自己有用的知识，即与品行相称的知识。这些知识应该是有启发的、有益的和最好的，而不是纯粹无用的和华而不实的。

四是注重联想。洛克认为，在智育上应该注重"联想"，即观念的联合。观念的联合分为"自然的联合"和"习得的联合"两种。但是，在智育上，更要重视"习得的联合"。所以，应该通过机会和习惯，促进适当的观念联合，从已有的知识入手去探求与它相关的知识，同时阻止不适当的观念联合。

五是寓教于乐。洛克认为，在智育上必须利用学习里面的快乐，使儿童感到有乐趣，"把学习看作一种游戏"，"把学习当作一种玩耍"。

由于洛克推崇家庭是理想的教育场所，因此，他的幼儿教育思想实际上是论述家庭幼儿教育的。但尽管如此，洛克所形成的一些独特的幼儿教育思想，在体育、德育和智育上不仅进行了较为深入的阐述，而且提出了有价值的建议，因而在近代西方幼儿教育思想的发展中占有重要的地位，并对后世西方幼儿教育的发展产生了重要的影响。

◆ 笔记栏

🕮 思考提升

1.幼儿体育的实施应包含哪几个方面？

2.洛克的德育思想有哪些？

第二节 卢梭的学前教育思想

☞ 学习目标

1.了解卢梭的生平与教育著作。

2.掌握卢梭的自然主义教育观与幼儿教育方法。

一、生平和著作

18 世纪法国启蒙思想家、教育家让–雅克·卢梭（Jean-Jacques Rousseau，1712—1778）出生于瑞士日内瓦的一个钟表匠家庭。他从小喜欢嬉戏于大自然中，养成了爱好自然的天性，也孕育了他的自然教育思想。后来，一年的家庭教师经历，使他对教育问题产生了浓厚的兴趣。此后，卢梭在巴黎结识了许多启蒙思想家，形成了新颖的社会政治观。1756 年以后，卢梭开始专心于著述活动，三部相互联系并构成一个完整思想体系的重要著作先后问世。在文学著作《新爱露伊丝》（1761 年）中，他提出了思想的家庭；在政治著作《社会契约论》（1762 年）中，他阐述了理想的社会政治观；在教育著作《爱弥儿》（1762 年）中，他论述了理想的教育。卢梭反对传统的封建教育，提倡自然教育，并提出了教育年龄的分期思想，论述了幼儿教育的原则与方法，确立了以儿童为本位的新儿童观和教育观，对后来的西方幼儿教育思想产生了很大的影响。

《爱弥儿》

二、自然主义教育观

针对传统的封建教育戕害人性和违反自然的弊病，卢梭提出了自然教育理论，即教育要"归于自然"。这是他的政治观、哲学观和

卢梭的自然教育

宗教观的基础，也是他的教育观的基础。卢梭所提倡的自然教育，是与他的自然主义哲学观点紧密相连的。《爱弥儿》开宗明义的第一句话就是："出自造物主之手的东西，都是好的，而一到了人的手里，就全变坏了。"在他看来，人的自然本性是善良的，由于上帝的恩赐，人生而秉赋着自由、理性和良心。人最可贵的本性就是自由，人在行动中是自由的，性善是人人相同的，并不因人的贵贱而异。但是在人类社会进入文明状态之后，文明人违背了自然法则，滥用自己的自由，而产生了人与人之间的不平等现象。因此，人必须遵循自然的法则，正确地运用自己的自由。否则，就会出现这样的情况："人是生而自由的，但却无所不在枷锁之中。自以为是其他一切的主人的人，反而比其他一切更是奴隶。"人的另一个重要特点是理性。人类具有上帝赋予的理性，因此，能够在感觉的基础上，通过理性活动，形成复杂的观念和知识，并用来指导自己的行动。卢梭认为，在顺应自然的教育下，人的理性得到了发展。

卢梭提倡的自然教育，归根结底，就是教育要服从自然的永恒法则，适应儿童天性的发展，促使儿童身心的自然发展。卢梭认为，人的天性发展是有秩序的，教育必须适应不同时期儿童天性的发展水平，还要适应儿童的个性差异。卢梭认为，每一个人的心灵都有它自己的形式，必须按它的形式去指导它。只有很好地了解儿童之后，才能对他们的发展给予正确的指导，使他们身上的天性自由自在地发展起来。总之，自然教育就是要遵循自然的发展，考虑人的发展的自然进程，并据此作为确定教育目的、原则、内容和方法的基础。在《爱弥尔》中，卢梭强调说："这是我的第一个基本原则。只要把这个原则应用于儿童，就可源源得出各种教育的法则。"

三、学前教育的内容与方法

卢梭把受教育者划分为四个年龄阶段，并提出了各个阶段身心发展的特征及相应的教育任务与方法：婴儿期（出生至 2 岁）以身体的养护为主；幼儿期（2 ～ 12 岁）以体育锻炼和感官训练为主；少年期（12 ～ 15 岁）以智育为主；青春期（15 ～ 20 岁）以道德教育为主。下面主要讨论前两个时期的教育。

（一）给予行动的自由

卢梭认为，为了使儿童身体能够得到自然发展，儿童刚从母胎出生就要给予其行动的自由。如果把这幼小的生命四肢用襁褓捆扎起来并束缚得紧紧的，以致他们的头不能灵活转动，手脚不能自由伸展，那实际上就是剥夺了儿童的自由，妨碍了他们身体的自然发展，阻滞他们的血液循环，影响他们的性格和气质。但是，在给儿童的身体以自由的同时，教育者必须小心地予以照顾，观察他们，跟随他们，以防他们有跌倒的危险；同时，把一切可能会伤害儿童的东西收藏起来，使他们的双手不能接触到。

（二）幼儿身体的养护与锻炼

卢梭认为，儿童的养护和锻炼应该顺应自然。婴儿应该由母亲亲自哺乳，由父母亲自己养育，让婴儿接触新鲜空气。儿童的饮食要合于自然，简单而清淡，让他们多吃蔬菜、水果和乳制品，还要使他们养成适应吃任何食物的习惯。

在衣着上，应该让儿童穿得宽松，以利于四肢活动的自由。儿童的衣装要朴素，也不必穿得太多，能适应气候的变化。卢梭甚至反对给儿童裹头、戴帽、穿袜、穿鞋，认为只有这样才能有利于儿童的正常发育和增强抵抗力。

在睡眠上，应该使儿童有足够的睡眠时间，并对睡眠施以适当训练，使儿童的睡眠时间能随环境需要而改变。儿童的床褥也不宜过于温暖舒适，以便养成在哪里都能入睡的能力。

在对儿童进行养护的同时，还应该注意对儿童进行锻炼。这既包括体格上的锻炼，使他们能够生活在一切环境中，经受自然的考验；也包括品质上的锻炼，使他们养成忍受痛苦的本领，具有克服一切困难的勇气。

在儿童的养护和锻炼中，卢梭坚决反对对儿童的娇生惯养，反对对儿童的溺爱。因此，不能因为儿童啼哭，就一切都顺从他们。如果儿童由于习惯或执拗的脾气长时间哭个不停，唯一能够纠正或防止这种坏习惯的办法就是任他们怎样哭都不要去理他们。

（三）德育奠基工作

1.关于良心与理性

卢梭认为，人的灵魂深处有一种与生俱来的正义与道德的原则，它能使人们正确地判断善恶。他把这个原则称为良心。良心的内容是对自己的爱、对痛苦的忧虑、对死亡的恐惧和对幸福的向往。一方面，卢梭把良心的直接本原解释为天性的结果，认为良心是独立于理智的。另一方面，他又认为只有理性才能指导人们认识善和恶，没有理性，良心就不能得到发展。

在卢梭看来，婴幼儿时期是理性的睡眠期。达到理智的年龄之前，婴幼儿的行为无所谓善恶，对精神的存在和社会关系等也没有任何概念。因此，在这个阶段进行德育是超越自然的安排。

卢梭把婴幼儿时期德育奠基工作的内容规定为：培养博爱精神和为人忠厚的品质，绝不损害别人；让幼儿从小知道简朴，而不要让他们习于奢侈；培养幼儿坚韧不拔的品质。卢梭反对实行过分讲究礼仪的教育和功利主义的所谓"慷慨""大方"的教育，认为这样做会把幼儿教育成虚伪的人。

2.德育的方法

卢梭提出了一整套德育方法：反对向幼儿说理，主张用榜样的力量激励幼儿模仿善行，用"自然后果"的方法遏制和纠正幼儿的恶行；利用游戏和其他活动的方式教育幼儿；在研究和了解幼儿个性的基础上因材施教。

卢梭认为，婴幼儿时期德育方法中的首要因素是榜样，善于模仿是人类的一种良好的天性。幼儿的心灵还处在懵懂状态，人们要提供一个榜样供其模仿。教师要为人公正、善良，以便幼儿在模仿中判断和实践。

课堂互动

你觉得卢梭的自然后果法适用于哪些情境？

学无止境

自然后果法

以自然教育理论为依据，卢梭在道德教育上提出了"自然后果法"。他在《爱弥尔》中说："我们不能为了惩罚孩子而惩罚孩子，应该使他们觉得这些惩罚正是他们不良行为的自然后果。"也就是说，对于儿童的过失，不必加以责备和处罚，而要利用儿童过失所造成的自然后果，使他们自食其果，从而使他们认识其过失并予以改正。

儿童的自由只能受事物的限制，因此，在与自然的接触中，儿童必然会懂得应该服从自然的法则。例如，一个性情暴烈的儿童打坏他所使用的家具时，不要忙着给他另外的家具，而要让他感觉到没有家具的不方便；他打破他自己的窗子时，不要忙着给他配玻璃，而要让他昼夜都受风吹。又如，一个儿童撒谎时，不要忙着去斥责他，也不要仅仅因为他撒谎而处罚他，而要使他明白，如果他撒谎的话，那谎言的种种不良后果都要落在他头上，即使他以后说的真话也没有人相信，即使他没有做什么事情也会被人指责为干了坏事。在卢梭看来，通过自然后果法，儿童将会认识到什么是对的、什么是错的、什么是应当做的、什么是不应当做的。

资料来源：杜成宪，单中惠.幼儿教育思想史[M].2版.北京：人民教育出版社，2010：268.

卢梭的自然教育理论，以及适应儿童天性发展的教育年龄分期与方法，击中了旧教育的弊病，闪烁着新教育的光辉，在西方教育史上被誉为新旧教育的"分水岭"。尽管卢梭的教育理论中存在着一些片面、偏激乃至自相矛盾的地方，但是，他的教育理论在历史上具有积极的进步意义，同时也促成了后世儿童观和教育观的巨大变革，成为开创新教育的一个重要的里程碑，极大地推动了近代西方幼儿教育理论的发展。

思考提升

1.卢梭的自然主义教育思想包含哪些内容？

2.卢梭对于德育方法进行了哪些论述？

第三节　裴斯泰洛齐的学前教育思想

☞**学习目标**

1.了解裴斯泰洛齐的生平与教育著作。

2.掌握裴斯泰洛齐爱的教育与要素教育。

一、生平和著作

瑞士教育家约翰·亨利希·裴斯泰洛齐（Johann Heinrich Pestalozzi，1746—1827）出生于瑞士苏黎世的一个医生家庭。他在母亲和女仆的抚爱下成长，她们的无私精神对他的一生影响很大。大学毕业后，裴斯泰洛齐先后进行了新庄实验、斯坦兹孤儿院实验，以及布格多夫和伊弗东学校实验。他的教育小说《林哈德与葛笃德》（1781—1787）闻名于整个欧洲。为了纪念这位献身于贫苦儿童教育事业的伟大教育家，瑞士人民在他墓前的纪念碑上写道："涅伊霍夫贫民的救星，斯坦兹孤儿的父亲，布格多夫初等学校的创始人，伊弗东的人类教育家……毫不利己，一切为人。"裴斯泰洛齐热爱和尊重儿童，提倡爱的教育理论，把毕生的精力献给了贫苦儿童的教育事业。

二、学前教育思想

（一）论爱的教育

裴斯泰洛齐把道德教育放在重要的地位，道德教育就是爱的教育，爱的教育贯穿于裴斯泰洛齐的全部教育观点和教育活动之中。裴斯泰洛齐对儿童的热爱是无私的，他爱的对象是社会最底层的贫苦家庭的儿童，这是裴斯泰洛齐提倡和实施爱的教育的特点。

裴斯泰洛齐认为，家庭教育是年幼儿童实施爱的教育的一种最好的方式。因为家庭生活的黏结力就是爱的黏结力，在充满爱和有爱的能力的家庭生活环境中，孩子肯定会变好。在实施爱的教育中，裴斯泰洛齐强调母亲对儿童的教育作用，他认为母爱是人类情感中最纯洁的情感，是教育的基本动力，母亲最了解自己的孩子，在教育孩子方面最有发言权；母亲是天生的和伟大的教师，也是孩子的第一位教师和向导。

笔记栏

学无止境

母亲对儿童的教育作用

在实施爱的教育中，裴斯泰洛齐十分强调母亲对儿童的教育作用。在《林哈德与葛笃德》和《葛笃德怎样教育她的子女》这两本著作中，他都把理想的母亲葛笃德作为实施爱的教育的榜样。裴斯泰洛齐认为，儿童的教育从他诞生的第一天就开始了。一个母亲出于本能的力量，精心照顾自己的孩子，喂他和保护他，使他喜欢和感觉到愉快；母亲看护自己的孩子，满足他的欲望，在他需要帮助的时候就给予帮助。这样，爱的种子和信任的种子就在孩子的心里生长起来了。裴斯泰洛齐又认为，母亲是天生的伟大的教师，也是孩子的第一位教师和向导。母亲最热爱孩子，最了解孩子，也最能观察到孩子的需要，从而尽力使孩子的本能在自我活动中得到充分的发展。因此，他强调说："任何良好的教育，母亲必定能逐日地，不，每一小时地从儿童的眼睛、嘴唇、面部判断他心灵中的最微小的变化。"总之，母亲的影响比任何其他人都更为有力。

资料来源：杜成宪，单中惠.幼儿教育思想史[M].2版.北京：人民教育出版社，2010：277-278.

课堂互动

你了解裴斯泰洛齐的教育心理学思想吗？

（二）论要素教育

1. 要素教育的基本含义

要素教育的基本含义是，教育过程要从一些最简单的，为儿童所接受的"要素"开始，逐步过渡到更加复杂的要素，促使儿童各种天赋能力全面和谐地发展。实际上，也就是遵循大自然的秩序，使人的头脑、心灵和手这些特有的能力得以充分展开和发展。裴斯泰洛齐认为，在关于事物和对象的任何知识中都存在着一些最简单的要素，如果儿童掌握了这些最简单的要素，就能够认识他们所处的周围世界。

2. 体育的要素

体育最简单的要素是各种关节的运动。它表现为最简单的体力形式，如抛、搬、推、拉、戳、摇、转等基本动作。将这些基本动作结合起来，可以构成各种复杂的动作。这是自然赋予儿童关节活动的能力，是儿童体力发展的基础，也是进行体力活动和体育练习的要素。

3. 德育的要素

德育最简单的要素是儿童对母亲的爱。这种爱的种子是在母亲对婴儿的热爱及满足其身体需要的基础上产生的。这种爱反映和表现得最早。裴斯泰洛齐认为，应该重视发展儿童的道德情感，以及重视儿童的道德行为练习。因为道德行为只有通过多次的练习才能巩固。

4. 智育的要素

智育的最简单要素是数目、形状和语言。知识教学应当首先从观察事物开始。裴斯泰洛齐特别提到，幼儿说话的愿望和能力的发展是与他通过观察而逐渐获得的知识成正比的。裴斯泰洛齐还认为，作为知识教学最简单要素的数目、形状和语言，也有其最简单的要素。数目的最简单要素是 1；形状的最简单要素是直线；语言的最简单要素是语音。

✿ 思考提升

1. 思考裴斯泰洛齐爱的教育思想对当前学前教育的启示。
2. 裴斯泰洛齐的要素教育论指的是什么？

第四节　福禄培尔的学前教育思想

👉 学习目标

1. 了解福禄培尔的生平与教育著作。
2. 掌握福禄培尔的幼儿园教育思想。

一、生平和著作

福禄培尔（1782—1852）是德国著名的幼儿教育家。他把自己的毕生精力献给了学前教育事业。

1837 年，福禄培尔在布兰肯堡开办了一个"发展幼儿活动本能和自我活动的机构"，创制了一套游戏"恩物"及其使用说明。他曾想把这个机构取名为"婴儿职业所"或"育婴院"，但都觉得不妥，所以没有确定下来。后来，有一天，他和他的助手在树林中散步时，从所看到的花草树木的自然乐趣中忽有所悟，乃决定用"幼儿园"一词来命名自己创办的幼儿教育机构。他把幼儿的活动场所比作花园，把幼儿比作花草树木，把幼儿教师比作园丁，把幼儿的发展比作培植花草树木的过程。这个名称在 1840 年 6 月 28 日正式公布于世，标志着世界上第一所幼儿园的诞生。福禄培尔的代表作主要有《人的教育》《慈母曲及唱歌游戏集》《幼儿园教育学》等。

福禄培尔的
教育思想

二、论教育的主导原则

（一）"统一"原则

在《人的教育》一书中，福禄培尔开宗明义地写道："有一条永恒的法则在一切事物中存在着、作用着、主宰着。这条法则，无论在外部，即在自然中，或在内部，即在精神中，或在两者的结合中，即在生活中，都始终同样明晰和确定……这条支配一切的法则必然以一个万能的、不言而喻的、富有生命的、自觉的、因而是永恒的统一体为基础……这个统一体就是上帝。"在他看来，上帝是万物的统一体。这是福禄培尔论述教育问题的出发点。

（二）教育"顺应自然"的原则

人的力量、天赋及其发展方向、四肢和感官的活动，是按照自然法则本身在儿童身上出现的，以必然的次序发展的。从儿童刚诞生起，就必须按照儿童的本性去理解和正确对待他们，让他们自由地、全面地运用他们的能力，而不能违反他们的本性，把成人的形式和使命强加于他们。只有在人的天性不受到干扰而自然地发展，以及人的个性发展也受到重视的情况下，正确的、真正的人的教育和人的培育才能发展，才能开花结果，才能成熟。

（三）发展与对立、调和的原则

在教育史上，福禄培尔第一次把自然哲学中"进化"的概念，完全而充分地运用于人的发展及教育。他认为，人的发展过程也和自然界的进化过程一样，经历了一个从不完善到完善、从低级到高级、从简单到复杂的过程。在福禄培尔看来，一个人未必到达成年期而成为成年人，只有当他真正符合幼年期、少年期和青年期的要求时，才成为成年人。那种希望幼儿可以跳跃少年期和青年期，在各方面表现得像一个成年人的想法，只会给后面的教育带来不可克服的困难。

受当时科学发展水平的限制，福禄培尔试图从自然发展的规律中，去寻找人的发展的规律。他认为，人的精神和性情的发展与矿物结晶过程有着十分奇特的一致性，即开始时是片面的、个别的和不完全的，到后来才上升到各方面均一的、协调的、完全的。教育过程中基本的对立物是幼儿的天性与环境的矛盾。幼儿一方面接受外界的刺激，即所谓"变外部为内部"；另一方面又通过活动把自己对事物的认识表现出来，即所谓"变内部为外部"。教育总是从内因和外因的矛盾入手，在两者之间发现调和的东西，克服差异，最终达到两者的统一。

（四）创造性活动原则

福禄培尔认为，上帝是富有创造精神的。上帝按照自己的形象创造了人，因而人也应当像上帝那样从事创造性的活动，以认识和表现存于自身的、上帝的精神。为此，应及早地为幼儿提供从事外部工作和生产活动的机会，使他们通过劳动、生活和行动来学习，这比任何其他方式的学习都更深入、更容易被理解。

（五）社会参与原则

福禄培尔深切意识到幼儿的社交关系在其发展中的重要性，他试图用整体与部分的道理来说明社会与幼儿的关系。他认为，幼儿本身是一个整体，同时他们又是社会这个大整体的有机组成部分。幼儿只有通过与他人的交往，才能认识自己与他人的关系，进而认识人性。

三、幼儿园的作用与任务

（一）幼儿园的作用

在《人的教育》一书中，福禄培尔强调指出："人的整个未来生活，直到他将要离开人间的时刻，其根源全在于这一生命阶段……他将来对父亲和母亲、家庭和兄弟姊妹的关系，对社会和人类、自然和上帝的关系，按照儿童固有的和天然的禀赋，主要取决于他在这一年龄阶段的生活方式……"他又指出："假如儿童在这一年龄阶段遭到损害，假如存在于他身上的他的未来生命之树的胚芽遭到损害，那么他必须付出最大的艰辛和最大的努力才能成长为强健的人，必须克服最大的困难在其朝着这一方向发展和训练的道路上避免这种损害所造成的畸形……"正因为认识到幼儿期是人的一生发展中一个极其重要的阶段，所以，福禄培尔创立了"幼儿园"这种幼儿教育机构。

> **课堂互动**
>
> 你认为今天的幼儿园与福禄培尔的幼儿园何不同？

（二）幼儿园的任务

福禄培尔强调指出，他创立的幼儿园与以前已存在的幼儿学校一类的幼儿教育机构是不同的。他说："称之为'幼儿园'与通常称为'幼儿学校'的类似机构是不相同的。它并不是一所学校，在其中的儿童不是受教育者，而是发展者。"因此在福禄培尔的幼儿园里，其基本思想是帮助幼儿自我表现并由此得到发展。幼儿园必须具备一个供游戏用的宽敞而明亮的大房间，并与一个花园相连。幼儿园教师使幼儿参加与其天性相适应的活动，带领他们到花园、树林里做游戏，增强他们的体质，在活动中引导他们进行观察，训练他们的感官，发展他们的活动和创造能力。只要天气许可，幼儿就应在花园里进行各种有益于身心健康的活动，如游戏、体操练习等。有的西方教育学者就指出：在一定的时期中，教育是幼儿兴趣与能力的自然开展，正如花卉一般，在一定时期内绽开并且显露出它的色彩。幼儿和花卉没有教师或园丁一样要生长，但是这两者有了人照料就能生长得更好。正如园丁帮助花卉，使它在开花时把所有的美丽颜色都开放出来；同样，教师帮助幼儿实现神所给予他的一切能力。福禄培尔深受这个类比的触动，把他的学校称为"幼儿的花园"（幼儿园）。他把幼儿放在生长发芽的种子的地位上，把教师放在细心的有知识的园丁的地位上。

四、幼儿园教育的内容

（一）恩物

为了更好地引导幼儿认识自然、扩大知识和发展能力，福禄培尔在幼儿园教育实践中创制了一套供他们使用的活动玩具。这套活动玩具与儿童天性的发展相适应，适合幼儿教育的要求，仿照大自然的性质、形状和法则，体现了从简单到复杂、从统一到多样的原则，作为幼儿认识万物的初步手段。福禄培尔把这套活动玩具称为"恩物"，意指它们是上帝的恩赐。在他看来，通过"恩物"的使用，可以帮助幼儿由简到繁、由易到难循序渐进地认识自然以及自然界的万物统一于上帝的精神。

在福禄培尔看来，真正的"恩物"应该能使幼儿理解他周围的客观世界和表达他们对于这个客观世界的认识；应该能表现各种恩物之间的联系；应该表现部分与部分之间的联系；应该表现整体与部分之间的关系。尽管福禄培尔力图使恩物体现上帝是万物的统一体的思想，但他所创制的恩物客观上有助于扩大幼儿的知识，发展他们的创造力和想象力，从而在欧洲各国得到了广泛的流行。在以后的福禄培尔运动中，福禄培尔主义者把福禄培尔创制的恩物扩大为 20 种，并分成游戏恩物（第 1～10 种）和作业恩物（第 11～20 种）两类。在福禄培尔主义者看来，游戏恩物是幼儿游戏的用具，作业恩物是幼儿作业的材料，包括刺纸、墙纸、画点、剪纸、贴纸、编纸、组纸、折纸、豆细工和黏土细工 10 种。实际上，这已不符合福禄培尔创制"恩物"的原意。

（二）游戏与作业

从儿童的能力特别是创造能力的发展出发，福禄培尔强调游戏与作业在幼儿园教育中的地位和作用，并对游戏与作业进行了颇有价值的论述。

1. 游戏

福禄培尔认为，随着幼儿期的到来，儿童进一步运用他们的身体、感官和四肢，并力求寻找内部和外部两者的统一。这一点特别应当通过游戏来实现，因此，游戏就是幼儿期儿童生活的一个要素。在《人的教育》一书中，他强调说："游戏是人在这一阶段上最纯洁的精神产物，同时是人的整个生活、人和一切事物内部隐藏着的自然生活的样品和复制品。所以游戏给人以欢乐、自由、满足，内部和外部的平静，同周围世界的和平相处。"在福禄培尔看来，游戏既是儿童内在本质的自发表现，又是内在本质出于其本身的必要性和需要的向外表现。可以说，游戏是儿童内部需要和冲动的表现。游戏作为儿童最独特的自发活动，成为幼儿教育过程的基础。一个游戏着的儿童，一个全神贯注地沉醉于游戏中的儿童，正是幼儿期儿童生活最美好的表现。从某种意义上说，幼儿园应当是幼儿游戏的乐园。

基于此，福禄培尔提出，每一个村镇都应当为幼儿设立公共游戏场。他认为，公共游戏场将对整个社区的生活产生极大的作用，既丰富和充实了孩子的生活，又培养了他们共同的社会意识和感情，并激发和培养了他们的公民道德品质。因此，福禄培尔在《人的教育》一书中说："不管谁，如果想呼吸一下令人振奋精神的新鲜的生命气息，都得参观一下这些孩子的游戏场所。"

2. 作业

福禄培尔认为，作业就是给幼儿设计的各种活动。在作业活动中，他们使用某些材料，如纸、沙、黏土、竹、木、铅笔、颜色盒、剪刀、糨糊等，制作某种物体。通过这些作业活动，幼儿可以得到完善的发展。

从某种意义上说，作业是恩物的发展，它要求幼儿将恩物运用于实践。与恩物中的立体相对应的作业活动有捏泥型、纸板和木刻等；与恩物中的平面相对应的作业活动有剪纸、刺孔、串珠、图片上色和绘画等。福禄培尔指出，幼儿只有在掌握恩物的使用之后，才能开始进行作业活动。尽管作业和恩物是紧密联系的，但两者又有明显的区别，表现为恩物在先，作业继后；恩物的主要作用在于吸收或接受，作业的主要作用在于表现或建造。

福禄培尔的教育活动在客观上顺应了工业革命以来发展学前社会教育的历史趋势，并且起到了很大的推动作用。他的幼儿园和学前教育思想，对 19 世纪后期乃至 20 世纪初期世界各国的幼儿教育都产生了积极影响。福禄培尔式的幼儿园陆续传入英国、美国、日本和中国，幼儿园作为学前教育机构的一种重要形式被沿用至今。

✿ 思考提升

1. 福禄培尔关于幼儿园教育制度的思想内容有哪些？
2. 简述游戏与作业的关系。

思政小课堂

孟子曰："君子有三乐，而王天下不与存焉。父母俱存，兄弟无故，一乐也；仰不愧于天，俯不怍于人，二乐也；得天下英才而教育之，三乐也。"

——〔战国〕《孟子》

解析：

孟子说："君子有三大快乐，称王天下不在其中。父母健在，兄弟平安、没有怨恨，这是第一大快乐；上不愧对于天，下不愧对于人，这是第二大快乐；得到天下优秀的人才进行教育，这是第三大快乐。"

📝 章节检测

一、选择题

1.洛克的教育代表作是（　　　）。

A.《论人类不平等的起源和基础》　　　B.《社会契约论》

C.《教育漫话》　　　　　　　　　　　D.《爱弥尔》

2.卢梭提出的教育应从人的本性出发，使人得到充分的自由发展的思想是（　　　）。

A. 绅士教育思想　　B. 自然教育思想　　C. 要素教育思想　　D. 平民教育思想

3.系统地提出幼儿园教育理论，对学前教育学发展做出了重大贡献的教育家是（　　　）。

A. 福禄培尔　　　　B. 柏拉图　　　　C. 夸美纽斯　　　　D. 昆体良

二、填空题

1.洛克认为，人的意识中没有先天的思想观念，它们都是从后天经验中获得的，这一观点就是_____。

2._____的《爱弥儿》集中阐述了人的教育的来源，即"自然天性""事物""人为"，只有将三种教育良好地结合才能达到预期的目的。

3._____的问世标志着教育学作为一门独立的科学而存在。

三、简答题

1.简述裴斯泰洛齐叙述的母亲对儿童的教育作用。

2.简述福禄培尔认为的真正的恩物是什么。

习题答案

在线测试

第十一章

当代西方学前教育的发展及代表性理论体系

故事导入

皮亚杰的钟摆实验

钟摆实验由瑞士建构主义发展心理学家皮亚杰发明，实验要求儿童得出影响钟摆速率的因素。演示钟摆运动后，向被试者提供几种条件，被试者经过思考，先提出几种可能影响钟摆运动速率的因素：一是摆锤的重量；二是吊绳的长度；三是钟摆下落点的高度；四是最初起动力的大小。然后通过实验一一验证了这四个因素各自的影响作用（每次只改变一个因素，其他因素不变），得出了只有绳长改变才能影响钟摆运动的正确结论。实验的结果是：形式运算阶段的儿童已经具有抽象逻辑推理能力，能运用假设演绎推理，推导出问题的结论。

你了解当代西方学前教育的发展吗？较之前有了什么变化？

在当代，各国政府开始重视幼儿的地位，注意保护幼儿的权利，普遍重视学前教育在整个教育体系中的作用和地位，学前教育的重要性得到了全社会的认可，并获得了发展，逐步建立了科学化的学前教育制度体系，还涌现出了许多杰出的教育家，对形成新的幼儿观、发展观和教育观起到了积极的推动作用，学前教育理念不断得到更新与发展，学前教育实践及应用研究也不断获得突破，促进了学前教育理论和实践的规范化、科学化发展。

教学建议

1. 课时建议：4课时。
2. 学习重难点：
（1）整体把握当代外国学前教育的现状与理论发展。
（2）对杜威、皮亚杰等教育家的学前教育理论进行客观的评价。

本章目标

▶ **知识目标**

1. 了解外国当代学前教育发展特点。
2. 了解杜威、皮亚杰等教育家的学前教育理论。

▶ **能力目标**

能够分析与认识当代西方学前教育的发展问题，能够客观评价杜威等教育家的理论体系。

▶ **素质目标**

能够从当代外国学前教育的实践与理论发展中，把握学前教育的发展规律，提升自身理论水平。

▶ **思政目标**

审视当代西方学前教育的发展及代表性理论体系，感受教育家们探索学前教育事业发展的热情，培养开拓创新精神。

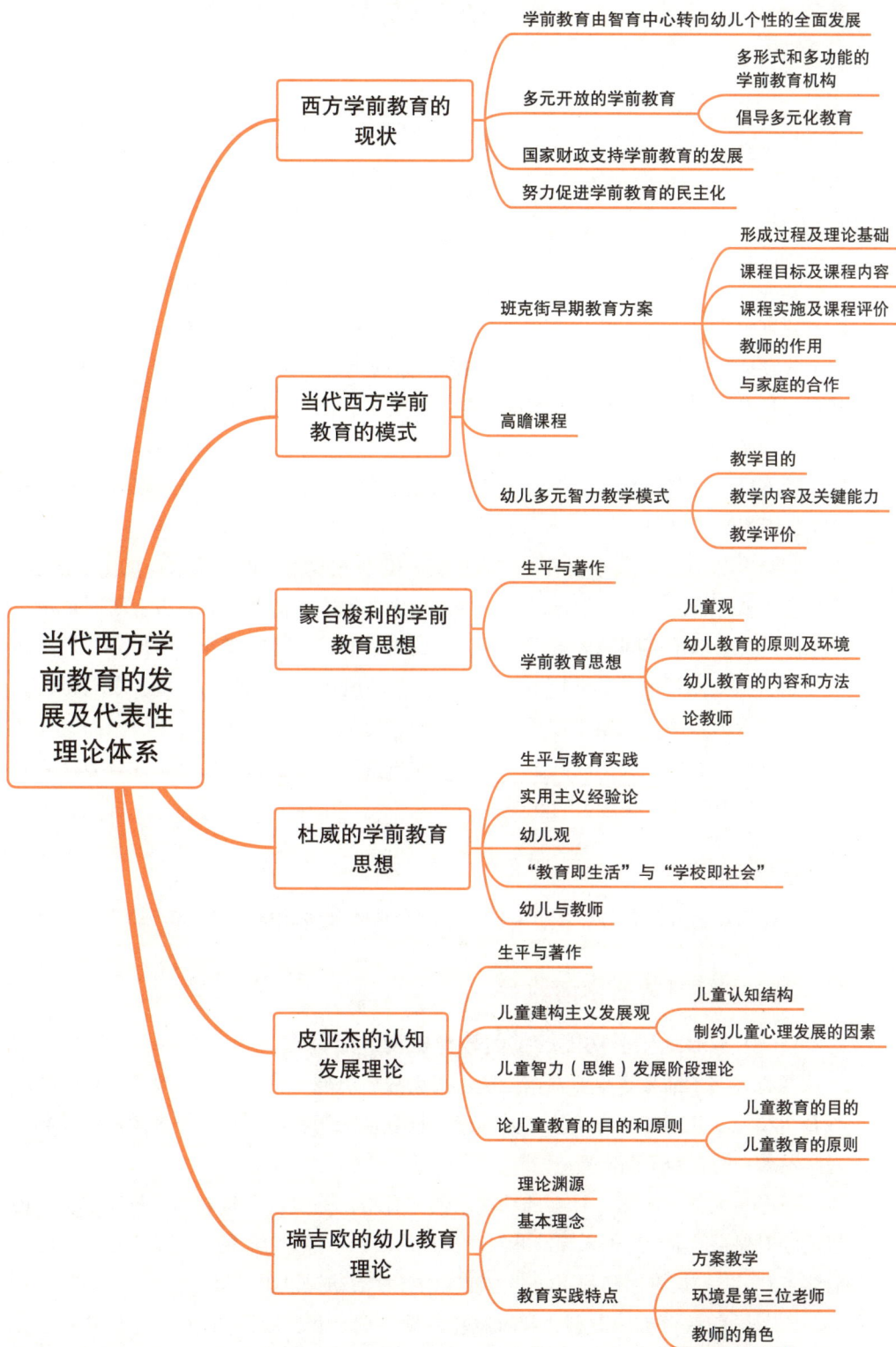

思维导图

当代西方学前教育的发展及代表性理论体系

- 西方学前教育的现状
  - 学前教育由智育中心转向幼儿个性的全面发展
  - 多元开放的学前教育
    - 多形式和多功能的学前教育机构
    - 倡导多元化教育
  - 国家财政支持学前教育的发展
  - 努力促进学前教育的民主化

- 当代西方学前教育的模式
  - 班克街早期教育方案
    - 形成过程及理论基础
    - 课程目标及课程内容
    - 课程实施及课程评价
    - 教师的作用
    - 与家庭的合作
  - 高瞻课程
  - 幼儿多元智力教学模式
    - 教学目的
    - 教学内容及关键能力
    - 教学评价

- 蒙台梭利的学前教育思想
  - 生平与著作
  - 学前教育思想
    - 儿童观
    - 幼儿教育的原则及环境
    - 幼儿教育的内容和方法
    - 论教师

- 杜威的学前教育思想
  - 生平与教育实践
  - 实用主义经验论
  - 幼儿观
  - "教育即生活"与"学校即社会"
  - 幼儿与教师

- 皮亚杰的认知发展理论
  - 生平与著作
  - 儿童建构主义发展观
    - 儿童认知结构
    - 制约儿童心理发展的因素
  - 儿童智力（思维）发展阶段理论
  - 论儿童教育的目的和原则
    - 儿童教育的目的
    - 儿童教育的原则

- 瑞吉欧的幼儿教育理论
  - 理论渊源
  - 基本理念
  - 教育实践特点
    - 方案教学
    - 环境是第三位老师
    - 教师的角色

189

第一节　西方学前教育的现状

学习目标

了解当代西方学前教育的发展现状。

一、学前教育由智育中心转向幼儿个性的全面发展

20 世纪 80 年代以来，世界发达国家学前教育目标有一个明显的变化，那就是由"智育中心"朝注重全面发展方向转变。20 世纪 60 年代，美国心理学家布鲁姆关于儿童早期智力发展的观点，受到许多国家的重视，加强早期智力开发成为美国、苏联、日本、德国等国教育改革的重要内容之一。在这种情形下，人们倾向于把早期教育误解为早期智力开发，导致"智育中心"，忽视学前儿童社会性和情感的发展。随着冷战时代的结束和人文主义教育观的复归，20 世纪 80 年代以来，各国教育工作者都呼吁要纠偏。

1985 年 6 月，在日本召开的"日、美、欧幼儿教育、保育会议"的中心内容，就是要求从"智育中心"转向幼儿个性的全面发展。人们意识到，各育之间是相互联系的，社会和情感问题应被看成智能发展的一个重要组成部分。1990 年 4 月，日本开始实施新修订的《幼儿园教育要领》，明确地将人际关系、环境、表现列入幼儿园的教育内容中，以纠正偏重智育的倾向，促使儿童在天真、活泼、幸福的气氛中得到良好的发展。美国幼儿教育界也普遍重视通过社会教育促进幼儿智力社会交往能力、价值观和自我意识的发展。

课堂互动

你觉得学前教育由智育中心转向幼儿个性的全面发展的难点在哪里？

二、多元开放的学前教育

（一）多形式和多功能的学前教育机构

西方各国学前教育事业在第二次世界大战后出现了较大发展，除了正规的学前教育机构如幼儿园和保育学校，办学形式日益多样化和灵活化，极大满足了社会上对学前教育的各种不同需要。

一是扩大幼儿园服务社会的功能。例如日本，除实行全日制和半日制保育，还发展临时保育事业：为未入园幼儿及家长提供活动条件；为低龄学童提供放学后的托管服务；开展家长培训和利用假期为社区的各种活动提供服务等。

二是学前教育机构微型化和家庭化。例如瑞士和挪威等国的"日间妈妈"、美

国的"日托之家"都被称为家庭式微型幼儿园，即把家庭视为幼儿教育的主体，其他组织形式是家庭的补充。许多美国人认为，家庭是教养幼儿的合适场所，他们珍视"日托之家"那种温馨的家庭气氛。这种幼儿园一般设在开办人自己家里，除自己的孩子，还招收少量其他人家的孩子。

三是社区学前教育机构。学前教育社区化是当今世界发达国家学前教育发展的一个重要趋势。一般说来，社区教育须以发达的经济实力为后盾。美国、日本、英国和澳大利亚等国的社区学前教育都较为发达。社区学前教育的基本特点是非正规性、开放性、综合性和地域性等。

（二）倡导多元化教育

多元化教育是当今世界教育的一个热门话题。联合国教科文组织 21 世纪教育委员会认为，教育的使命就是教儿童懂得人类的多样性，教他们认识人类之间具有相似性与相互依存性。该委员会建议从幼儿时期开始，就应利用各种机会开展多元化教育。一方面，在一个多民族的国家中，应让本国儿童了解各民族文化，允许和保障各民族的文化共同平等发展，以丰富整个国家文化的教育，促进民族团结。另一方面，要加强对儿童全球观念的培养。为适应未来世界各国之间联系和交往日益频繁的趋势，教育家提倡在婴幼儿时期开始多元文化教育。这要求教师在教育教学活动中尽量体现多元文化的要求，教育儿童尊重所有的人及其文化，尊重来自不同文化背景的儿童，促使他们同来自不同文化背景的人们愉快地交往。

三、国家财政支持学前教育的发展

20 世纪的学前教育逐渐由原来的私人性质发展成为公众的责任，政府介入本国的学前教育越来越成为世界性的趋势。许多国家和地区都加大了对学前教育的投入，并将公共财政支持作为国家介入幼儿教育的重要方式。

欧美部分国家逐步实现了以公共经费为主的学前教育投入机制，并在投入过程中兼顾机会普及和质量提升。以美国为例，早在 20 世纪 80 年代，美国就发起了"普及学前教育"运动，其核心内容是加强州政府对学前教育的投入，为应接受学前教育的 3 ～ 4 岁幼儿提供免费教育；美国《2001—2005 年战略规划》强调，"所有儿童通过接受高质量和适当的学前教育促进其入学准备"；2009 年，奥巴马政府又通过《0 ～ 5 岁教育计划》，出台用联邦拨款 100 亿美元资助各州普及学前教育、加强师资队伍建设等有针对性的政策，更加关注早期教育经验的普及和质量。1998 年，英国政府也出台了"国家儿童照料战略"，明确政府投资 80 亿英镑专门用来扩展和改善为幼儿和家庭提供的照料服务，并表示到 2004 年，在英格兰所有 3 岁儿童都能享受每周 5 天，每天 2.5 小时的免费且优质的早期教育。另外，政府对"确保开端项目"的预算拨款也呈增长趋势，由 1999 年的平均约 4.5 亿英镑增加到 2008 年的 17.6 亿英镑。

笔记栏

🐤 **学无止境**

各国重视培养优质的学前师资

　　教育的关键是教师，为了培养高质量的学前教育师资，许多国家都采取了一系列行之有效的措施。例如：①延长职前学习的年限。西班牙、澳大利亚把学前教育师资的培养时间从 2 年延长至 3 或 4 年。②优化职前学习课程的结构，既做到基础课和专业课相互补充，又注意理论和实践相互结合，特别加强了实践课程。如西班牙学前教育专业的学生，第一年学习西班牙语、外语、数学等公共基础课，第二、第三年除了学习幼教理论、幼教史、幼教方法、心理学、发展心理学、教育心理学等专业课，还要在幼教机构实习 4 个月。③重视教师的在职培训，通过多种形式来培训学前教师。在日本，就有院内培训及公开保育活动、国际研修交流、幼儿教育研究会举办的短期培训班等。④注意教师的性别构成。丹麦、瑞典、澳大利亚等国都十分重视男性在学前教育中的作用，使男性学前教师能占有一席之地，以促进儿童人格的健全发展。据统计，日本学前教育男性自 1990 年以来始终保持在 6.3% 的高比率。

四、努力促进学前教育的民主化

　　20 世纪中叶以来，随着儿童权利意识的不断提高，"教育机会均等"，"保证每个孩子都能享受到有效地促进其身心和谐发展的良好教育"成为一种社会需求，教育民主化的问题作为世界教育改革与发展的重要任务之一被提了出来。与此同时，科技进步带来的社会生活、社会意识的变化，以及对教育提出的挑战，使得作为终身

《儿童权利公约》

教育之起始阶段的学前教育得到了社会的空前关注，幼儿教育的民主化问题也随之被提到议事日程上来。促进学前教育的民主化可以说是各国制定幼儿教育政策和发展方针的重要出发点和归宿。教育机会均等是教育民主化的基本内容。

　　当前，国际上对教育机会均等概念的理解呈现出多层次性：由最初的入学机会均等，扩展到教育选择的自由、"资源分配的公平"，再延伸到教育过程的平等，重视个人潜能的充分发展，以及其他受社会教育机会的均等。因此，教育机会均等概念的内涵随着整个社会和教育的发展而不断充实和周延，世界主要国家为实现"人人享有同等教育机会"的理想而采取的策略也更为多样。在教育民主化的浪潮中，从学前期开始，让不分种族、阶层、文化背景的儿童能够有接受教育的机会，是各国共同的理想。

✿ **思考提升**

　　1.简述社区学前教育机构的发展。

　　2.各国如何努力促进学前教育的民主化？

第二节　当代西方学前教育的模式

☞ **学习目标**

了解班克街、高瞻课程等早期教育方案。

一、班克街早期教育方案

（一）形成过程及理论基础

1.形成过程

班克街（Bank Street）早期教育方案也称"发展—互动"教育模式，是由美国班克街教育学院（原名教育实验所）发起的以"发展—互动"理念为基础，对0～8岁儿童进行的教育。1928年，班克街教育学院教育方案初步形成体系，先后创建了儿童学校、儿童科技中心，并为美国"开端计划""随后计划"等国家教育项目做了许多有价值的工作。

2.理论基础

班克街早期教育方案的理念主要来源于三个方面：其一是将儿童发展置于社会背景中的心理动力学理论，代表人物有安娜·弗洛伊德、埃里克森等；其二是儿童认知发展心理学的理论，代表人物有皮亚杰、温纳等；其三是杜威、约翰森、米切尔等一些教育理论和实践工作者的思想。另外，勒温、拜巴等其他心理学家和教育家的思想也对班克街教育方案产生过重要影响。

（二）课程目标及课程内容

1.课程目标

班克街早期教育方案的设计者认为，教育的目标在于促进儿童的发展，而不是特定的学业成就。基于此理念，该方案的教育目标制定如下：培养儿童有效地作用于环境的能力，包括各方面的能力及运用这些能力的动机；促进儿童自主性和个性的发展，包括自我认同、自主行动、自行抉择、承担责任和接受帮助的能力；培养儿童的社会性，包括关心他人、成为集体的一员、友爱同伴等；鼓励儿童的创造性。

2.课程内容

在班克街早期教育方案中，"社会学习"是该课程内容的核心，也是该课程的主要价值。社会学习是指人与人之间及人与环境之间的关系的学习，它涉及人们所处的环境和所处的位置，也涉及过去、现在与未来。围绕这些主题，课程内容常常以综合性的形式进行展开，以确保课程内容的完整性和关联性。

以装修房子的主题活动为例，教师会先整合儿童对于房子的已有经验，然后将与主题有关的知识渗透到美术、音乐、数学、科学、语言、运动、搭建积木等活动中，通过综合性课程的形式来帮助儿童理解"房子"这个概念，进而获得对世界的初步理解。

由此可看出，班克街早期教育方案的课程内容是相互联系的，主要整合了以下四个方面的内容：一是围绕社会学习主题的音乐、阅读、书写、数学、戏剧和美术等不同的课程经验；二是身体、社会、情绪情感和认知等儿童发展的各个方面；三是第一手经验及再创这些经验的机会；四是儿童在家庭和在托幼机构的经验。

班克街教育方案的设计者认为，通过课程内容的学习，儿童能够获得有意义的经验，以越来越多的方式主动地探索世界。学校应为此创造良好的条件、提供相应的设施设备、准备充足的活动材料，让儿童能够借助材料从事创造性活动，以及与同伴、教师、材料等发生互动。

（三）课程实施及课程评价

1. 课程实施

在班克街早期教育方案中，主题网和课程轮是课程设计和实施的工具。课程的设计和实施就像一个轮胎，轮子的中央是主题，各齿轮是各个活动区或活动种类的内容，允许教师根据需要加以更改。课程的实施就是轮胎运行的过程，具体分为以下七个步骤：选择主题、确定目标、教师学习与主题有关的内容并搜集资料、开展活动、家庭参与、高潮活动、观察和评价。

2. 课程评价

课程评价是班克街早期教育方案的重要组成部分，为完善课程方案提供了依据。通过评价，教师能比较深入地了解儿童的学习和成长状况，为进一步设计和实施课程打下基础。与以往测试学业成就的评价不同，班克街早期教育方案设计了一套更为宽泛的评价方法，这套评价方法立足于提供一系列的机会让儿童大胆地表达自己对世界的理解。相对于让儿童掌握基本技能和学科知识，班克街早期教育方案更加注重培养儿童的社会性，发展儿童的个性特征。例如，培养儿童的独立性、合作性、自信心及社会责任感等。

（四）教师的作用

班克街教育方案强调教师的角色是要为幼儿创造适合年龄特征和个别需求的学习环境，包括物质环境及心理环境，其中，心理环境涉及教师的个性特征、行为风格，以及文化背景和教学经验等。教师应当把教室组织成儿童的工作室，使孩子们能在这里自由地操作和使用各种物体，自己选择活动并独立完成计划。同时，教师要积极观察儿童的各种行为表现，能对儿童的自发活动做出积极反应，并激励和引导儿童探究问题。

（五）与家庭的合作

班克街教育方案积极鼓励家庭的参与，重视在学校正式教育环境之外的儿童学习和发展，指出教育环境就是一个社区、家庭、家庭所在的附近地区记忆。儿童所成长的文化和民族群体都是一个个社区，每一个儿童、每一个人都是这些社区的一分子。儿童在这些不同的社区中，通过与他人的交往、相互作用和联系而进行学习。

二、高瞻课程

高瞻课程又称High Scope 教育方案，是一个具有广泛影响的课程模式，源于美国儿童心理学家戴维·韦卡特对处境不利儿童的干预计划，该计划以皮亚杰的认知导向为中心，目的在于帮助儿童在未来的学校学习中获得成功。理念的核心在于儿童主动地参与学习，在这个学习过程中，教师是孩子的合作伙伴，不是提供知识，而是在学习过程中提供协助，给孩子创设一个有爱的、温暖的环境。High Scope 教育方案以其广泛的适用性和可操作性受到全世界的青睐，这些方案包括婴幼儿教育方案（0～2.5岁）、学前教育方案（2.5～6岁）、小学教育方案（6～12岁）和青少年教育方案（12～18岁）。这些方案中以学前教育方案最为有名，该方案是最先形成的，其他方案都是在这个方案的基础上发展而来的。

1. 主体性的教育思想

主动性学习是High Scope学前教育方案的核心。主动性学习包括四个基本要素：直接地操作物体，对活动进行反思，来自幼儿内在的动机、需要和问题解决。

2. 全面发展的教育目标

关键性经验指孩子们应该掌握的知识技能、品性。High Scope 当前确定的关键性经验有58条，这些经验并不是凭空想象出来的，而是从High Scope研究人员长期的研究、教师的实际教学，以及儿童心理学理论中分析抽取出来的。这58条关键性经验被分成10类：创造性表征、运动、音乐、语言与文字、主动性与社会交往、分类、排序、时间感、空间感、数概念。

3. 独具特色的一日常规

在所有的活动中，计划—实施—回顾是最重要的活动时间，它由三个活动组成，在教师的帮助下幼儿自主、自由地计划自己将要做什么，然后把自己的计划与想法付诸实施。在实施完后，孩子们分组讨论，回顾自己的活动，并可以展示自己工作的成果。

4. 精心设计的环境与精心挑选的材料

整个学前教育中心通常被分成几个兴趣区，如沙水区、建筑区、积木区、读写区、计数区、分类区、木工区、玩具区、娃娃家等。这些兴趣区数量的多少不是固定的，兴趣区的内容也不是一成不变的，可以根据各学前教育中心的实际情况及孩子们的兴趣而设置或改变。

5. 对孩子发展的评估

全面的情景性评估。儿童观察记录表（Child Observation Record，COR）是一个全面的评估工具，包括主体性、社会交往能力、创造性表征、音乐与运动、语言与文字、数理逻辑六个内容的评估。

High Scope课程不要求使用特殊的教育材料，这个方案的核心也在于为儿童设置学习环境。在众多的学前教育方案中，它是一种能高质量地服务于儿童的有系统、有组织的教育方案。这一课程能使教育者自身得到很好的教育和训练。长期追踪研究的结果表明，该课程在对人的未来生活产生的影响方面，有其明显的长处。

6.发挥教师和家长的作用

高瞻教学模式强调幼儿是学习主体，但也强调成人的作用。其中，教师的角色基本上是辅导者、支持者、观察者和引导者，而不是幼儿的管理者和监控者。教师要从幼儿的角度去看问题、和幼儿交谈，鼓励幼儿去完成自己计划好的工作；要努力观察并研究幼儿的经验、独特技能和兴趣。教师要对每个家庭做家访，关注母亲和幼儿，从家长处收集幼儿、家庭文化语言及目标等方面的信息，这对于高瞻教学模式的成功实施并在不同背景下能够适用是十分重要的。

课堂互动

你还了解哪些西方的学前教育模式？

三、幼儿多元智力教学模式

幼儿多元智力教学模式来源于美国多彩光谱项目，该项目始于1984年，主要用以评估幼儿的智力状况和表现方式，并实施相应的教育。该模式认为，每个幼儿都有不同的智力组合，适宜的教育机会能加强而不是决定幼儿的智力，一旦确定了幼儿的智力强项，教师就可以为幼儿设计个别化的教育方案。幼儿多元智力教学模式深受加德纳多元智力理论的影响。加德纳认为智力是解决问题或创造具有某种文化价值产品的能力，他提出了八种智力，包括言语–语言智力、音乐–节奏智力、逻辑–数理智力、视觉–空间智力、身体–动觉智力、自知–自省智力、交往–交流智力、自然观察智力，每个幼儿都具有这八种智力，但不同的幼儿会表现出不同的特点。

学无止境

传统智力理论认为，语言能力和数理逻辑能力是智力的核心，智力是以这两者整合的方式而存在的一种能力。加德纳的多元智能理论是对传统的"一元智能"观的强有力挑战。加德纳教授在《智力的结构》（1982年）和《智力重构》（1999年）两书中提出了新的智力定义。在此基础上提出了他的多元智力理论——个体身上存在着相对独立的、与特定认知领域或知识范畴相联系的七种或者八种智力。加德纳的多元智力理论认为：第一，这八大智力在个体身上的不同组合会使得每个人的智力表现都具有独特性；第二，人类的认知存在差异性，个体认知发展存在独特的倾向性，智力是多面的，判断一个人聪明与否的标准也应该是多样的；第三，生理上的倾向性与文化中的学习机会之间存在互动性，人类文化不仅影响，同时还积极地建构个体发展的方向和程度；第四，认知能力是分领域的，文化和教育创造了个体的发展，因此个体的认知能力只有在接触了来自不同领域的材料和信息之后才能得到充分的发展和评估；第五，认知发展的最高层次就是创造能力，是创造性解决问题和生产有用产品的能力，是突破前人范式的结果。

（一）教学目的

在教学过程中，教师首先要为幼儿提供多领域并存的环境，充分了解幼儿的智力特点。一些学业上有困难的幼儿，未必在所有领域都缺乏能力。教师要为他们提供展现这些才能的机会，认可和培育各种智力。多领域并存的环境能够帮助幼儿自主选择，教师则可以充分了解幼儿。其次，教师要识别和培育幼儿的智力强项。每个幼儿都有相对于其他智力而言相对的强项，教师要全方位观察、了解幼儿，确认幼儿的智力强项，并进一步帮助其突出这些强项，使强项更强。最后，教师要带动幼儿全面发展。教师应关注幼儿的全面发展，利用幼儿在强项领域的经验引导其进入更广泛的学习活动。

（二）教学内容及关键能力

多彩光谱项目为幼儿的多元智力发展设计了七个领域的教学活动及相应的关键能力，如表11-1所示。

表11-1　多彩光谱项目能力对照

领域	教学活动	关键能力
语言活动	让幼儿通过真实而有意义的活动来发展听、说、书写的能力，分讲述、报道、诗歌和读写四类	有创意地讲故事、描述性语言及报道、运用诗歌的巧妙语言
数学活动	鼓励幼儿思考一些数学问题，在教室设置教学活动区，提供常见的工具给幼儿使用	数字推理、空间推理、解决逻辑问题
视觉艺术活动	发展幼儿的空间智力，包括艺术感知活动与制作艺术作品活动	感知、创作表征、艺术性、探索性
音乐活动	考虑幼儿身体运动的发展顺序，发展幼儿基本的身体技巧，通过身体表达情绪情感	身体控制、节奏感、表现力、产生运动创意、对音乐的呼应
社会理解活动	着眼于培养幼儿对人际关系的知觉和理解能力	音乐感知、音乐演奏与演唱、音乐创作
科学活动	通过丰富多彩的活动满足幼儿对科学的好奇心，引导其探索世界	观察技能、区别相似和不同、假设和检验，对自然现象表现出兴趣
机械建构活动	教师要提供活动让幼儿练习操作工作，提高解决问题的能力，加深他们对世界的理解	理解结构与功能的关系，空间知觉能力，利用机械解决问题的方法

（三）教学评价

多元智力理论认为，每个幼儿具有多种不同的智力，这就要求教师转变评价观，对幼儿的评价逐步转向动态、多元与实际，并且注重在活动过程中的评价，要关注幼儿身心和学习状况的变化与成长。教师的评价要注意形式的多样化，可以与生活和环境相结合，让幼儿在现实中更愿意表现自己的智力特点和兴趣爱好。

✿ 思考提升

1. 班克街早期教育方案的课程目标及课程内容是什么？
2. 高瞻课程中教师与家长的作用有哪些？

第三节 蒙台梭利的学前教育思想

☞ 学习目标

1. 了解蒙台梭利的生平与著作。
2. 掌握蒙台梭利的学前教育思想。

一、生平与著作

1870 年，蒙台梭利出生在意大利安科纳城。1890 年，蒙台梭利进入罗马大学医学院，成为意大利教育史上第一个学医的女生。1896 年，蒙台梭利毕业，成了意大利第一位女医学博士。博士毕业后，她担任罗马大学附属精神病诊所的助理医生。对许多不幸的智力缺陷儿童，她深表同情，并开始阅读一些有关智力缺陷儿童的书籍，从事智力缺陷儿童的教育工作。蒙台梭利一直希望有机会把智力缺陷儿童教育的方法应用于正常儿童。1907 年，罗马住宅改善协会为保护房屋，自愿提供资金，把由于父母外出工作而无人照管的儿童组织起来，蒙台梭利应邀办起了"儿童之家"。她把教育低能儿童的方法适当修改后运用于正常儿童的教育，结果取得了极大的成功，由此引起了意大利乃至国际上人们的极大注意。1909 年，蒙台梭利总结儿童之家的经验，出版了《应用于儿童之家的幼儿教育的科学教育方法》（又译为《蒙台梭利方法》），该书很快就被译成多种文字，在世界各地广泛流传。

除《蒙台梭利方法》，蒙台梭利的主要著作还有《人类教育学》《蒙台梭利私人手册》《高级蒙台梭利教学法》《童年的秘密》《幼儿之成长》等。

《童年的秘密》

二、学前教育思想

（一）儿童观

蒙台梭利认为，儿童是一个发育着的机体和发展着的心灵，儿童发展的时期是人的一生中最重要的时期。她强调，有一种神秘的力量，它给新生儿孤弱的躯体一种活力，使他能够生长，教他说话，进而使他完善，因此我们可以把儿童心理和生理的发展说成是一种实体化。

在蒙台梭利看来，幼儿身体内蕴含着生气勃勃的冲动力。正是这种本能的自发冲动，赋予他积极的生命力，促使他不断发展。一是主导本能。这种本能为处于生命初创时期的婴儿提供指导和保护，拯救既没有力量也没有拯救自己手段的孤弱生物，甚至决定物种的生存。二是工作本能。幼儿通过不断的工作进行创造，使他自己得到充分的满足，并形成自己的人格。这种本能既能使人类更新，又能完善人类的环境。

蒙台梭利认为，幼儿一开始一无所有，经过适宜的环境的刺激，逐渐表现出令人惊叹和不可思议的心理活动，显现出自己特有的个性。而且，幼儿的精神生命是独立于、优先于和激发所有外部活动的。幼儿具有一种下意识的感受能力，积极地和有选择地从外部世界中进行吸收，使其成为他自己心理的一部分。因此，蒙台梭利把幼儿的心理称为"有吸收力的心理"。

蒙台梭利还认为，在幼儿的心理发展中会出现各种敏感期，正是这种敏感性使儿童用一种特有的强烈程度去接触外部世界。在这时期，他们对每样事情都易于学会，对一切都充满了活力和激情。

💬 **课堂互动**

你了解蒙台梭利幼儿思想的形成背景吗？

（二）幼儿教育的原则及环境

1.幼儿教育的原则

在蒙台梭利看来，幼儿的教育中要注意两条原则。

一是自由的原则。根据蒙台梭利的幼儿观，幼儿的内在冲动是通过自由活动表现出来的，他能根据自己的心理需要和倾向，以及自己的特殊爱好选择物体进行活动。

二是工作的原则。蒙台梭利认为，使幼儿身心协调发展的活动就是"工作"，如果儿童能全神贯注地工作，那么正证明这种工作能满足他的内在需要。在敏感期，给幼儿满足其内在需要的活动，他就能专注地和独自地反复进行练习。这个过程也就是幼儿生理和心理实体化的过程。它不仅使幼儿得到了心理上的满足，而且也使他获得了独立的能力。

2. 幼儿教育的环境

蒙台梭利强调指出，对于幼儿生理和心理的正常发展来说，准备一个适宜的环境是十分重要的。她说："必须注意为儿童期设置一个适当的世界和一个适当的环境。这是一个绝对迫切的需要。"因为正处在"实体化"过程中的儿童需要自己特殊的环境，需要外界环境的保护，这正如胚胎在母亲子宫这样一个适宜的环境中发育成熟一样。这样的环境，应该充满着爱和温暖，有着丰富的营养，所有的东西都不会对幼儿有伤害。虽然幼儿心理的发展是受其内在本能所引导的，但外部环境为幼儿心理的发展提供了媒介。只有给儿童准备一个适宜的环境，才能开创一个教育的新纪元。因此，蒙台梭利说："我们教育体系的最根本特征是对环境的强调。"对环境的注重，既是蒙台梭利方法的特点，也是她倡导的新教育的三个要素之一。因为旧教育只包括教师和儿童两个要素，而新教育包括了教师、儿童和环境三个要素。在蒙台梭利教育体系中，除了教师和儿童之间产生关系，教师和儿童都要与环境产生关系。

学无止境

有一天，一群孩子又说又笑地围成一个圈，圈中间是一盆水，水里浮着一些玩具。我们学校［儿童之家］有一个两岁半的小男孩，他独自一人待在圈外。很显然，我们看到他充满了好奇。我［蒙台梭利］在远方很有兴致地观察着他。他首先走近那些孩子，试图挤进去。但是他不够强壮，接着他站在那里看着他的周围，他脸上的表情非常有趣。我［蒙台梭利］希望有一架照相机把这个情景照下来。他看到了一张小椅子。很显然，他打算把它放在这群孩子的后面，然后爬到椅子上。他向椅子走去，脸上闪烁着希望。但是这个时候，教员用双手残酷地（或者他可能是轻轻地）抱起孩子，把他举过其他孩子，让他看到了这盆水，说："来，可怜的孩子，你也可以看到的。"

毫无疑问，小男孩看到了浮在水中的玩具，但他没有享受到用自己的力量克服困难所得到的快乐。看到那些玩具并不算什么，而他所做的努力将开发他的内心智慧。在这个事例里，教员阻碍了孩子的自我教育，没有给他任何补偿的机会。这个小家伙打算让自己成为一个征服者，但他发现自己被压制在一双手臂之间，无能为力。让我［蒙台梭利］大感兴趣的是孩子脸上那高兴、焦急和充满希望的表情，但是现在它们慢慢地消失了，留在脸上的只是孩子知道别人会为他做任何事情的傻傻的表情。

资料来源：蒙台梭利.蒙台梭利早期教育法[M].祝东平，译.天津：天津社会科学院出版社，2010：29.

（三）幼儿教育的内容和方法

1. 肌肉训练

对于幼儿身体的正常发展来说，肌肉训练十分重要。蒙台梭利作为一位医生，强调幼儿的身体发育及体操活动的作用。她认为，幼儿期是肌肉训练的一个重要时期，应该为幼儿设计各种有助于肌肉训练的体操。

2. 感官训练

在儿童之家中，感官训练占有突出的地位。蒙台梭利认为，必须对幼儿进行系统和多方面的感官训练，使他们通过与外部世界的直接接触，发展敏锐的感觉和观察力。这是幼儿高级智力活动和思维发展的基础。在她看来，3～6岁是幼儿生理和心理迅速发展的时期，也是感官训练的重要时期，幼儿的各种感觉也先后处于敏感期。而且，感官训练也应该在整个教育阶段进行。感官训练不仅关系到幼儿感官能力的发展，也关系到幼儿智力的发展。

3. 实际生活练习

蒙台梭利十分重视幼儿的实际生活练习。实际生活练习可以分成两大类：一类是与儿童自身有关的，另一类是与环境有关的。与儿童自身有关的实际生活练习主要是自我服务，包括穿脱衣服、梳头、刷牙、洗手、洗脸、刷鞋、洗手帕等。与环境有关的实际生活练习主要是管理家务的工作，包括卷小毯子、扫地、拖地、擦桌子和椅子、擦亮门手柄、打扫走廊、削土豆、剥豌豆、摆餐桌、端菜、洗盘子、开关门窗、整理房间等。通过实际生活练习，幼儿可以培养自己的独立生活和适应环境的能力。

4. 初步知识教育

蒙台梭利认为，3～6岁的幼儿天生具有学习初步知识的能力，完全可以教他学习阅读、书写和计算。儿童一旦有了学习机会，就会渴望学习文化知识。在蒙台梭利看来，初步知识教育与感官训练是相联系的，正确的感官训练有助于初步知识教育。蒙台梭利还认为，在学习阅读和书写时，书写的练习一般先于阅读的练习。通过触觉的训练，幼儿可以自然地进行书写练习。

（四）论教师

1. 教师的任务

在《童年的秘密》一书中，蒙台梭利指出，为了使儿童的生理和心理能得到正常的发展，对于教师来说，"所面临的最紧迫的任务，就是去了解这个尚未被认识的儿童，并把他从所有的障碍物中解放出来"。蒙台梭利认为，要完成这个任务，教师就必须去掉自己内心的傲慢和发怒等脾性，放弃过去被认为是教师"神圣权利"的那些特权，使自己不仅在仪表上具有吸引力和令儿童喜爱，而且具备沉静、谦虚、慈爱、耐心、机智等品质。他们应该为幼儿的发展和教育，以及形成良好的人类品质而献出一切。他们应该耐心地观察儿童，对儿童的困境进行反思，引导儿童自己去进行活动，并提供必不可少的帮助和指导。教师和儿童之间的积极关系是教育成功的唯一基础，但这种积极关系绝不表明教师可以替代儿童去活动。

尽管蒙台梭利强调教师的主要任务是观察和引导，但是在《童年的秘密》一书中，她也指出："这并不意味着我们必须完全避免评价儿童，或者我们必须赞成他所做的每一件事，或者我们可以忽视他心理和情感的发展。相反，教师永远不能忘记他是一位教师以及他的使命就是教育。"

2. 教师的训练

蒙台梭利认为，教师应该接受专门的训练，从精神上做好准备，熟悉心理学的原理和方法，熟悉教具的性质和使用，掌握教育的方法，成为一种适宜的环境的保护人。所以，蒙台梭利开办甚至亲自主持国际训练班，注重教师的训练工作。在这种训练班里，除必要的课程，每个学员还要在蒙台梭利学校中进行实际观察，训练结束时要经过书面考试和口试并写出研究报告，才能获得"指导员"文凭。

蒙台梭利的教育理论及儿童之家的实践，使她在幼儿教育方面成为自福禄培尔时代以来影响最大的一个人，被人们称为"幼儿园教育的改革家"。蒙台梭利强调探索儿童的心灵，尊重热爱儿童，重视儿童的早期教育，精心设计各种教具材料，促使儿童生理和心理的发展，许多观点是符合现代幼儿发展与教育理论的，具有一定的科学性和合理性。因此，蒙台梭利方法也成为现代幼儿教育的主要方法之一。但是，她的教育理论中也存在着一些片面的观点。

蒙台梭利教育思想的本土化

🔖 思考提升

1. 蒙台梭利学前教育思想的主要内容和方法包含哪些内容？
2. 蒙台梭利幼儿教育的原则是什么？

第四节 杜威的学前教育思想

☞ 学习目标

1. 了解杜威的幼儿观。
2. 掌握杜威"教育即生活"与"学校即社会"的教育理论。

一、生平与教育实践

美国哲学家、教育家约翰·杜威（John Dewey，1859—1952）是实用主义教育理论的创始人，也是实用主义哲学最有影响的代表人物之一。他的教育理论不仅对美国，而且对许多国家的学前教育和学校教育产生了巨大而深刻的影响。1859 年，杜威出生在美国佛蒙特州柏林顿的一个杂货商家庭。1879 年从佛蒙特大学毕业后，杜威在宾夕法尼亚州南方石油城中学任教，1881 年转入佛蒙特州一个乡村学校当教师。1884 年，杜威获得博士学位后，历任密执安大学哲学讲师和助理教授、明尼苏达大学哲学教授、密执安大学哲学系主任等。杜威从事教育活动和著作，主要是从 1894 年到芝加哥大学担任哲学、心理学、教育学系主任以后开始的。芝加哥的 10 年是他的教育思想形成和发展的关键时期。芝加哥实验学校的经验成了杜威教育思想的一个重要来源。在哥伦比亚大学时期，杜威写下了大量的著作，并以他的著作和活动推动了美国的进步教育运动。

　　1952 年，杜威在纽约去世，他一生著述甚多，涉及政治、哲学、心理、教育、伦理学逻辑、宗教、社会学等领域，一共 30 多部著作，近千篇论文。他的主要教育著作有《我的教育信条》《学校与社会》《儿童与课程》《民主主义与教育》《经验与教育》等。其中，《民主主义与教育》一书被认为是杜威实用主义教育思想的代表作。它是现代世界中理论体系相当完整和系统的教育巨著。

二、实用主义经验论

　　杜威继承和发展了美国哲学家皮尔斯和詹姆士的实用主义哲学，并把它具体应用到社会事务和教育领域中。关于哲学和教育之间的密切关系，他明确指出，哲学就是教育的最一般方面的理论。他还认为，教育乃是使哲学上的分歧具体化并受到检验的实验室。

教育无目的论

　　杜威认为，经验是人的有机体与环境相互作用的结果（或称统一体），是人的主动尝试行为与环境的反作用形成的一种特殊的结合，这样，行动和结果之间的连续不断的联系和结合就形成了经验。但是，杜威所说的经验具有无所不包的性质，把人（经验的主体）和环境（经验的客体），以及经验的过程都包括在内，并把它们看成同一过程的两个侧面，相互联系以至合而为一。在《经验与自然》一书中，他说："精神和物质两者属于同一个东西，这就是那些构成自然的事件的复合。"在杜威看来，"存在即被经验"，即人的主观经验是客观世界存在的基本前提，没有人的兴趣和愿望构成的主观经验，也就谈不上客观世界中一切事物的存在。在《民主主义与教育》一书中，杜威还说："经验包含一个主动的因素和一个被动的因素，这两个因素以特有的形式结合着。在主动的方面，经验就是尝试；在被动的方面，经验就是经受结果。"例如，幼儿要知道手伸进火焰会灼伤手指，他就必须亲自去尝试一下，把手伸进火焰中去，只有当这个行动和他遭受的疼痛联系起来时，他才知道手伸进火焰意味着灼伤，这就是所谓的从经验中学习。杜威认为，没有这种真正有意义的经验，也就没有学习。

　　杜威曾在《民主主义与教育》一书中，给教育下了一个专门的定义："教育就是经验的改造或改组。这种改造或改组，既能增加经验的意义，又能提高后来经验进程的能力。"到晚年时，在《经验与教育》一书中，他又把自己的教育哲学概括为："教育以经验为内容，通过经验，为了经验的目的。"可以说，经验是杜威教育哲学中最重要的一个词，也是他教育理论体系的核心。

三、幼儿观

杜威认为，儿童是具有独特生理和心理结构的人。儿童的能力、兴趣和习惯都建立在他的原始本能之上，儿童的心理活动实质上就是他的本能发展的过程。如果没有促使儿童本身发展的潜在可能性，那么儿童就不可能获得生长和发展。

1. 儿童的四种本能

人的本能与冲动是潜藏在儿童身体内部的一种生来就有的能力，基本上是原封不动一代代传下去的。这些本能与冲动就是儿童教育最根本的基础。杜威强调指出，儿童身上潜藏着以下四种本能：

一是语言和社交的本能。这种本能是在儿童的交谈和交流中表现出来的。儿童能很有兴趣地把自己的经验说给别人听，也能很有兴趣地去听取别人的经验。语言本能是儿童社交表现的一种最简单的形式。

二是制作的本能。这是一种建造的冲动。儿童开始总是对游戏活动和动作感兴趣，进而就有兴趣把各种材料制作成各种具体的形状和实物。

三是研究和探索的本能。这是一种探究的冲动。尽管在儿童时期还谈不上什么科学研究活动，但儿童总是喜欢观察和探究。

四是艺术的本能。这是一种表现的冲动。儿童会在绘画、音乐等活动中表现出艺术方面的能力。

在儿童的这四种本能中，杜威认为最重要的是制作的本能。这四种本能会表现出四个方面的兴趣。儿童每一个方面的兴趣都产生于一种本能。这四个方面的兴趣是儿童天赋的资源，是未投入的资本，儿童生动活泼的生长是依靠这些天赋资源的运用获得的。尽管儿童处于"未成熟的状态"，但他具有一种积极的、向前发展的能力。他具有两个主要特征：一是"依赖性"，即依赖周围环境而生长；二是"可塑性"，即人所具有的各种能力都不是一成不变的。

2. 儿童的主要任务是生长

杜威认为，儿童与成人在心理上存在着很大的差异。成人是在社会生活中已有一定职业和地位的人，负有特定的责任，并养成了某些习惯；但是，儿童的主要任务是生长，养成不定型的各种习惯，为他以后生活的特定目标提供基础和材料。因此，儿童的心理不是一个固定的实体，而是一个生长的过程。在生长的过程中，天生具有好奇心的儿童能利用环境养成某种习惯，形成某种倾向。

尽管儿童生活在个人接触范围显得十分狭隘的世界，但这个世界是一个儿童具

204

有个人兴趣的世界。归根结底，它是儿童自己的世界，具有儿童自己生活的统一性和完整性。为了使儿童更好地生长，杜威认为，关键是提供适当的环境及适当的新刺激，提供儿童生长的条件，使儿童的各种能力不断发展。

💬 **课堂互动**

　　你了解杜威的思想对于中国的影响吗？

四、"教育即生活"与"学校即社会"

　　在《我的教育信条》一文里，杜威认为，"教育过程有两个方面：一个是心理学的，一个是社会学的"。它们是平列并重的，哪一个也不能偏废；否则，不良的后果将随之而来。由此出发，他提出了两个口号——"教育即生活"与"学校即社会"。

　　首先，教育即生活。在《民主主义与教育》一书中，杜威说："生活就是发展；而不断发展，不断生长，就是生活。"但是，没有教育就不能生活，所以教育即生活。在他看来，最好的教育就是从生活中学习、从经验中学习。教育就是给幼儿提供保证生长或充分生活的条件，而不问他们的年龄大小；教育就是幼儿现在的生活过程，而不是将来生活的预备。当婴儿出生时，教育就在无意识中开始了。教育不断地发展幼儿个人的能力，熏染他们的意识，形成他们的习惯，锻炼他们的思想，并激发他们的感情和情绪。

　　杜威还认为，生活就是生长，幼儿的发展与成长就是原始本能生长的过程。在《民主主义与教育》一书中，他说："生长是生活的特征，所以教育就是生长；在它自身以外，没有别的目的。"在他看来，教育绝不是强迫幼儿去吸收外面的东西，而是要使人类与生俱来的能力得以生长。幼儿教育的目的就在于，通过组织保证继续生长的各种力量，以便使教育得以继续进行。

　　在杜威的教育理论体系中，教育即生活、教育即生长、教育即经验的改造实际上都是同一个意思。尽管在论述这一基本观点时，杜威批判了传统教育的弊病，但在一定程度上他忽视了教育和生活两者之间的区别。

　　其次，学校即社会。杜威认为，学校应该成为一个小型的社会、一个雏形的社会，以反映大社会生活的各种类型的活动，当学校能在这样一个小社会里，引导和训练每个幼儿成为社会的成员并给予有效的自我指导的工具时，我们将有一个有价值的、可爱的、和谐的大社会的最深切且最好的保证。杜威还认为，学校不应该仅仅是一个传授某些知识的场所，但也不应是社会生活在学校中的简单重现。

　　学校即社会的具体要求：一是学校本身必须是一种社会生活，具有社会生活的全部含义；二是将校内学习与校外学习连接起来，这两者之间应有自由的相互影响。学校作为一种特殊的环境，其功能就在于简化和整理所要发展的各种因素，把现存的社会风俗纯化和理想化，创造一个幼儿能够接触到的更广阔、更美好、更平衡的环境。

五、幼儿与教师

杜威强调：传统教育的重心在儿童之外，在教师、在教科书，以及在其他你所高兴的任何地方，唯独不在儿童自己即时的本能活动之中。在那样的条件下，就谈不上关于儿童的生活。

学校生活组织应该以儿童为中心，一切必要的措施都应该是为了促进儿童的生长，是儿童决定教育的质和量，而不是教学大纲，所以教学内容、计划和方法，以及一切教育活动都要服从儿童的兴趣和经验的需要。

对于教育过程来说，它是儿童和教师共同参与的过程，也是真正合作和相互作用的过程。教育在以儿童为中心的同时，教师不应采取放手的政策。教师应该把儿童的兴趣和需要转变成他们发展的手段和使他们的能力进一步发展的工具，既不予以压抑，也不予以放任。必要的指导就是选择对儿童的本能和冲动进行适当的刺激，以便使儿童更好地去获得新的经验。杜威指出：经验生长的连续性应是教师的座右铭。

杜威作为现代西方教育史上最有影响的一位教育家，顺应了时代的要求，提出了"从做中学"的教学论体系，否定了科目本位式的传统课程，设计了以学生直接经验为主的活动课程，强调教学过程中的非智力因素对学生的影响等观点，具有顺应时代的积极意义，对整个世界教育体系产生了巨大的推动作用。

但是杜威的教育理论体系确实存在着许多不足之处，如他忽视了教学过程中学生认识过程的自身特点，而把学生的学习过程与科学家的研究过程相等同，以学生的直接经验为教学的基础和出发点，结果必然导致对整个教学质量的提高产生消极的影响。

☝ 思考提升

1.杜威关于儿童的四种本能的论述包含哪些内容？
2.杜威关于儿童"从做中学"的教育思想有何意义？

第五节　皮亚杰的认知发展理论

☞ 学习目标

1.了解皮亚杰的认知发展理论。
2.掌握皮亚杰关于学前教育的目的与原则。

一、生平与著作

瑞士心理学家、教育家让·皮亚杰（Jean Piaget，1896—1980）出生于瑞士纳沙特尔的一个大学教授家庭。1918 年获得自然科学博士学位后，他一直致力于一种把生物学与认识论结合起来的新的研究领域。从 1921 年起，皮亚杰正式开始系统研究儿童心理的工作。1955 年，在洛克菲勒基金会的资助下，他又和一批学者创建"国际发生认识论中心"，逐渐形成了一个颇具影响的儿童心理学派——日内瓦学派，强调运用"临床法"观察和研究儿童。他的教育和心理学著作主要有《儿童的判断与推理》《儿童的语言与思维》《儿童智慧的起源》等。皮亚杰毕生从事儿童心理发展的实验研究，深刻地阐述了儿童教育工作的新原则和新方法。他不仅在国际上享有很高的声誉，而且对世界各国幼儿教育的改革和发展产生了很大的影响。

二、儿童建构主义发展观

皮亚杰的理论核心是"发生认识论"，主要关注学习者是如何建构认识方面的知识的，其基本观点是，学习是一个意义建构的过程。皮亚杰认为，人类的认识不管多么复杂都可以追溯到儿童期，其研究的问题包括儿童出生以后怎样形成自己的认识，受哪些因素制约，包括其中的内在结构，各种不同的智力、思维结构是如何出现的，等等。

（一）儿童认知结构

皮亚杰认为，发展是一种建构的过程，是在个体与环境不断地相互作用中实现的。他用图式、同化、顺应和平衡这四个概念来解释这一过程。

1. 图式

图式是指儿童对环境进行适应的认知结构，这种结构把有机体察觉到的事物按照一般的特性组织到"群"中去，一个图式就是一个有组织的行动系统，每个人所具有的图式就构成他们理解现实世界和获得新经验的基础。人最初的图式来源于先天的遗传，表现为一些简单的反射，如抓握反射、吸吮反射、眨眼反射等。为了适应周围的世界，个体逐渐丰富和完善自己的认知结构，形成一系列的图式。

2. 同化

同化是儿童利用已有图式把新刺激纳入已有的认知结构中的过程，是主体活动对环境进行适应的一种形式。皮亚杰认为，在同化的过程中，虽然主体对自己的认知结构并未进行调整和改善，但也不能将这个过程看成完全被动的过程。因为在这个过程中，主体对外界信息需要进行调整和转换，以使其与当前的认知结构相匹配，同化是图式发生量变的过程。

3. 顺应

顺应是指儿童通过改变已有图式或形成新的图式来适应新刺激的认知过程。顺应过程对主体认知结构的发展具有非常重要的意义，通过这个过程，主体的认知结构不断得到修正。顺应是图式发生质变的过程，通过顺应，儿童的认知能力将达到一个新的水平。

皮亚杰认为，同化和顺应是相互联系、相互依存的。同一个认知活动常常包含两个过程，只是在某些活动中同化占支配地位，而在另一些活动中顺应占支配地位。

4. 平衡

平衡是个体保持认知结构处于一种稳定状态的内在倾向性，是同化和顺应之间的"均衡"。皮亚杰认为，当某种作用于儿童的信息不能与现有的认知结构匹配时，就会引起一种不平衡的状态，其内部感受是不协调、不满足感，儿童会努力去克服这种消极感受，以恢复旧的平衡或建立新的平衡。个体正是在这种平衡与不平衡的交替中不断构建和完善认知结构，实现认知发展的。

（二）制约儿童心理发展的因素

皮亚杰对制约儿童心理发展的各种因素进行了分析，主要包括以下几个方面。

1. 成熟

成熟主要指神经系统的成熟。它是儿童心理发展的必要条件，尤其是婴幼儿的行为模式与生理发展有着直接的关系。但皮亚杰认为成熟仅仅是影响儿童发展的诸多因素之一，随着儿童年龄渐长，自然及社会环境影响的重要性随之增强。

2. 物体经验

物体经验主要指个体在作用于物体的动作时从事的练习和经验的习得，包括物理经验和逻辑数理经验。个体作用于物体，获得物体的特性知识，如大小、轻重、形状等，即物理经验；个体作用于物体，从而理解动作与动作之间相互协调的结果，即逻辑数理经验。后者对儿童来说是新的知识、新的构成的结果。在这种经验中，知识并非源于物体，而是源于动作，动作是形成主体认知结构的基础。

3. 社会经验

社会经验主要指个体与社会的相互作用和社会传递，包括社会环境、社会生活、文化教育、语言等。皮亚杰十分注重环境和教育对儿童心理发展的重要作用，同时也认为社会经验所起的作用是有限的。

4. 平衡化

平衡化主要指儿童的自我调节过程。皮亚杰认为，平衡化或自我调节是儿童心理发展的决定性因素。

三、儿童智力（思维）发展阶段理论

皮亚杰在对儿童思维机制和结构进行大量实验研究的基础上，根据个体思考问题的方式与能力的不同，把儿童智慧的发展分为四个阶段：感知运动阶段、前运算阶段、具体运算阶段和形式运算阶段。

1. 感知运动阶段（0~2岁）

这个阶段相当于婴儿期。在这个阶段，儿童主要通过感觉运动图式来和外界相互作用（同化或顺应）并与之取得平衡。也就是说，儿童利用感知和动作去征服他们周围的整个世界。

2. 前运算阶段（2～7岁）

这个阶段相当于学前期。大约从2岁开始，儿童的发展进入了一个新的阶段。进入这个阶段的标志是，儿童各种感知运动图式开始内化成为表象，他们开始运用表象符号。或者说，语言的出现标志着这个阶段的开始。毋庸置疑，儿童在感觉运动基础上掌握了语言，并用语词来代表外界事物，也就在广度和速度上增强了他们的思维活动能力。

3. 具体运算阶段（7～12岁）

这个阶段相当于学龄初期。皮亚杰认为，在儿童的心理发展过程中，7岁是一个具有决定意义的转折点。这个阶段的儿童无论在智力方面还是在情感方面都出现了新的组织形式，并从前一个阶段的那种"自我中心"状态中逐渐解放出来。这个阶段的儿童开始具体运算思维，能够客观地构造类、关系和数之间的联系。儿童的具体运算思维具有守恒性、可逆性和整体性。儿童在形成具体运算思维的同时，也获得了社会合作的能力。

4. 形式运算阶段（12～15岁）

这个阶段相当于学龄中期。大约从12岁起，儿童便进入了青春期。这个阶段儿童的思维发展很迅速，发生了一次根本性的变革，达到了形式运算的阶段。它的主要特征是儿童从具体事物中逐渐解放出来，也就是说，这一阶段儿童的思维与成人的思维接近，可以在头脑中把形式和内容分开，可以离开具体事物，根据假设和条件进行逻辑运算。

> **课堂互动**
>
> 同学们，你了解皮亚杰做过的许多实验吗？

四、论儿童教育的目的和原则

（一）儿童教育的目的

皮亚杰认为，为儿童确立教育的目的是社会的职责，首先应服从"社会科学可以分析的规律"，其次，它更是"心理学的职责"。他认为，形成和发展儿童的认知结构，是教育的根本任务或最终目的。

（二）儿童教育的原则

根据对教育的基本看法和认知发展理论，皮亚杰提出了一系列新的教育原则。

1. 根据儿童的发展阶段对儿童进行教育

在实验研究基础上，皮亚杰运用大量令人信服的实验材料论述了儿童心理发展的阶段及其特点。他认为，儿童的认知结构发展与成人有着质的不同，而且不同阶段的儿童的认知结构也不完全一样，表现出其独特的特点。因此，教育应该符合儿童的心理发展阶段，按照儿童的年龄特点来加以组织。在皮亚杰的心理学体系中，心理发展阶段理论实际上是一个核心。儿童从出生到成人时期的心理发展，会自然地划分为人人相同的、按不变次序相继出现的、有着性质差异的几个明确的阶段。

2. 教育要以儿童为中心，大力发展儿童的主动性

皮亚杰十分重视主体在教育中的作用。他认为，儿童的教育必须是一个主动的过程，教育者必须注意发展儿童的主动性。传统教育理论把儿童看成是一个"依赖的变量"，但皮亚杰认为，儿童是一个"独立的变量"。在皮亚杰看来，儿童的心理发展是一种主动积极和不断的建构活动。儿童通过自己的活动，不断建构智力的基本概念和思维形式。儿童获得的知识，是儿童这个主体与外部世界这个客体不断相互作用而逐步建构的结果。因此，儿童是一个具有主动性的人，他的活动受兴趣和需要所支配。只有儿童自我发现的东西，他才能积极地将其同化或顺应，从而形成深刻的理解。教育者最好能使儿童自己找到和发明他的答案，如果每样事情都教给儿童，那就会妨碍他的发现或发明。

3. 激发和支持儿童的兴趣与需要

要发掘儿童在学习中的主动性与积极性，教师就必须注意在教学中激发和保持儿童的兴趣。因为儿童的兴趣与需求是儿童学习的动力，教师要以此为出发点，让他们积极主动地探究周围事物。在教育过程中，教师还要考虑到不同年龄阶段儿童的特殊需要与兴趣，以满足每一个儿童发展的需要。皮亚杰强调儿童的智慧训练目的不仅是储存知识，更重要的是创新。儿童总是在主动地探索知识，因此，学校的一切有效的教育活动，必须以儿童的兴趣和需要为先决条件。儿童只有对活动产生了兴趣和需要，才会在活动中表现出主动性与积极性，活动也才会真正成为儿童主动获得知识的积极渠道。

聚焦二十大

创新正当时

党的二十大报告指出，必须坚持守正创新。我们从事的是前无古人的伟大事业，守正才能不迷失方向、不犯颠覆性错误，创新才能把握时代、引领时代。我们要以科学的态度对待科学、以真理的精神追求真理，坚持马克思主义基本原理不动摇，坚持党的全面领导不动摇，坚持中国特色社会主义不动摇，紧跟时代步伐，顺应实践发展，以满腔热忱对待一切新生事物，不断拓展认识的广度和深度，敢于说前人没有说过的新话，敢于干前人没有干过的事情，以新的理论指导新的实践。

4. 在活动中对儿童进行教育

从发生认识论出发，皮亚杰十分重视"动作"在儿童心理发展中的作用。所谓"动作"，指的是个体的实际活动。他认为，由于认识起源于动作，认识是从动作开

始的，儿童所获得的知识和观念都离不开动作。因此，教育者应该使儿童通过实际活动和具体事物进行学习。对于儿童来说，动作是儿童主体与客体之间相互作用的唯一可能的连接点。例如，婴儿重复摇动一个悬挂着的物体发出声响，他就是通过动作与实际摆弄物体来认知世界的。在皮亚杰看来，主体通过动作对客体的适应，乃是儿童心理发展的真正原因。

皮亚杰毕生致力于从事有关儿童智力发展的研究，对成千上万的儿童进行观察，找出不同年龄阶段儿童思维活动的差异，以及影响儿童智力发展的因素，进而提出儿童思维的阶段理论，引发了一场关于儿童智力发展观的革命。皮亚杰在当时最新科学成就的基础之上创立了认知结构主义儿童心理学理论，该理论作为指导学前教育的几大基础理论之一，经过实践，已不断转化为世界各地幼教工作者的实际经验。

☝ 思考提升

1. 皮亚杰提出的儿童教育基本原则是什么？
2. 皮亚杰提出的制约儿童心理发展的因素有哪些？

第六节　瑞吉欧的幼儿教育理论

☞ 学习目标

了解瑞吉欧的理论渊源及其基本理念，掌握其教育特点。

一、理论渊源

瑞吉欧教育方案的发源地是意大利的瑞吉欧。瑞吉欧是意大利东北部的一座城市，20 世纪 60 年代以来，学前教育专家洛利斯·马拉古齐（Loris Malaguzi，1902—1994）和当地的幼教工作者一起兴办并发展了该地的学前教育。数十年的艰苦创业，使意大利在举世闻名的蒙台梭利之后，又形成了一套独特与革新的哲学和课程假设、学校组织方法及环境设计的原则。人们称这个综合体为"瑞吉欧·艾米里亚教育取向"，即我们所说的瑞吉欧教育方案。

瑞吉欧幼儿
教育体系

瑞吉欧教育理念的依据主要来自三个方面：第一，欧美主流的进步主义教育；第二，皮亚杰和维果茨基等心理学家的建构心理学；第三，意大利学前教育传统及战后左派改革政治。

二、基本理念

瑞吉欧的教育理念主要包括三点。第一，儿童有一百种语言，通过符合表征系统促进儿童的成长。瑞吉欧教育把文字、动作、图像、绘画、建筑构造、雕塑、皮影戏、戏剧、音乐等都作为儿童语言，归纳为表达语言、沟通语言、符号语言（标记、文字）、认知语言、道德语言、象征语言、逻辑语言、想象语言和关系语言等。鼓励儿童通过表达性、沟通性及认知性语言来探索环境和表达自我，认为儿童的自我表达和相互交流特别重要，是儿童探索、研究、解决问题过程中的基本活动。第二，走进儿童心灵的儿童观。洛利斯·马拉古齐在《孩子的一百种语言》一书中充分表达了这一思想。马拉古齐认为，儿童是能自我认识、思考、发现、发明、幻想和表达世界的生龙活虎的孩子，是自我成长中主角的孩子，是富有巨大潜能的孩子。瑞吉欧的教育成就应该归功于这种"走进儿童心灵"的儿童观。第三，互动合作的理念。瑞吉欧教育主张：儿童的学习不是独立建构的，而是在诸多条件下，主要是在与家长和教师、同伴的相互作用过程中建构的；是在特定的文化背景中建构知识、情感和人格。在互动过程中，儿童既是受益者，又是贡献者。"互动合作"的理念也表现在幼儿机构的管理方面，该理念认为教育是整个市镇活动和文化分享的枢纽。而家庭和学校的互动合作，可帮助教育新方法的发展，并将其视为不同智慧汇集的要素，儿童教育责任由学校和家庭共同承担，只有当教师与家长共同参与时，才可能带给儿童最好的经验。

学无止境

不，一百种是在那里

[意] 洛利斯·马拉古齐

孩子，是由一百种组成的。

孩子有一百种语言，一百只手，一百个想法，一百种思考、游戏、说话的方式。

一百种，总是一百种倾听、惊奇和爱的方式，一百种歌唱与了解的喜悦。

一百种世界，等着孩子们去发掘；一百种世界，等着孩子们去创造；一百种世界，等着孩子们去梦想。

孩子们有一百种语言，但是他们偷走了九十九种。

学校和文化，把脑袋与身体分开。

他们告诉孩子：不要用双手去想，不要用脑袋去做，只要倾听不要说话，了解但毫无喜悦。只有在复活节与圣诞节的时候，才去爱和惊喜。

他们告诉孩子：去发现早已存在的世界，而一百种当中他们偷走了九十九种。

他们告诉孩子：工作与游戏，真实与幻想，理想与构想，不是同一国的。

因此他们告诉孩子，一百种并不在那里。

孩子说：不，一百种是在那里。

资料来源：转引自宋慧，刘秀玲，郑永平．幼儿园班级管理[M]．北京：首都师范大学出版社，2020：72.

三、教育实践特点

（一）方案教学

在瑞吉欧的幼教体制中，被人们讨论最多的是其方案教学。方案教学也正是对瑞吉欧的幼教课程的最精辟的概括。要了解方案教学，必须先认识方案。方案是对某一个来自现实世界的、值得儿童关注的话题进行的深入而广泛的调查，一般由小组儿童来完成，当然也可以由儿童集体或个体完成。方案的一个核心特点是：它是一种研究性的学习，是为了解决一定的问题或发现某个问题的答案而展开的，这个问题可以由孩子发起，也可以由教师发起，或者由二者共同发起。方案强调发挥儿童的自主性，但也不忽视教师在其中的引导作用。一个成功的方案必须有足够的不确定性和开放性，能够让孩子以多种方式进行探索，能够激发儿童的兴趣和创造性思维，培养解决问题的技能。

🗨 课堂互动

同学们，你们了解瑞吉欧对于世界学前教育的影响吗？

（二）环境是第三位老师

开放的、适宜的环境是实践瑞吉欧教育理念的重要条件。幼儿具有拥有环境的权利，教育由复杂的互动关系构成，也只有"环境"中各个因素的参与，才是许多互动关系实现的决定性关键。因此，学校的建筑结构、空间的配置、材料的丰富多样性，以及备置的吸引幼儿探索的物品和设备，都须经过精心的挑选和摆放，以传达沟通的意图，激发人与人之间，以及人与物之间的交流和互动。对经过细致规划和设计的空间及幼儿园周围的空间都加以利用，环境是产生互动的容器，具有教育性价值。教室及工作坊的环境布置应随项目活动的发展而变化，不断地充实和调整。在空间的设置中，也关注给幼儿自由活动的空间、小组活动及团体活动的空间、作为展示的空间乃至个人秘密的空间，可以充分利用墙面，把墙面作为记录儿童作品的场所，让墙面说话。小组每做一个主题都应有师生共制的展示板，以充分利用视觉艺术的价值。

（三）教师的角色

瑞吉欧教育理念中的教师是伙伴、园丁、向导、记录者、研究者。在这几种角色中要着重注意教师作为记录者的角色。教师作为记录者的任务和意义是教师走进幼儿的心灵，知道他们是怎么思考、怎么操作的，以及如何互动、如何观察、如何想象、如何表达的。幼儿通过记录，看着自己完成的工作时，会更好奇、更感兴趣、更有自信。记录还能使家长了解幼儿在学校获得经验的过程。分享孩子在校的真实经验，可以密切亲子关系。最可贵的是，记录是教师研究的一种重要形式，使教师看到师生关系，看到自身的作用，以及提高教学技巧，等等。

1991年，美国《新闻周刊》报道，瑞吉欧·艾米里亚的学前教育机构被评为世界十大最佳学校之一，被称为"全世界最好的学前班"。已风靡全球的瑞吉欧教育成为义务教育改革的典范，并对当今世界各国的学前教育产生了重要影响。

思考提升

1.瑞吉欧的基本理念是什么？

2.瑞吉欧教育体系中教师的角色有哪些？

聚焦二十大

学习西方先进经验

党的二十大报告指出，必须坚持胸怀天下。我们要拓展世界眼光，深刻洞察人类发展进步潮流，积极回应各国人民普遍关切，为解决人类面临的共同问题作出贡献，以海纳百川的宽阔胸襟借鉴吸收人类一切优秀文明成果，推动建设更加美好的世界。我们在发展学前教育事业的过程中，要积极学习西方先进经验，取长补短。

思政小课堂

惟进取也，故日新。

——〔清〕梁启超《少年中国说》

解析：

只有不断地开拓、创新、进取，才有每日不断的成长。

章节检测

一、选择题

1.美国心理学家戴维·韦卡特创立的，源于对处境不利儿童的干预计划，基本目的是帮助儿童在未来的学校学习中获得成功，这种学前教育模式是（　　　）。

A. 班克街模式　　　B. 高瞻模式　　　C. 瑞吉欧模式　　　D. 多元智力教学模式

2.皮亚杰提出儿童心理发展的决定因素是（　　　）。

A. 成熟　　　B. 物体经验　　　C. 社会经验　　　D. 平衡化

3. "孩子的一百种语言"是（　　　）的代表思想。

A. 班克街模式　　　　　　　　B. 高瞻模式

C. 瑞吉欧模式　　　　　　　　D. 多元智力教学模式

二、填空题

1. 20 世纪 80 年代以来，世界发达国家学前教育目标有一个明显的变化，即从智育中心转向_____的全面发展。

2.皮亚杰认为，认知发展是一种建构的过程，是在个体与环境不断地相互作用中实现的，可以用_____、_____、_____和_____四个概念来解释这一过程。

3.班克街早期教育方案也称_____教育模式。

三、简答题

1.请简述多元智能理论。

2.请简述儿童的认知结构。

习题答案

在线测试

参考文献

蔡军，刘迎接.学前教育简史[M].北京：北京师范大学出版社，2012.

陈鹤琴.陈鹤琴全集[M].南京：江苏教育出版社，2008.

杜成宪，单中惠.幼儿教育思想史[M].2版.北京：人民教育出版社，2010.

杜威.杜威教育论著选[M].赵祥麟，王承绪，编译.上海：华东师范大学出版社，1981.

恩格斯.反杜林论[M].北京：人民出版社，1999.

冯晓霞.普及与提高：我国幼儿教育的时代性主题[J].早期教育，2002（3）：2-4.

福禄培尔.人的教育[M].2版.孙祖复，译.北京：人民教育出版社，2001.

国家教育委员会.幼儿园工作规程[EB/OL].（1996-03-09）[2022-11-22]. http://www. gov.cn/bumenfuwu/2012-11/15/content_2600425.htm.

国家中长期教育改革和发展规划纲要工作小组办公室.国家中长期教育改革和发展规划纲要（2010—2020年）[EB/OL].（2010-07-29）[2022-11-22]. http://www.moe. gov.cn/srcsite/A01/s7048/201007/t20100729_171904.html.

国务院.关于当前发展学前教育的若干意见[EB/OL].（2010-11-21）[2022-11-22]. http://www.gov.cn/zwgk/2010-11/24/content_1752377.htm.

何晓夏.简明中国学前教育史[M].3版.北京：北京师范大学出版社，2014.

昆体良.雄辩术原理[M]// 昆体良教育论著选.任钟印，选译.北京：人民教育出版社，2001.

李清悚，顾岳中.帝国主义在上海的教育侵略活动资料简编[M].上海：上海教育出版社，1982.

卢梭.社会契约论[M].何兆武，译.北京：商务印书馆，1962.

洛克.理解能力指导散论[M].2版.吴棠，译.北京：教育科学出版社，2005.

洛克.教育漫话[M].2版.傅任敢，译.北京：教育科学出版社，2014.

蒙台梭利.蒙台梭利幼儿教育科学方法[M].任代文，译.北京：人民教育出版社，2001.

蒙台梭利.蒙台梭利早期教育法[M].祝东平，译.天津：天津社会科学院出版社，2010.

蒙台梭利.童年的秘密[M].单中惠，译.武汉：长江文艺出版社，2019.

莫尔.乌托邦[M].2版.戴馏龄，译.北京：商务印书馆，1982.

舒新城.中国近代教育史资料（中）[M].北京：人民教育出版社，1961.

宋慧，刘秀玲，郑永平.幼儿园班级管理[M].北京：首都师范大学出版社，2020.

唐淑.学前教育思想史[M].北京：人民教育出版社，2009.

唐淑. 学前教育史 [M]. 北京: 人民教育出版社, 2013.

滕大春. 美国教育史 [M]. 北京: 人民教育出版社, 1994.

王桂. 日本教育史 [M]. 长春: 吉林教育出版社, 1987.

沃森. 托马斯·莫尔爵士 [M]// 摩西. 世界著名教育思想家. 梅祖培, 龙治芳, 等译. 北京: 中国对外翻译出版公司, 1995.

吴式颖. 外国教育史教程 [M]. 北京: 人民教育出版社, 1999.

肖朗. 中外教育名著选读 [M]. 北京: 高等教育出版社, 2009.

幸福新童年学前教育研究中心. 学前教育政策法规规章汇编 [M]. 北京: 旅游教育出版社, 2014.

徐辉, 郑继伟. 英国教育史 [M]. 长春: 吉林人民出版社, 1993.

亚里士多德. 政治学 [M]. 颜一, 秦典华, 译. 北京: 中国人民大学出版社, 2003.

伊拉斯谟. 论基督教君主的教育 [M]. 李康, 译. 上海: 上海人民出版社, 2003.

张斌贤. 外国教育史 [M]. 2 版. 北京: 教育科学出版社, 2015.

张雪门. 张雪门幼儿教育文集 [M]. 北京: 北京少年儿童出版社, 1994.

张宗麟. 张宗麟幼儿教育论集 [M]. 长沙: 湖南教育出版社, 1985.

赵祥麟, 王承绪. 杜威教育论著选 [M]. 上海: 华东师范大学出版社, 1981.

中共中央文献研究室. 十四大以来重要文献选编 (上) [M]. 北京: 人民出版社, 1996.

中共中央文献研究室. 十五大以来重要文献选编 (中) [M]. 北京: 人民出版社, 2001.

《中国教育年鉴》编辑部. 中国教育年鉴: 1997 [M]. 北京: 人民教育出版社, 1997.

中国学前教育史编写组. 中国学前教育史资料选 [M]. 2 版. 北京: 人民教育出版社, 2002.

中华人民共和国国家教育部. 关于印发《幼儿园教育指导纲要 (试行)》的通知 [EB/OL]. (2001-07-02) [2022-11-22]. http://www.moe.gov.cn/srcsite/A06/s3327/200107/t20010702_81984.html.

中华人民共和国国家教育部. 关于印发《3 ~ 6 岁儿童学习与发展指南》的通知 [EB/OL]. (2012-10-09) [2022-11-22]. http://www.moe.gov.cn/srcsite/A06/s3327/201210/t20121009_143254.html.

中华人民共和国国家教育委员会. 关于开展幼儿园园长岗位培训工作的意见 [EB/OL]. (1996-01-25) [2022-11-22]. http://www.moe.gov.cn/srcsite/A06/s3327/199601/t19960125_81986.html.

中华人民共和国国家教育委员会. 关于颁布《全国幼儿园园长任职资格职责和岗位要求 (试行)》的通知 [EB/OL]. (1996-01-26) [2022-11-22]. http://www.moe.gov.cn/srcsite/A06/s3327/199601/t19960126_81985.html.

中华人民共和国国家教育委员会.关于印发《全国幼儿教育事业"九五"发展目标实施意见》的通知 [EB/OL].（1997-07-17）[2022-11-22]. http://www.moe.gov.cn/srcsite/A06/s3327/199707/t19970717_81983.html.

周玉衡，范喜庆.学前教育史 [M].上海：复旦大学出版社，2009.

朱永新.中国教育改革大系·学前教育卷 [M].武汉：湖北教育出版社，2016.

朱有瓛.中国近代学制史料·第 2 辑（下）[M].上海：华东师范大学出版社，1989.

朱有瓛.中国近代学制史料·第 3 辑（上）[M].上海：华东师范大学出版社，1990.